al sur de la modernidad

Comunicación, globalización y multiculturalidad

jesús martín-barbero

ISBN: 1-930744-04-8

©Serie *Nuevo Siglo*, 2001
Instituto Internacional de Literatura Iberoamericana
Universidad de Pittsburgh
1312 Cathedral of Learning
Pittsburgh, PA 15260
(412) 624-5246 • (412) 624-0829 FAX
iili@pitt.edu

Colaboraron en la preparación de este libro:

Composición: Erika Braga
Correctores: Carlos Jáuregui, Ana Miramontes y Susana Rosano
Diseño de portada: David Wallace

A la memoria
de Herbert Schiller, uno de los más lúcidos maestros del pensar crítico en el campo comunicacional; de Paulo Freire, del cual aprendimos que es en la mediación del otro donde se hacen visibles las dimensiones culturales de la comunicación; y de Michel de Certau, que nos enseñó a pensar la comunicación desde la cotidianidad de las culturas.

INDICE

Introducción	9
I. Diásporas del saber, mediaciones del comunicar	19
1. Objetos nómadas y fronteras borrosas del saber social	21
- Figuras de lo social, categorias del pensar	21
- El nuevo régimen discursivo de la visualidad	25
- Los destiempos que tensionan el saber / leer	30
2. Deconstrucción de la crítica : algunos hitos	39
- Desde sus comienzos el estudio fue transdiciplinar	39
- Protagonismo mediático y análisis cultural	43
- Giro hermenéutico: el espesor discursivo de las prácticas	48
- Entre el regreso del sujeto y la euforia tecnológica	52
3. Pensar la comunicación desde la cultura: la formación latinoamericana del campo	63
- El debate de las hegemonías y las apropiaciones	64
- La comunicación desde las prácticas	69
- Las mediaciones comunicativas de la cultura	74
- Abriendo brechas al nuevo siglo	78
4. Travesías: recepción, usos sociales y consumo cultural	83
- Complicidad y resistencia del receptor o la dominación desde lo popular	83
- Las mediaciones en cuanto operadores de apropiación	85
- El consumo desborda la comunicación	90
- De la recepción al consumo cultural	94

II. Descentramientos de la modernidad ... 101

1. Globalización comunicacional y desencanto cultural ... 103
   - Mirando desde Latinoamérica ... 103
   - Imágenes del mundo, imaginarios de la técnica ... 107
   - Tensiones entre el tiempo y el lugar ... 114
   - Del *malestar* al *desencanto* de la cultura ... 118

2. De la ciudad mediada a la ciudad virtual ... 125
   - Estallido de la ciudad y de los modos de pensarla ... 125
   - Desespacialización, descentramiento, desurbanización ... 129
   - Los nuevos escenarios de comunicación ... 132

3. Readecuaciones de lo nacional a las tranformaciones comunicativas de la modernidad ... 141
   - Opacidades y contradicciones culturales de lo nacional ... 141
   - Readecuaciones de la hegemonía en una modernidad heterogénea ... 146
   - Desplazamientos: del Estado al mercado ... 147
   - Latinoamericana modernidad de la comunicación ... 150

4. El tejido comunicativo de la democracia ... 159
   - Paradojas de las políticas y limitaciones de lo alternativo ... 159
   - Enfriamiento de la política y erosión de la socialidad ... 161
   - Comunicación y espectáculo ... 164
   - Medios de comunicación y cultura democrática ... 168

5. Secularización, desencanto y reencantamiento massmediático ... 173
   - Una modernidad desencantada ... 173
   - El contenido latinoamericano de la secularización ... 175
   - La conversión de las religiones a los medios: formas *leves* de reencantamiento ... 177

III. Destiempos latinoamericanos 183

1. Multiculturalidad: la hibridez de lo
contemporáneo 185
   - Vigencia y reconfiguración de las
comunidades tradicionales 188
   - Des-ubicaciones de la cultura nacional 192
   - Nuevas comunas en la ciudad virtual 196

2. Señas narrativas de identidad: anacronías y
modernidades 203
   - Narrativa popular: regímenes de la oralidad 204
   - La cotidianidad construida en la radio 209
   - Relatos y formatos en televisión 213

3. Topografías de la memoria, trayectos del
imaginario 219
   - Polisemia cultural de las plazas de mercado 220
   - La nueva ecología de los cementerios 227

4. Esa excéntrica y móvil identidad joven 233
   - De los jóvenes como amenaza a la juventud
como actor social 233
   - Visibilidad social y densidad cultural
de lo joven 237
   - Palimpsestos de identidad: entre la
fragmentación y el vértigo 240

5. Colombia: un país-síntoma de los desajustes
en la modernidad global 245
   - Miedos milenarios, violencias modernas 246
   - ¿Modernidad esquizoide o miopía de las
ciencias sociales? 250
   - Telenovela y vallenato: memoria popular e
imaginario de masa 255

Bibliografía 269

Procedencia de los textos 301

Introducción

Mucho antes de que la escuela de Frankfurt tematizara el concepto de *razón instrumental*, América Latina tuvo la experiencia de una racionalidad moderna convertida en "arsenal instrumental del poder y la dominación" (Quijano, *Modernidad* 53), esto es de una modernización cuya racionalidad, al presentarse como incompatible con su razón histórica, legitimó la voracidad del capital y la implantación de una economía que tornó irracional toda diferencia que no fuera recuperable por la lógica instrumental del mal llamado *desarrollo*. El debate en torno a la modernidad nos concierne entonces porque a su modo —al replantear aquel tramposo sentido del desarrollo/progreso— hace posible percibir la pluralidad y discontinuidad de temporalidades que atraviesan la modernidad, la larga duración de estratos profundos de la memoria colectiva "sacados a la superficie por las bruscas alteraciones del tejido social que la propia aceleración modernizadora comporta" (Marramao, "Metapolítica" 60). Ese debate *contiene* a América Latina: la *resistencia* de sus tradiciones y la contemporaneidad de sus *atrasos*, las contradicciones de su modernización y las ambigüedades de su desarrollo, lo temprano de su modernismo y lo tardío y heterogéneo de su modernidad. Debate que se ha constituido además en escenario del reencuentro de las ciencias sociales con la reflexión filosófica y de ésta con la experiencia cotidiana: esa que tanto o más que la crisis de los paradigmas nos está exigiendo cambiar no sólo los esquemas sino las preguntas.

Lo que vincula el debate cultural hoy, de un modo muy especial, *al campo de la comunicación* es que no sólo la modernización es identificada cada día más explícitamente con el desarrollo de las tecnologías de la información, sino que tanto en la reformulación de la vigencia de la modernidad como en lo que en ella anuncia la tardomodernidad, la comunicación aparece como un *lugar* estratégico. En los últimos años la comunicación se ha vuelto crucial a la hora de imaginar y nombrar los nuevos modelos de sociedad. Como la "sociedad de la información": aquella en la que la información no es sólo algo vital para su funcionamiento y desarrollo, sino en la que la sociedad toda se organiza siguiendo las lógicas y los modelos de la comunicación. ¿Qué quiere decir eso? Que todos los espacios y las funciones de lo social estarán *conectados* de forma *autorregulada* y *transparente*. La autorregulación significa funcionalidad bien templada, interactividad entre todos los elementos del sistema, donde todos los nichos deben permanecer en contacto, informados de la condición respectiva de los demás y del sistema como un todo".[1] *Autorregulación* es equilibrio y retroacción, circulación constante. Autorregulada será entonces una sociedad de relaciones complejas y móviles que harán de cada uno un nudo en el circuito de la comunicación incesante. La *transparencia*, por su parte, alude a la transformación de los saberes. Estaríamos ante una sociedad dotada de UN lenguaje al que serían traducibles todas las hablas y todos los discursos. Con lo cual es la naturaleza misma del saber la trastornada, pues no será tenido por tal sino aquel saber que sea *traducible* al lenguaje numérico de la información. Transparente será entonces una sociedad en la que "ser" y "saber" se correspondan hasta el punto de que lo que es coincide con la información que posee acerca de sí misma.

La comunicación se ha vuelto paradójicamente también crucial en un sentido opuesto al de su positivación en el modelo informacional. Habermas ha ligado expresamente la "praxis comunicativa" a la búsqueda y defensa de una racionalidad otra que la instrumental, que es aquélla en la que se hallan aún vivas las dimensiones liberadoras de la modernidad, ésas que nos permiten cuestionar la reducción del proyecto moderno a sus aspectos puramente técnicos y económicos. La razón comunicativa aparece así en el centro de la reflexión social llenando el vacío, la "orfandad epistemológica" producida por la crisis de los paradigmas de la producción y la representación,[2] y proveyendo a la sociedad de un potencial de resistencia y orientación moral del que se alimentan los nuevos movimientos sociales, desde los étnicos y ecológicos hasta los feministas. Desde la perspectiva abierta por Habermas, más allá de las críticas a su idealización de la razón y la acción comunicativa por su radical exclusión de las dimensiones instrumentales, lo que parece insoslayable es la relevancia que cobra la comunicación en la renovación de los modelos de análisis de la acción social, en la renovación de la agenda de investigación, y en la reformulación epistemológica y política de la teoría crítica.

---

[1] Véase Jean Baudrillard, "El éxtasis de la comunicación", *La postmodernidad*. Philip Breton, *L'utopie de la communication*.
[2] Véase Jürgen Habermas, *Teoría de la acción comunicativa* y *El discurso filosófico de la modernidad*.

En la otra vertiente, la de la crisis como anuncio e inicio de la tardomodernidad, también la comunicación cobra relevancia. De un lado, el relevamiento de la estructura comunicativa de la sociedad posindustrial: lejos de ser un mero instrumento o modalidad de la acción, la comunicación habría pasado a ser, según Lyotard[3] —y vía nuevas relaciones entre ciencia y tecnología— elemento constitutivo de las nuevas condiciones del saber. Allí es donde se está produciendo el cambio de fondo en el sentido del *cambio de época*: en un saber que no pertenece ya a aquella razón moderna ambiciosa de unidad sino por el contrario a una razón que se mueve entre la apertura de un horizonte ilimitado de exploración y la conciencia del carácter limitado de toda forma de conocimiento, del irreductible "carácter local" de todos los discursos. En esa misma dirección, pero despojada aun del austero optimismo que practica Lyotard, la *sociedad de la comunicación* que ausculta Vattimo es aquella en que emerge el "debilitamiento de lo real"[4] que experimenta el habitante urbano en la constante mediación que ejercen las tecnologías, el incesante entrecruce de informaciones, interpretaciones e imágenes que producen las ciencias y los medios de comunicación.

La otra clave que conecta las lecturas de la crisis con el ámbito de la comunicación es *el desafío a la hostilidad modernista hacia la cultura de masas*: "la línea firme que separaba al modernismo 'clásico' de la cultura de masa no es relevante para la sensibilidad crítica y artística postmoderna" (37), afirma Andreas Huyssen. Y Fredric Jameson lo corrobora afirmando que esa "erosión de la vieja distinción entre cultura superior y la llamada cultura popular o de masas (...) es quizás el aspecto más perturbador desde el punto de vista académico" (116). Deshecha esa distinción en lo que tiene de separación, se abre la tarea del reconocimiento del "campo de tensiones" entre tradición e innovación, entre arte culto y culturas del pueblo y de las masas. Ese campo no puede ser ya captado, ni expresado en las categorías centrales de la modernidad —tradición/innovación, progreso/reacción, vanguardia/*kitsch*— pues son categorías despotenciadas en y por una sensibilidad que, en lugar de completar

---
[3] Véase Jean François Lyotard, *La condición postmoderna. Informe sobre el saber* y *La diferencia*.
[4] Véase Gianni Vattimo, *El fin de la modernidad* y *La sociedad transparente*.

la modernidad, abre la cuestión de las tradiciones culturales como cuestión estética y política. Es la *cuestión del otro* poniendo al descubierto lo que la modernidad ha tenido de imperialismo interno y externo. Ahora desafiado desde la nueva percepción del espesor cultural y político de las diferencias étnicas, de género, las culturas subregionales, los modos de vida alternativos y los nuevos movimientos sociales. Desafiado desde una resistencia no definible en los términos de la negatividad pues no habla sólo de la oposición a la afirmación, que es como la modernidad entendió la crítica, sino desde "formas afirmativas de resistencia y formas resistentes de afirmación" (Huyssen, x).

El debate modernidad/comunicación se va a desarrrollar cada día más ligado a los movimientos de la globalización económica, hecha posible en gran medida por la revolución tecnológica de la información. Pero no deberíamos olvidar que fue con la caída del muro de Berlín que pasó al primer plano la globalización, y que ha sido en su entrecruzamiento donde se produce el desdibujamiento del *lugar de las utopías*, la aceleración de la crisis que sufre la representación política y la des-ubicación del intelectual. ¿A nombre de quién hablan hoy —en un tiempo en que el sujeto social *pueblo* o *nación* estallan— los intelectuales y los investigadores sociales?, ¿para quién hablan?, ¿quiénes los escuchan? Al desbordar el orden de la *explicación especializada* en que se mueven, aun mayoritariamente, las ciencias sociales, esas preguntas reclaman su reubicación en otro régimen del pensar, el de la *comprensión*[5] que es en el único en donde adquiere sentido la pregunta: ¿de qué hablamos hoy cuando invocamos un *pensar crítico*? O dicho de otro modo: ¿cómo repensar las tradiciones de pensamiento *desde las que pensamos*? ¿desde el mundo de la estrategia o desde el de la táctica? Me refiero a la diferenciación elaborada por Michel de Certeau (19 y ss.), según la cual *estrategia* sería el modo de lucha del que tiene un lugar propio al que se puede retirar para planear el ataque, y *táctica* sería el modo de lucha de aquellos que, no teniendo un lugar propio al que retirarse, luchan siempre *desde el terreno del adversario*. Caracterización que tiene una fecunda coincidencia con

---

[5] Véase Paul Ricoeur, "Note sur l'histoire de la philosophie et la sociologie de la connaissance", *Histoire et verité*, 66-81; del mismo autor, "L'eclipsede la compréhension", *Temps et récit*, Vol. 1, 173-200.

al sur de la modernidad

el pensamiento de otro historiador, E. P. Thompson, cuando al estudiar los motines populares del siglo XVIII (*La formación histórica de la clase obrera*) afirma que las clases populares se forman en la *experiencia* de una lucha para la que no pueden escoger ni el tiempo ni el lugar, lo que ha generado en ellas un peculiar sentido del desciframiento de las ocasiones. Sentido que de Certeau, por su parte, ha llamado *lógica de la coyuntura*. ¿No será que con el desdibujamiento de las ideologías y utopías de la izquierda, el pensamiento crítico ha ido perdiendo su *territorio propio*, y se encuentra hoy luchando desde el campo que ha construido y domina el adversario? Un adversario que, al diluirse el territorio de las izquierdas, también se desdibuja, tornándose borrosos los rasgos que lo identificaban y lo hacían vulnerable. Exiliado de su espacio, y en cierta manera de *su tiempo*, de su pasado, el pensamiento crítico sólo puede otear el futuro volviéndose *nómada*, aceptando el camino de la *diáspora*.

Necesitamos de un serio esfuerzo de *dis-locación* (Laclau 121 y ss.) para romper con un pensamiento lineal y maniqueo que nos impide comprender la envergadura de las mutaciones que atraviesa la cultura en el des-centramiento del libro y la secreta complicidad que, en América Latina, se teje entre la oralidad cultural de las mayorías y las narrativas de la visualidad electrónica. Habitamos una modernidad des-centrada, en *diáspora* ella misma. Uso la palabra "diáspora" por su obligada referencia a la diseminación hebrea, porque nombra al mismo tiempo la irrenunciable búsqueda de una tierra propia y la desterritorialización interna que nos exilia permanentemente de ella. A ese propósito nada más significativo que Heidegger acusando a los judíos de *cosmopolitas* y viendo en ello la más profunda *razón* de su exterminio (Lyotard, *Heidegger et les «juifs»*). Si en algo se intersectan el movimiento de la globalización con el de la reinvención de la ciudadanía es en la diáspora que moviliza al *saber en red*: la comunicación abandonando el modelo conductista de la información que circula entre un emisor activo y un receptor meramente reactivo, para abrirse como *espacio de tránsitos* (Serres 30 y ss.): multiplicidad de *sentidos* —direcciones y significados— y de *figuras*, interfaz, intervalo, pliegue.

El descentramiento de la modernidad nos cambia el mapa de los linderos displinarios, y también los de las preguntas y las posiciones. Hasta hace relativamente pocos años disponíamos de un mapa claro

13

y sin arrugas: la antropología tenía a su cargo las culturas *primitivas* y la sociología se encargaba de las *modernas*. Lo que implicaba dos opuestas ideas de cultura: para los antropólogos cultura *es todo*, pues en el magma primordial que habitan los primitivos. Tal cultura es el hacha como el mito, la maloca como las relaciones de parentesco, el repertorio de las plantas medicinales o de las danzas rituales; mientras para los sociólogos cultura *es sólo* un especializado tipo de actividades y de objetos, de prácticas y productos pertenecientes al canon de las artes y las letras. En la tardomodernidad que ahora habitamos la separación que instauraba aquella doble idea de cultura se ve emborronada, de una parte, por el movimiento creciente de especialización comunicativa de lo cultural, organizado en un sistema de máquinas productoras de bienes simbólicos ajustados a sus públicos consumidores. Es lo que hoy hace la escuela con sus alumnos, la televisión con sus audiencias, la iglesia con sus fieles o la prensa con sus lectores. Y de otra parte, es la vida social toda la que, *antropologizada*, deviene cultura. Como si la imparable máquina de la racionalización modernizadora —que separa y especializa— estuviera girando, patinando, en círculo, la cultura escapa a toda compartimentalización irrigando la vida social entera. Hoy son sujeto/objeto de cultura tanto el arte como la salud, el trabajo o la violencia; y hay también cultura política, del narcotráfico, cultura organizacional, urbana, juvenil, de género, cultura científica, audiovisual, tecnológica, etc.

Entonces, más que objetos de políticas, la comunicación y la cultura constituyen hoy un campo primordial de batalla política: el estratégico escenario que le exige a la política recuperar su dimensión simbólica —su capacidad de representar el vínculo entre los ciudadanos, el sentimiento de pertenencia a una comunidad— para enfrentar la erosión del orden colectivo. Y es *lo que no puede hacer el mercado* por más eficaz que sea su simulacro (Brunner 90). El mercado no puede *sedimentar tradiciones* ya que todo lo que produce "se evapora en el aire" dada su tendencia estructural a una obsolescencia acelerada y generalizada no sólo de las cosas sino también de las formas y las instituciones. El mercado no puede crear *vínculos societales*, esto es *entre sujetos*, pues estos se constituyen en procesos de comunicación de sentido, y el mercado opera anónimamente mediante lógicas de valor que implican intercambios puramente formales, asociaciones y promesas evanescentes que sólo engendran satisfacciones o frustraciones pero nunca sentido. El mercado no puede *engendrar innovación social* pues ésta presupone diferencias y solidaridades no funcionales, resistencias y disidencias, mientras el mercado trabaja únicamente con rentabilidades. Pero a lo que nos enfrentamos es a la creciente combinación del optimismo tecnológico con el más radical pesimismo político legitimando, tras el exaltado poder de los medios, la *omnipresencia mediadora del mercado*. Pervirtiendo el sentido de las demandas políticas y culturales que encuentran de algún modo expresión en los medios, se deslegitima cualquier cuestionamiento de un orden social al que sólo el mercado y las tecnologías permitirían darse forma. Es este último proyecto el que es hegemónico, y nos sumerge en una creciente oleada de fatalismo tecnológico, frente al cual resulta más necesario que nunca mantener la epistemológica y políticamente estratégica tensión entre las *mediaciones históricas* que dotan de sentido y alcance social a los medios y el *papel de mediadores* que ellos puedan estar jugando hoy. Sin ese mínimo de distancia —o *negatividad* como dirían los de Frankfurt— nos es imposible el pensamiento crítico. ¿Cómo asumir entonces el espesor social y perceptivo que hoy revisten las tecnologías comunicacionales, sus modos transversales de presencia en la cotidianidad desde el trabajo al juego, sus espesas formas de mediación tanto del conocimiento como de la política, sin ceder al realismo de lo inevitable que produce la fascinación tecnológica, y sin dejarse atrapar en la complicidad discursiva de la *modernización neoliberal* —racionalizadora del mercado como único principio organizador de la sociedad en su conjunto— con el *saber tecno-lógico* según el cual, agotado el motor de la lucha de clases, la historia habría encontrado su recambio en los avatares de *la información y la comunicación?* Además, la centralidad indudable que hoy ocupan los medios resulta desproporcionada y paradójica en países con necesidades básicas insatisfechas en el orden de la educación o la salud como los nuestros, y en los que el crecimiento de la desigualdad atomiza nuestras sociedades deteriorando los dispositivos de *comunicación*, esto es de cohesión política y cultural. Y, "desgastadas las representaciones simbólicas, no logramos hacernos una imagen del país que queremos, y por ende, la política no logra fijar el rumbo de los cambios en marcha" (Lechner 124).

Lo que hoy necesitamos pensar *desde la comunicación* es un doble proceso. Primero, aquel que pone en juego ya no la desublimación del arte simulando, en la figura de la *industria cultural*, su reconciliación con la vida, como pensaban los de Frankfurt, sino la emergencia de una *razón comunicacional* cuyos dispositivos —la fragmentación que disloca y descentra, el flujo que globaliza y comprime, la conexión que desmaterializa e hibridiza— agencian el *devenir mercado de la sociedad*. Frente al consenso dialogal en que Habermas ve emerger la *razón comunicativa* —descargada de la opacidad discursiva y la ambigüedad política que introducen la mediación tecnológica y mercantil— lo que estamos intentando pensar es la *hegemonía comunicacional* del mercado en la sociedad: la comunicación convertida en el más eficaz motor del desenganche e inserción de las culturas —étnicas, nacionales o locales— en el espacio/tiempo del mercado y las tecnologías globales. Y segundo, el paso al primer plano de la dimensión y la dinámica comunicativa de la cultura, de todas las culturas. Al exponer cada cultura a las otras, tanto del mismo país como del resto del mundo, los actuales procesos de comunicación aceleran e intensifican el intercambio y la interacción entre culturas como nunca antes en la historia. Y si es verdad que esa comunicación se constituye en una seria amenaza a la supervivencia de la diversidad cultural, también lo es que la comunicación posibilita el desocultamiento de la subvaloración y la exclusión que encubrían la folclorización y el exotismo de lo diferente. Poner a comunicar las culturas deja entonces de significar la puesta en marcha de movimientos de propagación o divulgación para entrar a significar la *activación* de la experiencia creativa y la competencia comunicativa de cada cultura. La comunicación en el campo de la cultura deja de ser un movimiento exterior a los procesos culturales mismos —como cuando la tecnología era excluida del mundo de lo cultural y tenida por algo meramente instrumental— para convertirse en un movimiento *entre culturas*: movimiento de apertura y acceso a las otras culturas, que implicará siempre la transformación/ recreación de la propia. Pues la comunicación cultural en la "era de la información" nombra ante todo la *experimentación*, es decir la experiencia creativa de invención y reapropiación.

Necesitamos entonces reconocer que los *medios* constituyen hoy espacios claves de condensación e intersección de múltiples redes de poder y de producción cultural, pero también alertar contra

al sur de la modernidad

el *pensamiento único* que legitima la idea de que la tecnología es hoy el "gran mediador" entre los pueblos y el mundo, cuando lo que la tecnología media hoy más intensa y aceleradamente es la transformación de la sociedad en mercado, y de éste en principal agenciador de la mundialización (en sus muy contrapuestos sentidos). La lucha contra el pensamiento único halla así un lugar estratégico no sólo en el politeísmo nómada y descentrador que moviliza la reflexión e investigación sobre las mediaciones históricas del comunicar, sino también en las transformaciones que atraviesan los *mediadores socioculturales,* tanto en sus figuras institucionales y tradicionales —la escuela, la familia, la iglesia, el barrio— como en el surgimiento de nuevos actores y movimientos sociales que, como las organizaciones ecológicas o de derechos humanos, los movimientos étnicos o de género, introducen nuevos sentidos de lo social y nuevos *usos sociales* de los medios. Sentidos y usos que, en sus tanteos y tensiones remiten, de una parte, a la dificultad de superar la concepción y las prácticas puramente instrumentales para asumir el desafío político, técnico y expresivo, que conlleva el reconocimiento *en la práctica* del espesor cultural que hoy contienen los procesos y los medios de comunicación; pero de otra parte remiten también al lento alumbramiento de nuevas esferas de lo público y formas nuevas de la imaginación y la creatividad social.

    Este libro recoge textos de los últimos años, en su mayoría de los noventa, dispersos en revistas y libros colectivos, muchos son reescritos y todos son reinscritos en el *campo de fuerzas,* de tensiones políticas y estéticas en que se han constituido los Estudios Culturales. En esa operación de reinscripción algunos textos pisan inevitablemente los bordes de otros retomando una misma idea ya sea para esclarecerla o desplegarla.

I. DIÁSPORAS DEL SABER, MEDIACIONES DEL COMUNICAR

"Lo que estamos viendo no es simplemente otro trazado del mapa cultural —el movimiento de unas pocas fronteras en disputa, el dibujo de algunos pintorescos lagos de montaña— sino una alteración de los principios mismos del mapeado. No se trata de que no tengamos más convenciones de interpretación, tenemos más que nunca pero construidas para acomodar una situación que al mismo tiempo es fluida, plural, descentrada. Las cuestiones no son ni tan estables ni tan consensuales y no parece que vayan a serlo pronto. El problema más interesante no es cómo arreglar este enredo sino qué significa todo este fermento". *Clifford Geertz*

"Una bifurcación tomó por sorpresa a mi generación, cuya devoción por Prometeo no dejó ver venir a Hermes: comunicación, tránsitos, transmisiones, redes. Ahora vivimos en una inmensa mensajería, soportamos menos masas, encendemos menos fuegos, pero trasportamos mensajes que gobiernan a los motores (...) Nunca podremos prescindir de campesinos y de tallistas, de albañiles ni de caldereros, y aun seguimos siendo arcaicos en las dos terceras partes de nuestras conductas pero, mientras que en otros tiempos fuimos más bien agricultores, y no hace tanto especialmente herreros, ahora somos sobre todo mensajeros" *Michel Serres*

1. Objetos nómadas y fronteras borrosas del saber social

En la nueva percepción del espacio y el tiempo que configura el fin de siglo se despliega un mapa de síntomas y desafíos para las ciencias sociales, una agenda nueva para la reflexión. Y especialmente en el rechazo de las ciencias sociales a hacerse cargo de la *cultura comunicacional* hay algo más que el déficit de legitimidad académica que padece como "objeto" reciente. Pareciera más bien que sociólogos y antropólogos percibieran oscuramente el estallido de las fronteras que aquélla entraña —incluidas las de sus campos de estudio— por la configuración de objetos móviles, nómadas, de contornos difusos, imposibles de encerrar en las mallas de un saber positivo y rígidamente parcelado. Hacia allá apunta el desafío: hay en las transformaciones de la sensibilidad que emergen en la *experiencia comunicacional* un fermento de cambios en el saber mismo, el reconocimienmiento de que por allí pasan cuestiones que atraviesan por entero el desordenamiento de la vida urbana, el desajuste entre comportamientos y creencias, la confusión entre realidad y simulacro.

Figuras de lo social, categorías del pensar

El desafío que enfrentan las ciencias sociales devela su verdadera envergadura cuando la crisis de *legitimidad* de las instituciones del Estado y de constitución de la ciudadanía —de identidad de los partidos, de desarticulación entre demandas sociales y procesos políticos formales, de los modos de participación de los ciudadanos y del discurso mismo de la política— se entrelaza con la crisis de *autoridad* del discurso científico sobre lo social, tematizada por Michel Foucault,[6] Clifford Geertz[7] y Michel de Certeau,[8] — develamiento de las estructuras de poder implicadas, historicidad de los saberes, crítica del objetivismo y las concepciones acumulativas

---

[6] Véase Michel Foucault, *La arqueología del saber*. Madrid: Siglo XIX, 1970; también: *El orden del discurso*. Barcelona: Tusquets, 1974.
[7] Véase Clifford Geertz, "Géneros confusos. La reconfiguración del pensamiento social". *El surgimiento de la antropología postmoderna*. C. Reynoso, comp. México: Gedisa, 1991. 76; Clifford Geertz, *La interpretación de las culturas*. México: Gedisa, 1987.
[8] Véase Michel de Certeau, *La culture au pluriel*. Paris: Seuil, 1974; *L'ecriture de l'histoire*. Paris: Gallimard, 1984; *Histoire et pschanalyse*. Paris: Gallimard, 1987; *L'invention du quoitidien*. Paris: Gallimard-Folio,1990.

del conocimiento— evidenciando *la crisis de representación* que afecta al investigador social y al intelectual: ¿desde dónde y a nombre de quién hablan hoy esas voces, cuando el sujeto social unificado en las figuras/categorías de *pueblo* y de *nación* estalla, desnudando el carácter problemático de lo colectivo? Se torna entonces indispensable un movimiento de *reflexividad*[9] que permita hacer visibles las mediaciones que aquel saber mantiene con el *sujeto social*. Mediaciones que pasan especialmente por las reconfiguraciones de *lo público*. Y lo que las ciencias sociales no pueden ignorar entonces es que los nuevos modos de simbolización y ritualización del lazo social se hallan cada día más *entrelazados* a las redes comunicacionales y a los flujos informacionales. El estallido de las fronteras espaciales y temporales que ellos introducen en el campo cultural des-localizan los saberes y des-legitiman sus fronteras entre razón e imaginación, entre saber e información, naturaleza y artificio, ciencia y arte, saber experto y experiencia profana. Ello modifica tanto el estatuto epistemológico como institucional de las *condiciones de saber* y de las *figuras de* razón: esas que constituyen las trazas del *cambio de época,* en su conexión con las nuevas formas de sentir y las nuevas figuras de la socialidad.[10]

Gianni Vattimo ha sido uno de los primeros en asumir "la estrecha relación que se da entre las ciencias humanas y la sociedad de la comunicación" (*La sociedad transparente* 95). Si esas ciencias han configurado su ideal cognoscitivo en el permanente modificarse de la vida colectiva e individual, es ese modo del existir social el que se plasma en las modernas formas de comunicación. Sociología, psicología, antropología han ido construyendo sus objetos y sus métodos al hilo de una modernidad que hace de la sociedad civil un ámbito diferenciado del Estado, un ámbito de intersubjetividades y de diversidad cultural, que en su conjunto configura una *esfera* de instituciones políticas y formas simbólicas cada día más

---

[9] Sobre ese concepto, ver: Pierre Bourdieu, *Respuestas. Por una antropología reflexiva*. México: Grijalbo, 1995; Anthony Giddens, "La índole reflexiva de la modernidad". *Consecuencias de la modernidad*. Madrid: Alianza, 1993. 44 y ss; Anthony Giddens, U. Beck, S. Lash, *Modernização reflexiva*. São Paulo: UNESP, 1997.

[10] Sobre esa conexión es significativo que el subtítulo del libro de Jean Francois Lyotard, *La condición postmoderna,* que introduce ese debate sea: *Informe sobre el saber*.

al sur de la modernidad

estrechamente vinculadas con los procesos y tecnologías de la información y la comunicación. Del otro lado, ya Heidegger al hablar de la técnica[11] la liga a un mundo que se constituye en *imágenes* más que en sistemas de valores, a la modernidad como "época de las imágenes del mundo", que converge con "el mundo convertido en fábula" del que hablaba Nietzsche en *El crepúsculo de los dioses*. Pues lo que en esta tardomodernidad llamamos *mundo* (Gargani, "La fricción del pensamiento" 9 y ss.) es mucho menos aquella "realidad" del pensamiento empiricista —enfrentada al "sujeto autocentrado" en su conciencia, del racionalismo— que el tejido de discursos e imágenes que producen entrecruzadamente las ciencias y los medios: "el sentido en que se mueve la tecnología no es tanto el dominio de la naturaleza por las máquinas cuanto el específico desarrollo de la información y la comunicación del mundo como *imagen*" (Vattimo, *La sociedad transparente* 95), desde una perspectiva muy distinta.

Es de esa crisis que hace parte la de los intelectuales. Históricamente ligados al territorio del espacio-nación y a sus dinámicas, en lo que Gramsci definiera como "lo nacional popular" ("Los intelectuales y la organización de la cultura"), los intelectuales se han *realizado* justamente en hacer la ligazón entre memoria nacional y acción política, ligazón de la que derivaban su función pedagógica, profética, interpretativa. "Escribieron para el Pueblo o para la Nación. Escribieron sólo para sus iguales, despreciando a todos los públicos (...) Se sintieron libres frente a todos los poderes; cortejaron todos los poderes. Se entusiasmaron con las grandes revoluciones y también fueron sus primeras víctimas. Son los *intelectuales*: una categoría cuya existencia misma hoy es un problema" (Sarlo 29). Al entrar en crisis el espacio de lo nacional, por la globalización económica y tecnológica que redefine la capacidad de decisión política de los estados nacionales, y en la que se inserta la desterritorialización cultural que moviliza el *mundo informático y audiovisual*, los intelectuales encuentran serias dificultades para reubicar su función. Pues desanclada del espacio nacional, la cultura pierde su lazo orgánico con el territorio, y con *la*

---

[11] Véase Martin Heidegger, "La pregunta por la técnica" y "Ciencia y meditación". *Filosofía, ciencia y técnica*. Santiago de Chile: Editorial Universitaria, 1997.

lengua, que es del tejido mismo de que está hecho el trabajo del intelectual. Benedict Anderson nos ha descubierto cómo las dos formas de imaginación que florecen en el siglo xviii, la novela y el periódico, "proveyeron los medios técnicos necesarios para la 'representación' de la clase de *comunidad imaginada* que es la nación" (*Comunidades imaginadas* 47). Pero esa *representación* hace rato que ha entrado en crisis. En una obra capital, que nada tiene que ver con la corriente posmoderna, Pierre Nora desentraña el sentido del desvanecimiento del sentimiento histórico en este fin de siglo, a la vez que se acrecienta la "pasión por la memoria": "La nación de Renan ha muerto y no volverá. No volverá porque el relevo del mito nacional por la memoria supone una mutación profunda: un pasado que ha perdido la coherencia organizativa de una historia se convierte por completo en un espacio patrimonial" (Nora, *Les lieux de memoire* 1009). Es decir, un espacio más museográfico que histórico. Y una memoria nacional edificada sobre la reivindicación patrimonial estalla, se divide, se multiplica. Es la otra cara de la crisis de lo nacional, complementaria del nuevo entramado que constituye *lo global*: cada región, cada localidad, cada grupo reclama el derecho a su memoria. "Poniendo en escena una *representación* fragmentada de la unidad territorial de lo nacional los *lugares de memoria* celebran paradójicamente el fin de la *novela nacional*" (Mongin, "¿Una memoria sin historia?" 24). De otro lado, lo que la hegemonía de la imagen en la cultura-mundo de hoy amenaza no es al libro, sino a su estatuto de eje de la cultura, desplazándolo del centro. Y ese desplazamiento problematiza el saber propio de los intelectuales, replantea sus oficios profético-pedagógicos, exigiéndoles un esfuerzo de reubicación social y cultural que muchos no están dispuestos a hacer.

La revaloración cognitiva de la imagen pasa paradójicamente por la *crisis de la representación*. Y a examinar esa crisis dedicó Michel Foucault su libro "*Las palabras y las cosas*". El análisis se inicia con la *lectura* de un cuadro de Velázquez, *Las Meninas*, lectura que nos propone tres pistas. Puesto que estamos ante un cuadro en el que un pintor nos contempla, lo que en verdad vemos es el revés del cuadro que el pintor pinta, y es en ese revés donde somos visibles nosotros. Segunda, lo que podemos decir del cuadro no habla de lo que vemos porque "la relación del lenguaje a la pintura es infinita. No porque la palabra sea imperfecta sino porque son ireductibles la una a la otra. Lo que se ve no se aloja, no cabe jamás en lo que se dice" (*Les mots et le choses* 25). Tercera, la esencia de la representación no es lo que da a ver sino la invisibilidad profunda desde la que vemos, y ello a pesar de lo que creen decirnos los espejos, las imitaciones, los reflejos, los engaña-ojos. Pues ya no es, como en el pensamiento clásico, el desciframiento de la *semejanza* en su juego de signos, en su capacidad de vecindad, imitación, analogía o empatía, la que hace posible el conocimiento. Ni tampoco la hermenéutica de la escritura, que domina desde el Renacimiento en un reenvío de lenguajes —de la Escritura a la Palabra— que coloca en el mismo plano las palabras y las cosas, el hecho, el texto y el comentario. A partir del siglo XVII el mundo de los signos se espesa, e inicia la conquista de su propio estatuto poniendo en crisis su subodinación a la representación tanto del mundo como del pensamiento. Y en el paso del siglo XVIII al XIX por primera vez en la cultura occidental "la vida escapa a las leyes generales del ser tal y como se daba en el análisis de la representación"; y con la vida, el trabajo transforma el sentido de la riqueza en *economía,* y también el lenguage se "libera" para enraizarse en su materialidad sonora y en su expresividad histórica, la "expresividad de un pueblo". El fin de la metafísica da la vuelta al cuadro: el espejo en que al fondo de la escena se mira el rey, al que el pintor mira, se pierde en la irrealidad de la representación. Y *en su lugar* emerge el hombre vida-trabajo-lenguaje. Y es a partir de la *trama significante* que tejen las *figuras y los discursos* (las imágenes y las palabras) y de la *eficacia operatoria* de los modelos, que hace posible ese saber que hoy denominamos ciencias humanas.

El nuevo régimen discursivo de la visualidad

En el cruce de los dos dispositivos señalados por Foucault —economía discursiva y operatividad lógica— es donde se sitúa la nueva discursividad constitutiva de la visibilidad y la nueva identidad lógico-numérica de la imagen. Estamos ante la emergencia de "*otra figura de la razón*"[12] que exige pensar la imagen, de una parte, desde su nueva configuración sociotécnica: el computador no es un *instrumento* con el que se producen objetos, sino un nuevo tipo de

---

[12] Véase A. Renaud, "L'image: de l'économie informationelle à la pensée visuelle". *Reseaux* 74 Paris, 1995): 14 y ss.; ver también: G. Chartron (dir.), *Pour une nouvelle economie du savoir.* Paris: Presses Universitaires de Rennes,1994.

tecnicidad que posibilita el procesamiento de informaciones, y cuya materia prima son abstracciones y símbolos, lo que inaugura una nueva *aleación* de cerebro e información, que sustituye a la del cuerpo con la máquina. Y de otra, estamos ante un nuevo paradigma del pensamiento que rehace las relaciones entre el orden de lo discursivo (la lógica) y de lo visible (la forma), de la inteligibilidad y la sensibilidad. El nuevo estatuto cognitivo de la imagen se produce a partir de su *informatización*, esto es de su inscripción en el orden de lo *numerizable*, que es el orden del *cálculo* y sus mediaciones lógicas: número, código, modelo. Inscripción que no borra, sin embargo, ni la figura ni los efectos de la imagen, pero esa figura y efectos remiten ahora a una *economía informacional* que reubica la imagen en las antípodas de la ambigüedad estética y la irracionalidad de la magia o la seducción.

Este proceso entrelaza un doble movimiento. El que prosigue y radicaliza el proyecto de la ciencia moderna —Galileo, Newton— de traducir/sustituir el mundo cualitativo de las percepciones sensibles por la cuantificación y la abstracción lógico-numérica, y el que reincorpora al proceso científico el valor informativo de lo sensible y lo visible. Un nueva *episteme cualitativa* abre la investigación a la intervención constituyente de la imagen en el proceso del saber: arrancándola a la *sospecha* racionalista, la imagen es percibida por la nueva *episteme* como posibilidad de experimentación/simulación que potencia la velocidad del cálculo y permite inéditos *juegos de interfaz*, esto es de arquitecturas de lenguajes. Virilio denomina "logística visual" (*La máquina de visión* 81) a la remoción que las imágenes informáticas hacen de los límites y funciones tradicionalmente asignados a la discursividad y la visibilidad, a la dimensión operatoria (control, cálculo y previsibilidad), la potencia interactiva (juegos de interfaz) y la eficacia metafórica (traslación del dato cuantitativo a una forma perceptible: visual, sonora, táctil). La visibilidad de la imagen deviene *legibilidad*,[13] permitiéndole pasar del estatuto de "obstáculo epistemológico" al de *mediación discursiva* de la fluidez (flujo) de la información y del poder virtual de lo mental.

---

[13] Véase G. Lascaut y otros, *Voir,entendre*, U.G.E.-10/18 (París, 1976); José Luis Carrascosa. *Quimeras del conocimiento. Mitos y realidades de la inteligencia artificial.* Madrid: Fundesco, 1992.

al sur de la modernidad

También desde la percepción del tiempo en que se inserta/ instaura el *mundo audiovisual* el estatuto de los saberes está cambiando. La perturbación del sentimiento histórico se hace aun más evidente en una *contemporaneidad* que confunde los tiempos y los aplasta sobre la *simultaneidad* de lo actual, sobre el "culto al presente" que alimentan en su conjunto los medios de comunicación, y en especial la televisión. Pues una tarea clave de los medios es *fabricar presente*: "un presente concebido bajo la forma de 'golpes' sucesivos sin relación histórica entre ellos. Un presente autista, que cree poder bastarse a sí mismo" (Lechner, "La democracia en el contexto de una cultura postmoderna" 252). La contemporaneidad que producen los medios remite, por un lado, al *debilitamiento del pasado*, a su reencuentro descontextualizado, deshistorizado, reducido a *cita* (Eco, "Apostilla al nombre de la rosa"), que permite insertar en los discursos de hoy, arquitectónicos, plásticos o literarios, elementos y rasgos de estilos y formas del pasado en un *pastiche* que es sólo "imitación de una mueca, un discurso que habla una lengua muerta (...) la rapiña aleatoria de todos los estilos del pasado en la progresiva primacía de lo *neo,* en la colonización del presente por las modas de la nostalgia" (Jameson, *El postmodernismo o la lógica cultural del capitalismo avanzado* 45). Y del otro, remite a la *ausencia de futuro* que, de vuelta de las utopías, nos instala en un *presente continuo,* en "una secuencia de acontecimientos que no alcanza a cristalizar en duración, y sin la cual ninguna experiencia logra crearse, más allá de la retórica del momento, un horizonte de futuro. Hay proyecciones pero no proyectos. El futuro se restringe a un 'más allá': el mesianismo es la otra cara del ensimismamiento" (Lechner 260). La televisión es a la vez el discurso por antonomasia del *bricolage* de los tiempos, que nos familiariza sin esfuerzo, arrancándolo a las complejidades y ambigüedades de su época, con cualquier acontecimiento del pasado, y el que mejor expresa la *compresión* del presente, transformando el tiempo extensivo de la historia en el intensivo de la *instantánea.* Intensidad del tiempo televisivo que alcanza su plenitud en la simultaneidad que instaura, entre el acontecimiento y su imagen, la toma directa. Pero esa nueva temporalidad tiene su costo. Y así, "costoso" como ninguno otro el tiempo de la televisión hace de la discontinuidad la clave de su sintaxis y de su productividad, pues la *fragmentación* es lo que permite a los diferentes textos ser integrados en la estructura general de la

27

programación. Los *spots* publicitarios fragmentan la estructura narrativa de los relatos informativos o dramáticos y la publicidad a su vez está hecha de micro relatos visualmente fragmentados al infinito. El *videoclip* publicitario o musical condensa el modelo de la escena y el ritmo televisivos.

Pero lo que anuda el ritmo y compone la escena es el *flujo*: ese *continuum* de imágenes que indiferencia los programas y constituye la *forma* de la pantalla encendida. Fue en la literatura de vanguardia —Joyce y Proust— donde por primera vez el flujo del *monólogo interior* apareció articulando los fragmentos de memoria, los pedazos de hechos o discursos, y dando cuerpo a la fugacidad del tiempo. En el otro extremo del campo cultural, la radio ritma la jornada doméstica dando forma por primera vez, con el flujo sonoro, al *continuum* de la rutina cotidiana. De una punta a la otra, el flujo implica disolvencia de géneros y exaltación expresiva de lo efímero. Hoy el flujo televisivo significa[14] la metáfora más *real* del fin de los grandes relatos, por la equivalencia de todos los discursos —información, drama, publicidad, educación, musical, concurso—, la interpenetrabilidad de todos los géneros —tragedia, melodrama, aventura, comedia— y la transformación de lo efímero en propuesta estética. Una propuesta basada en la exaltación de lo móvil y difuso, de la carencia de clausura y la indeterminación temporal.

Desde América Latina, José Joaquín Brunner ha sabido insertar esa reconfiguración de los saberes en la propuesta de una nueva agenda para las ciencias sociales, que reubica "viejos" temas en las nuevas *cartografías de una modernidad* que proyecta sus avatares económicos y políticos sobre el campo de las transformaciones culturales de la libertad y la felicidad, de la familia y las tradiciones, y de las escenificaciones de la identidad. Redefiniendo desde ahí el estatuto de los intelectuales y los científicos sociales: superada la figura del intelectual *resentido* —que pontifica sobre cómo conducir los problemas públicos pero que vive exasperado por la escasa valoración social, material y simbólica, de su actividad— emerge hoy la figura del *mediador simbólico*, identificador de problemas, portador de innovaciones y constructor de consensos, cuya crítica no se basa en la orgullosa distancia de los riesgos que conlleva toda intervención

---

[14] Sobre el concepto de *flujo* en televisión: G. Barlozatti, *Il palinsesto: texto, aparati e géneri della televisione*. Milan: Franco Angelli, 1986.

al sur de la modernidad

en lo social, sino que hace parte de la dinámica que necesita una sociedad para no anquilosarse. El *saber crítico* está entonces llamado a insertarse en el campo de conocimientos compartidos con los que toman decisiones: "parece haber llegado el momento en que el conocimiento deja de ser el dominio exclusivo de los intelectuales y sus herederos —investigadores y tecnócratas— para convertirse en un medio común a través del cual las sociedades se organizan, se adaptan y cambian" (Brunner, *Conocimiento, sociedad y política* 15).

Más que a la posmoderna muerte de los grandes relatos, la nueva *condición* del saber social y de la tarea del intelectual remiten al fin de los relatos *heroicos* —que posibilitaba la autoconciencia iluminista del progreso material y moral inevitables— y su sustitución por relatos *irónicos* (Rorty, *Contingencia, ironía y* solidaridad 59), en los que se conjuga la reflexividad epistemológica con la imaginación ética y ambas con el espíritu de juego, que relativiza nuestras seguridades al inscribirlas en los *juegos del lenguaje*. He aquí un testimonio de esa ironía, de la que el mundo intelectual anda bien necesitado: "Quiero decirte por qué me gustó mucho regalarte la televisión. Siempre me ha fascinado el cine, el arte, la fotografía, las imágenes creadas por el ser humano. Vi televisión por primera vez en mi vida a los catorce años, en un viaje a Italia con mi tía. Pero sólo de adulta se convirtió en parte de mi vida cotidiana. Y con los años se ha vuelto tan natural que se nos olvida cómo era vivir sin ella. Yo no tenía sino libros para explorar el mundo desde mi casa, un mundo muy cerrado y limitado si no hubiera sido por las dimensiones de la letra impresa. Ahora ya los libros no cumplen el mismo papel que antes, ni son tan centrales, tan irremplazables. Son más fluidos y menos sagrados. Tal vez ahora la televisión cumple muchas de las funciones que cumplió para mí la literatura. Se dice que es un simulacro, algo que parece ser, un artificio. Sí, es una representación, una forma de aproximarnos a la realidad, sin que podamos saber bien cuál es la realidad. Pero me parece que entenderla es entender nuestra época. Y me gusta pensar que muchos otros la ven también, y que nos conecta aun sin saberlo con otras personas quién sabe donde, que comparten lo mismo" (Ordóñez, *Carta a Cecilia María*).

Los destiempos que tensionan el saber / leer

La posición más erguida es aún la que centra el sentido del debate en oponerlos: los libros serían el último resquicio y baluarte del pensar vivo, crítico, independiente, frente a la avalancha de espectacularización y conformismo que los medios audiovisuales arrastran. El libro sería el espacio propio de la razón y el argumento, del cálculo y la reflexión; el mundo de la imagen audiovisual por el contrario sería el espacio de las identificaciones primarias y las proyecciones irracionales (Kehl, "Imaginar e pensar"), de las manipulaciones consumistas y la simulación política. Mientras en la escritura se habría gestado el espacio público, en la imagen electrónica se gestaría la masificación y el repliegue a lo privado. Pero como los atajos y las medias verdades, esas oposiciones no son sólo peligrosas sino tramposas: ahorrándose la trama de continuidades y rupturas de que está hecha la historia y las ambigüedades del presente se acaba convirtiendo a los medios audiovisuales en la causa última de la crisis de la lectura y de la decadencia cultural. Un argumento que si sirve de consuelo a los adultos dice bien poco a las generaciones más jóvenes que, inmersas desde niños en la cultura, subcultura o incultura audio-visual, viven como propia no la experiencia excluyente y desgarradamente maniquea de sus maestros sino otra: la del desplazamiento de las demarcaciones y las fronteras entre razón e imaginación, ciencia y arte, naturaleza y artificio, la hibridación cultural entre tradición y modernidad, entre lo culto, lo popular y lo masivo. Mirando desde ahí lo que se gana no es optimismo sino la oscura certidumbre de que la crisis del libro y la lectura remiten a *un ámbito más ancho de cambio cultural*, el que conecta las nuevas condiciones del saber con las nuevas formas del sentir, de la sensibilidad, y ambos con los nuevos modos de juntarse, es decir con las nuevas figuras de la socialidad.[15]

---

[15] Jean François Lyotard, *La condición postmoderna –Informe sobre el saber*. Madrid: Cátedra, 1984; C. Ginzburg y otros, *Crisis de la razón: nuevos modelos en la relación entre saber y actividad humana*. México: Siglo XXI, 1983. R. Rorty, *Contingencia, ironía y solidaridad*. Barcelona: Paidos, 1991; Gianni Vattimo, *La sociedad transparente*. Barcelona: Paidos, 1990; M. Maffesoli, *El tiempo de las tribus*. Barcelona: Icaria, 1990.

al sur de la modernidad

En el movimiento de esos cambios, la "crisis del libro" traduce no la cercanía de su muerte sino su *des-centramiento*, su dejar de ser el centro-eje del universo cultural de Occidente (Eco, *La revanche des libres*) y la pluralización de sus figuras y sus oficios. Lo que a su vez implica que la lectura pierde su focalidad desplegando y diversificando sus ámbitos y sus funciones. Pues hubo un tiempo en que el "camino real de la emancipación", el acceso al saber, pasaba por la escritura fonética pero ¿qué entender hoy por *alfabetización*? (Santiago, *Alfabetição, leitura e sociedade de massa*), cuando mucha de la información que da acceso al saber pasa en una forma u otra por imágenes, por las diversas redes y tramas de la imagen. Y sobre todo en países en los que la cultura cotidiana de una gran parte de la población, aun habiendo aprendido a leer, no se rige por la escritura, y cuya "escuela incompleta y atrasada convive con una intensa interconexión del mundo simbólico de masas" (Brunner, *Medios, modernidad, cultura*). ¿Cómo pueden entenderse las problemáticas del libro y la lectura en América Latina sin plantearse la profunda compenetración —la complicidad y complejidad de relaciones— entre la oralidad que perdura como experiencia cultural primaria y la "oralidad secundaria" (Ong, *Oralidad y escritura*) que tejen y organizan las gramáticas tecnoperceptivas de la radio y el cine, la televisión y el video? ¿Cómo seguir pensando separados la memoria y la modernidad —y la modernidad ilustradamente anclada en el libro— cuando en América Latina la dinámica de las transformaciones que calan en la cultura cotidiana de las mayorías proviene mayormente de la desterritorialización y las hibridaciones culturales que propician y agencian los medios masivos al sacudir con sus bruscas alteraciones la precariedad de nuestro tejido social?

La escritura atraviesa hoy una situación en cierto sentido homóloga a la que vive la nación. Ésta se halla atrapada entre el redescubrimiento de lo local/regional como espacio de identidad y toma de decisiones, y las dinámicas globalizantes de la economía-mundo y la interconexión universal de los circuitos comunicativos vía satélites e informática. Tensionada entre el doble movimiento de lo local y lo global, la nación se ve exigida de redefinir su propia función y sus modos de relación con un adentro fragmentado y un "afuera" que deja de serlo pues la atraviesa replanteando radicalmente el sentido de las fronteras. También la escritura se ve atrapada en nuestros países entre la fuerza local de una oralidad que es modo de comunicación cotidiano, organizador y expresivo de unas particulares maneras de relación con el mundo y de unas modalidades de relación social, y el poderoso movimiento de desterritorialización de las sensibilidades y los comportamientos impulsado por los medios audiovisuales y los dispositivos de información desde el ámbito de los modelos de narración y desde el más general de los modos de producción y difusión de textos.[16]

El descentramiento que sufre el libro en el mundo de hoy encuentra su sentido en una larga historia, bastante más larga de la que suelen trazar los manuales. Un proceso que hizo del libro sucesiva, y también recurrentemente, modo de comunicación con la divinidad e instrumento de poder de las castas sacerdotales, reserva de saber y medio de enseñanza, expresión de la riqueza del príncipe y archivo de negocios, pliego de cordel e instrumento de incorporación social de las clases populares, modo de expansión y expresión de la desgarrada conciencia del individuo y registro del cálculo, industria cultural y *best-seller*. Lo que a su vez implica la necesidad de mirarlo desde el otro lado del proceso: el de los diversos modos de leer.[17] Pues la lectura privada, la de "el individuo en su soledad" de que habla Walter Benjamín a propósito de la novela, no es más que la lectura que privilegia la modernidad. A ella la precedieron múltiples formas de lectura colectiva: desde la disciplinadora lectura de los conventos y las cárceles hasta la relajada lectura de las veladas populares, desde la lectura que practicaban en el siglo XIX los anarquistas andaluces que compraban el periódico aun sin saber leer para juntarse con otros correligionarios y buscar alguno que se lo leyera, hasta la que se hacía en las fábricas de tabaco en Cuba bien entrado el siglo XX, en las que mientras los obreros y obreras torcían las hojas de tabaco se leían relatos políticamente edificantes y folletinescos[18] una práctica de lectura que está sin duda en la base de la afición y la sensibilidad que gestaron la radionovela cubana.

---

[16] Véase A. Piscitelli y otros, "Cambiar la mirada". *David y Goliath* 58 (Buenos Aires, 1991); R. Argullol y otros, "Hacia un nuevo renacimiento". *TELOS* 24 (Madrid, 1991).
[17] Véase H. R. Jauss, *A literatura e o leitor*. Rio de Janeiro: Paz e terra, 1979; A. M. Chartier y J. Hébrard, *Discurcours sur la lecture*. Paris: BPI, 1992.
[18] Véase Lily Livak, *Musa libertaria-Arte, literatura y vida cultural del anarquismo español (1880-1913)*. Barcelona: Antoni Bosch, 1981; Fernando Ortiz, *Contrapunteo cubano del tabaco y el azúcar*. Barcelona: Ariel, 1973.

Quizá la actual crisis de la lectura entre los jóvenes tenga entonces menos que ver con la seducción que ejercen las nuevas tecnologías y más con la profunda reorganización que atraviesa el mundo de las escrituras y los relatos, con la consiguiente transformación de los modos de leer, y con el desconcierto que entre los más jóvenes produce la obstinación en seguir pensando la lectura únicamente como modo de relación con el libro y no con la pluralidad y heterogeneidad de textos y escrituras que hoy circulan: *comics*, videojuegos, televisión, cine, imagen digital, videoclip musical, etc. El viejo miedo a las imágenes se carga hoy de un renovado prestigio intelectual: el que ha cobrado últimamente la denuncia de la espectacularización que ellas producen y la simulación en que nos sumen. Denuncia que aun siendo bien certera, en su totalización baudrillardiana[19] corre el riesgo de impedirnos asumir la envergadura "real" de los cambios. Pues si ya no se puede ver ni representar como antes tampoco se puede escribir ni leer como antes. Y ello no es reducible ni al "hecho tecnológico" ni a la lógica industrial y comercial. Ya que la visualidad electrónica ha entrado a formar parte constitutiva de la *visibilidad cultural*.

Umberto Eco insiste en que hablar hoy de guerra entre el texto audiovisual y el escrito no tiene la menor vigencia ya que lo que necesitamos analizar es, por el contrario, la sinergia entre los dos. Pero hay un "lugar" donde la diversidad de lenguajes y escrituras estalla y se convierte en conflicto de culturas, y ese lugar es la escuela. Un sistema escolar que escamotea su conflicto con la cultura audiovisual reduciéndolo a sus efectos morales, traduciéndolo al discurso de las lamentaciones sobre unos medios —especialmente la televisión, el *walkman*, los video juegos y hasta *Internet*— ya que estarían robando el tiempo libre de los jóvenes, manipulando su ingenuidad e idealismo, inoculando superficialidad y conformismo, haciéndoles reacios a cualquier tarea seria pues desvalorizan el libro y la lectura exigente. Traducido a esos términos el conflicto hablaría únicamente de la lucha de la escuela contra la pseudocultura del entretenimiento, que sería la de la pasividad conformista y ese nuevo analfabetismo que encubren la proliferación de imágenes y la música-ruido.

---

[19] Véase Jean Baudrillard, *Las estrategias fatales*. Barcelona: Anagrama, 1984; del mismo autor, *La transparencia del mal*. Barcelona: Anagrama, 1991.

Pero lo que esa reducción oculta es que el mundo audiovisual desafía a la escuela en el nivel más específico y decisivos: ¿*Qué significa saber en la era de la información?* Ahí se ubica el desafío de fondo: la inserción de la educación en los complejos procesos de comunicación de la sociedad actual, o dicho de otro modo, el *ecosistema comunicativo* que constituye el *entorno educacional difuso y descentrado* en que estamos inmersos. Un entorno *difuso* de informaciones, lenguajes y saberes, y *descentrado* por relación a los dos centros —escuela y libro— que organizan aún el sistema educativo vigente. Desde los monasterios medievales hasta las escuelas de hoy el saber, que fue siempre fuente de poder, ha conservado ese doble carácter de ser a la vez centralizado territorialmente y asociado a determinados soportes y figuras sociales. De ahí que las transformaciones en los modos como circula el saber constituyen una de las más profundas mutaciones que una sociedad puede sufrir. Es disperso y fragmentado como el saber escapa de los lugares *sagrados* que antes lo contenían y legitimaban, y de las figuras sociales que lo detentaban y administraban. Y es esa diversificación y difusión del saber lo que constituye uno de los retos más fuertes que el mundo de la comunicación le plantea al sistema educativo. Cada día más estudiantes testimonian una simultánea pero desconcertante experiencia: la de reconocer lo bien que el maestro se sabe su lección, y al mismo tiempo el desconcierto cotidiano de constatar que esos conocimientos se hallan seriamente desfasados de los saberes y lenguajes que —sobre biología, física, historia o geografía— circulan por *fuera* de ella. Y frente a un alumnado cuyo medio-ambiente comunicativo lo "empapa" cotidianamente de esos otros saberes-mosaico que, en forma de *información*, circulan por la sociedad, la reacción de la escuela es casi siempre de atrincheramiento en su propio discurso: cualquier otro es resentido por el sistema escolar como un atentado a su autoridad. En lugar de ser percibida como una llamada a replantear el modelo de comunicación que subyace al modelo pedagógico, la intromisión de saberes y lenguajes otros resulta en el endurecimiento del control de los discursos que no respetan el sagrado saber escolar.

La experiencia cotidiana del maestro atestigua la distorsionadora presencia en la vida escolar de lógicas, saberes y relatos que escapan a su control. De otra parte, los medios audiovisuales constituyen hoy un nuevo y poderoso ámbito de socialización,[20] esto es de elaboración y transmisión de valores y pautas de comportamiento, de patrones de gusto y de estilos de vida. Y ahí también el desafío es específico, pues ello viene a reordenar y desmontar viejas y resistentes formas de intermediación y autoridad que configuraban hasta no hace mucho el estatuto y el poder social de la escuela. De ahí que la lamentación y el escamoteo no puedan eliminar la resistencia de los jóvenes a una educación basada exclusivamente en los principios y las técnicas de la cultura letrada. Y de ahí también que en alguna forma la escuela trate de dar entrada y hacer uso de los medios. ¿Qué tipos de uso? Un solo tipo de uso pero "doble": modernizador e instrumental.[21] Para muchas escuelas la presencia de la videograbadora o el computador forma parte del conjunto de gestos que es indispensable hacer para que el rostro, o mejor la fachada, de la educación cambie dejando el resto igual. Son gestos dirigidos más hacia fuera que hacia adentro, es el prestigio del colegio lo que se vería comprometido por la ausencia de ciertas tecnologías comportadoras en sí mismas de un *status* moderno y por tanto modernizador. Complementaria con ese uso es la concepción — predominante no sólo entre los maestros sino entre los apreciados tecnólogos de la educación que dirigen el sistema educativo— según la cual la renovación provendría del cambio de técnicas y de la introducción de tecnologías. Una renovación que se agota bien pronto y queda reducida a la capacidad *amenizadora* de unos dispositivos incapaces de detener el deterioro de la relación escolar, pero capaces de amenizar el aburrimiento de la rutina cotidiana. Se trata de una concepción que conduce necesariamente a un *uso instrumental*: que es aquél que abstrayendo los medios de sus peculiaridades comunicativas y su densidad cultural se sirve de ellos únicamente como "ayudas" exteriores al proceso pedagógico o como ejercicios puramente formales: se aprende a usar el computador no para insertarlo como estrategia de conocimiento sino para que el alumno

---

[20] Véase Daniel Bell, *Modernidad y sociedad de masas*. Caracas: Monte Ávila, 1969; del mismo autor, *Las contradicciones culturales del capitalismo*. Madrid: Alianza, 1987.
[21] Véase F. Caviano, "Nuevas tecnologías, nuevas instituciones: la escuela en la encrucijada". *Nuevas tecnologías en la vida cultural española*. Madrid: Fundesco, 1985; M. M. Kroling (org.), *Comunicação e educação: caminhos cruzados*. São Paulo: Loyola, 1986.

pueda atestiguar que aprendió a usarlo. Lo que ese uso modernizador/ instrumental trata de conjurar es justamente el reto cultural que los medios entrañan para el sistema educativo, el abismo que su desarticulación de la vida escolar abre entre la cultura desde la que enseñan los maestros y aquella otra desde la que perciben, piensan y hablan los alumnos. Una escisión que es necesario afrontar cuanto antes ya que los hábitos de relación con los medios y las tecnologías de la información no podrán cambiarse sin afectar el estatuto de la educación en la sociedad y sin que la escuela se haga cargo de lo que ellos son y significan culturalmente.

El primer paso en esa dirección será que la escuela —de la primaria a la universidad— piense menos en los *efectos* ideológicos y morales y más en el *ecosistema comunicativo* que los medios conforman en cuanto conjunto de lenguajes, representaciones y relatos que alteran la percepción de las relaciones entre el tiempo del ocio y el trabajo, entre el espacio privado y el público, penetrando de forma ya no puntual —por la inmediata exposición a, o el contacto con el medio— sino transversal (Castells, *El desafío tecnológico*) la vida cotidiana, el horizonte y la trama de sus saberes, jergas y rutinas. La indispensable crítica tanto de los contenidos como de las formas de seducción de los medios audiovisuales sólo resultará socialmente válida y eficaz cuando la escuela sea capaz de insertar esa crítica en un proyecto de cambio educativo de envergadura cultural. Entiendo por tal, en primer lugar, un proyecto que replantee la idea de cultura con la que la escuela en nuestros países trabaja, (Davenport, *Una sola cultura*), que deje de identificar excluyentemente el espacio de la cultura con el de las letras y las artes y comience a dar entrada a las ciencias y las tecnologías, no tanto en cuanto "aparatos de progreso" sino en cuanto dispositivos de transformación de los modos de percibir, de saber y de sentir. Lo que implica incorporar las nuevas tecnologías de comunicación e información como "tecnologías intelectuales" (Levy, *Les technologies de l'intelligence*) esto es como *estrategias de conocimiento* y no como meros instrumentos de ilustración o difusión. Ello es decisivo en la medida en que la automatización que presenta la esfera tecnológica con relación al ámbito de la cultura está incidiendo en la pérdida de capacidad social para definir las opciones en ese terreno. Y la recuperación de esa capacidad pasa tanto por los ámbitos políticos como por los procesos educativos: es desde y en la escuela donde

al sur de la modernidad

las *dimensiones* y no sólo los *efectos* culturales de las tecnologías comunicativas deben ser pensadas y asumidas. Estamos necesitados de aprender a *transformar la información en conocimiento*, abriendo la escuela a la multiplicidad de discursos que articula/disfraza la imagen, a distinguir lo que se habla de lo que se dice, lo que hay de sentido en la incesante proliferación de signos que moviliza la información. Y a asumir las literaturas de la imagen y el sonido aprendiendo a diferenciar, a distinguir y apreciar críticamente tanto sus inercias narrativas y sus trampas ideológicas como las poéticas de la repetición serial y las posibilidades estéticas de los nuevos géneros.[22] Claro está que estas nuevas formas de lectura sólo pueden tener cabida en una escuela que esté previa y auténticamente preocupada por el problema de la lectura, esto es aquella que ha sabido ligar la lectura, desde los primeros años, a la creatividad y al placer de descubrir y de escribir tanto como al análisis y la argumentación, más que al repetitivo ejercicios de tareas y deberes. En vísperas del siglo XXI aprender a leer los textos audiovisuales es condición indispensable de la vigencia y el futuro de los libros —sólo si los libros nos ayudan a orientarnos en el mundo de las imágenes, el tráfico de imágenes nos hará sentir la necesidad de libros— y parte de un derecho ciudadano fundamental, el derecho a participar crítica y creativamente en la comunicación ciudadana.

---

[22] Véase L. Vilches y otros, "Repetición y serialidad en cine y televisión". *Anàlisi* 9 (Barcelona, 1984); Omar Calabrese, *La era neobarroca*. Madrid: Cátedra, 1989.

2. Deconstrucción de la crítica: algunos hitos

> "Debemos realizar un acto de violencia: obligar a que el mundo tome en consideración cuestiones de las que ha sido inconsciente y rechazar o evitar que esta inconsciencia del mundo haga de él algo distante e incomunicado para nosotros. El intento de comunicar contravendrá su propósito. En este proceso de conversión forzada reproduciremos la esperanza de la comunicación más remota".
>
> Zigmun Bauman

Desde sus comienzos el estudio fue transdisciplinar

Al terminar la segunda guerra mundial un equipo multidisciplinario de investigadores del I.M.T se propuso repensar el desarrollo de las ciencias. Y frente a su creciente especialización se dio el proyecto de pensar su unidad a partir del espacio que consideraron más fecundo, el de las "regiones fronterizas". El equipo estaba dirigido por el matemático Norbert Wienner y el neurofisiólogo Artur Rosenblueth, y en él participaron tanto biólogos y físicos como psicólogos y antropólogos de la talla de K. Lewin y G. Bateson. En el año 1948, Wienner escribe: "Si los siglos XVII y la primera parte del XVIII fueron la edad de los relojes, y el fin del XVIII y el XIX la de las máquinas de vapor, el presente es la edad de la comunicación" (*Cybernetics* 50)". Más que como un nuevo campo de especialización la *comunicación* adquiere estatuto científico en cuanto espacio desde el que se hacen pensables las relaciones entre fenómenos naturales y artificiales, entre las máquinas, los animales y los hombres. Wienner ve en la *comunicación* una "nueva lengua del universo", similar a la "mathesis universalis" de Galileo, de ahí que más que una nueva ciencia lo que propone es una nueva manera de hacer ciencia, más que un sustantivo, un adverbio: pensar *comunicativamente* los fenómenos. Lo que equivale a estudiar los comportamientos en cuanto *complejos intercambios de información*.[23] Y porque eso es lo que tienen en común los organismos y las máquinas Wienner se arriesgará a afirmar que "en el universo todo comunica", pues está

---

[23] Norbert Wienner, *Cybernetic and Society. The Human Use of Human Beings*, 32. Boston: Houghton Mifflin; traducción *Cibernética y sociedad*, Buenos Aires: Sudamericana, 1969.

hecho de un flujo permanente de intercambios. Con lo cual estaba sentando las bases no sólo de la fabricación de las "máquinas que aprenden", los robots, sino de la teoría de sistemas y de la ecología. Muy pronto sin embargo esta compleja concepción, que ubica la comunicación en el terreno fronterizo entre la organización y la operación, entre la *comprensión* de los fenómenos y el *dominio* de los aparatos, se verá suplantada por la eficacia operativa de una disciplina, la teoría de la información, que transforma el modelo circular y complejo (retroactivo) en uno lineal. C. Elwood Shannon, discípulo de Wiener e ingeniero de la compañía Bell Telephone, reducirá el objetivo de esa teoría a medir la cantidad de información que contiene un mensaje y aumentar la velocidad de su transmisión disminuyendo el *ruido* y las pérdidas que se producen en el recorrido. El salto no ha podido ser mayor: lo que ahora hace pensable la comunicación es la modulación del ancho de banda en telefonía, y las posibilidades que ella abre de controlar la relación entre señal y ruido. Lo que el famoso esquema (*Fuente-Emisor-Mensaje-Receptor-Destinatario*) se propone y posibilita es definir matemáticamente la magnitud estadística de una información, esto es la medida cuantitativa de la incertidumbre de un mensaje en función de su grado de probabilidad. El texto de Shannon se abre con esta significativa frase: "El desarrollo reciente de diversos métodos de modulación que cambian el ancho de banda para una determinada relación señal-ruido ha intensificado el interés por una *teoría general de la comunicación*" (Claude E. Shannon, *Teoría matemática de la comunicación* 16). Una teoría, en verdad, de la rentabilidad informacional, esto es capaz de dar cuenta de la transmisión óptima de un mensaje en términos de *eficiencia difusiva*, y para la que el código es un sistema de reglas para asignar a las señales unos *valores* y no unos significados. Fue ese mismo modelo, el del análisis de la propagación de la información, el que cargaría de legitimidad científica los estudios norteamericanos, la *communication research* de los años '50 y '60. Había sin duda un perfecto ajuste entre la concepción *difusiva* de la teoría informacional y el paradigma de los *efectos* lineales y puntuales, entre la eficacia transmisiva buscada por el modelo y la pasividad receptiva postulada por la teoría conductista que inspiraba aquellos estudios.

Por esos mismos años, y también en los Estados Unidos, dos exilados de la Alemania nazi, Theodore Adorno y Max Horkheimer, emprendían la tarea de repensar interdisciplinariamente —desde la filosofía, la sociología y la historia— el *universo de la cultura*. Y también en su reflexión, el proceso de comunicación jugará de terreno fronterizo desde el que se hacen pensables las relaciones de la racionalidad tecnológica con la lógica de la mercancía. Casi al mismo tiempo que el libro de Wienner, en 1947, aparece publicado en Amsterdam *Dialektik der Aufklärung*,[24] en el que Adorno y Horkheimer acuñan y elaboran el concepto de *industria cultural*, con el que desentrañan el estatuto social de los medios de comunicación. Lo que ese concepto moviliza es la comprensión de la "unidad del sistema", esto es la forma en que la lógica de la mercancía engendra la unidad en formación de la cultura y la política. En las sociedades capitalistas la cultura constituye la otra cara del trabajo mecanizado y explotado, pues en ellas la producción de cultura "sacrifica aquello por lo que la lógica de la obra se distinguía de la del sistema social". Y de esa *forma* la cultura se convierte en lo que hace soportable una vida inhumana al inocularnos día a día la capacidad de encajar y conformarnos, al banalizar el sufrimiento en una lenta "muerte de lo trágico" que nos roba la capacidad de estremecernos y rebelarnos. Los medios de comunicación constituyen el eje de la industria cultural ya que es en ellos donde las mayorías son conformadas culturalmente. En el cine o la música *jazz*, la lógica de la mercancía se revela en el esquematismo que asimila la forma a la *fórmula* y al *formato*, atrofiando tanto la creatividad del productor como la actividad del espectador. Pero no sólo los medios, también el arte sufre una *desublimación* que disuelve la tensión interior que resguardaba su libertad, ahora el arte se incorpora al mercado como un "bien cultural" enteramente adecuado a la *necesidad* que el propio mercado crea y moldea.

En la radicalidad de su *negación*, la "teoría crítica" de los de Frankfurt desnuda el carácter estructural de la alienación que en el capitalismo sufre la cultura, pero su pesimismo elitista les oscurecerá algunas de las contradicciones que atraviesan y dinamizan la complejidad cultural de la sociedad industrial. Esa será la tarea

---

[24] Theodor Adorno y Max Horkheimer, *Dialektik der Aufklarung*. Amsterdam: Verlag, 1947. Traducción *Dialéctica del iluminismo*. Buenos Aires: Ediciones Sur, 1971; Theodor Adorno, *Crítica cultural y sociedad*. Barcelona: Ariel, 1973; *Teoría estética*. Madrid: Taurus, 1980.

asumida por Walter Benjamin en su larga y polémica relación con los de Frankfurt: pensar las transformaciones de la sensibilidad, los modos de percepción, el *sensorium* que irrumpe en la historia con las masas y la técnica. Ese que hacen visible las mediaciones que el cine establece con las modificaciones en "el aparato perceptivo" que vive todo transeúnte en el tráfico de la gran ciudad. Lugar privilegiado de emergencia de la modernidad, la ciudad constituye para Benjamin[25] el espacio social y teórico desde el cual comprender lo que hay de nuevo en "la experiencia de la muchedumbre": el cruce en ella del crecimiento del sentido de lo igual en el mundo con una nueva forma de percepción cuyos dispositivos han dejado de ser el *recogimiento* y la *totalización* de la percepción clásica, para ser ahora la *dispersión* y la *imagen múltiple*. Lo que de escandalosa pueda tener esa oposición es remitida por Benjamin a la experiencia socioestética de una muchedumbre que se transforma a de retrógrada frente a un Picasso, se transforma progresista frente a un Chaplin. Pero para dar con el significado de esa observación Benjamin (*Iluminaciones* I, 2-122.) ha investigado las "oscuras relaciones", los parentescos entre la moderna escritura de Baudelaire y las *manifestaciones* de la multitud urbana, y de ésta con las figuras del montaje cinematográfico, de los registros que marcan la ciudad y de la escritura de los folletines. Rompiendo con la incomprensión de Adorno hacia el cine y del marxismo de su tiempo hacia la masa, Benjamin des-cubre el doble sentido de la experiencia social que cataliza la masa: esa "aglomeración concreta pero socialmente abstracta (inaugura) un *sensorium* que le saca encantos a lo deteriorado y lo podrido" (*Iluminaciones* II, 15). Si frente al quiebre histórico que enuncia ese *sensorium*, Adorno piensa que todo está perdido, Benjamin percibe al mismo tiempo un oscurecimiento de la experiencia y el develamiento de una experiencia otra: la que configuran los modos de existencia-resistencia de los oprimidos, incluyendo los desesperados, que es por quienes nos ha sido dada la esperanza. De ahí lo chocante y anticipatorio del interés de Benjamin por fenómenos de comunicación, tan poco apreciados por la intelectualidad exquisita, como la fotografía y la moda, los espejos o los pasajes urbanos.

---

[25] Véase Walter Benjamin, *Gesammelte Schriften*. Frankfurt: Surhkamp, 1972-1977. Traducción *Discursos interrumpidos*, I. Madrid: Taurus, 1973. 171-90.

Protagonismo mediático y análisis cultural

Aunque el campo de estudios de la comunicación comienza a adquirir visibilidad desde mediados de los años '40 en los Estados Unidos, la legitimidad académica sólo se logra de uno al otro lado del Atlántico una década y media después. En Norteamérica, Marshall McLuhan (1962 y 1964) invierte el pesimismo de Adorno reescribiendo la historia de Occidente a partir de los medios —desde el alfabeto, la imprenta y la literatura a la fotografía, la radio, el cine y la televisión— como protagonistas de los cambios más decisivos. Más allá del revuelo que produjeron su lenguaje impresionista y prestidigitador, de sus generalizaciones y provocaciones, y de la beatería con que fueron acogidos sus *slogans* sobre la "aldea global" y "el medio es el mensaje", McLuhan supo introducir en la reflexión la relación constitutiva de la cultura con la tecnicidad,[26] la mediación que ella opera entre nuestros *sentidos* y el *sentido* que cobra el mundo: la mediación *orgánica* (voz, gesto, tatuaje), *mecánica* (escritura, libro, máquinas), *nerviosa* (electricidad, radio, televisión). Supo conectar la *revolución* electrónica con la recuperación de sentidos como el tacto, el olfato e incluso el oído, atrofiados por el imperio de la letra y el libro. Pero junto con ese aporte Mc Luhan introdujo en el campo de comunicación un culturalismo que, travestido de materialismo tecnológico, desconoce el espesor institucional de los medios, su ligazón a lo largo de la historia con el poder, su implicación en la conflictividad política y social. El pensamiento de McLuhan ignora por completo eso que la Alicia de Lewis Carrol descubrió temprano: que hasta las palabras tienen dueño y lo que dicen depende menos de la gramática que de la marca de propiedad que guardan.

Del lado europeo va a ser en Inglaterra y Francia donde el estudio de los procesos de comunicación se reencuentre con la investigación social iniciada por Adorno y Benjamin. En Inglaterra, el terreno lo habían venido preparando los trabajos del historiador E. P. Thompson y del sociólogo Richard Hoggart sobre la cultura de la clase obrera. Replanteando el significado de tres conceptos básicos, el de "clase",

---

[26] Véase Marshall McLuhan, *The Gutemberg Galaxy*. Toronto,Univ. Press, 1962; trad. *La galaxia Gutemberg*. Barcelona: Planeta-Agostini, 1985; *Understanding Media: The Extensions of Man*. Nueva York: McGraw-Hill, 1964; trad. *La comprensión de los medios como extensiones del hombre*. México: Diana, 1969.

"pueblo" y "cultura", y el de las relaciones entre ellos, Thompson[27] investiga el carácter de clase y la densidad cultural de los motines populares: su picaresca mofa de la virtudes burguesas, el recurso al desorden, el aprovechamiento sedicioso de la muchedumbre en el mercado, las blasfemias en las cartas anónimas y las canciones obscenas. Todas ellas formas de hacerle frente a la destrucción de su "economía moral", expresiones de una cultura que simbolizan políticamente su fuerza. Todo un "arsenal de protesta" que pasa por las prácticas y los ritos en que se configuran unos modos populares de comunicar. Por su parte, Richard Hoggart investiga lo que la cultura de masas hace con el mundo de la cotidianidad popular, y la forma en que aquella cultura es resentida por la experiencia obrera (*The Uses of Literacy*). Combinando la encuesta etnográfica con el análisis fenomenológico, Hoggart investiga el funcionamiento de la hegemonía en la industria cultural: la puesta en marcha de un dispositivo a la vez de reconocimiento y de expropiación. Pues de un lado, la cultura mediática se apoya sobre valores de tolerancia y gusto por la vida, sobre demandas de cambio en las condiciones de vida que se ligan a luchas en defensa de su identidad. Pero de otro, esa cultura explota las aspiraciones de libertad vaciándolas de su sentido de rebeldía y llenándolas de contenido consumista, transformando la tolerancia en indiferencia y el sentimiento de solidaridad en igualitarismo conformista. Convergiendo con el análisis de Benjamin, Hoggart atribuye la razón secreta del éxito y de los modos de operar de la cultura industrializada al modo como ésta se inscribe en la experiencia popular, a la que remite también la *mirada oblicua* con que los sectores populares leen las ofertas que esa cultura les hace.

El análisis de la industria cultural va a ser profundamente renovado por Raymond Williams. Primero, en una historia de los avatares del concepto y las dinámicas de la cultura[28] desmontará la trama de significaciones e intereses que del *cultivo* de plantas o virtudes llevó a identificarlo desde el siglo XVIII con la *educación*

---

[27] Véase E. P. Thompson, *La formación histórica de la clase obrera.* Barcelona: Laya, 1972; *Tradición, revuelta y conciencia de clase.* Barcelona: Crítica, 1979.
[28] Véase Raymond Williams, *Culture and society, 1950; The Long Revolution.* Middlesex: Pelican Books, 1961; *Culture.* Glasgow: Fontana Paperbacks, trad. *Cultura. Sociología de la comunicación y del arte.* Barcelona: Paidós, 1982.

reservada a los hombres superiores, o desde el siglo XIX con la *ideología*. Recuperando la *cultura común* —la experiencia cultural de la clase trabajadora— Williams se deshace tanto de la idealización espiritualista a la que tiende la cultura alta o *superior*, como de la reducción ideologista de la cultura a mera *reproducción* social, y su consiguiente incapacidad para pensar todo lo que de creatividad y subversión hay en la cultura. Segundo, reintroduciendo en el debate y la investigación el concepto gramsciano de *hegemonía*, Williams ("Teoría cultural"), elabora una de las propuestas más fecundas de análisis de la complejidad de las culturas contemporáneas, y en especial de esas industrias de la cultura que son los medios masivos. La base de esa propuesta es el desglose de las *formaciones constitutivas* de la cultura: la *arcaica*, que es el pasado que sobrevive como pasado, objeto únicamente de estudio o rememoración; la *residual* que es lo que del pasado aún está vivo dinamizando y complejizando el presente; y la *emergente* que es lo nuevo, la tensión que desgarra el presente, lo que rompe y avizora el futuro. Hay en esa propuesta no sólo un programa de investigación que inaugura los "estudios culturales" —superación del historicismo sin anular la historia, dialéctica de las relaciones pasado/futuro sin escapismos ni nostalgias entre lo que empuja desde atrás y lo que frena, entre resistencia y subversión— sino también un programa estratégico de política cultural a la hora de asumir lo que los medios tienen de y hacen con la *cultura común*, es decir la cultura cotidiana de las mayorías.

La propuesta que ofrecen los "estudios culturales" para rehacer el campo de los estudios de comunicación, adelantada pioneramente en los trabajos de Raymond Williams, y continuada por Stuart Hall, ha sido sometida a una detallada crítica en la propia Inglaterra por parte de G. Murdock y P. Golding.[29] Al situar explícitamente los

---

[29] Véase G. Murdock y P. Golding, "Capitalismo, comunicaciones y relaciones de clase". *Sociedad y comunicación de masas*. México: F.C.E., 1981, 22-58. G. Murdock y P. Golding, "Ideología y medios masivos: la cuestión de la determinación". *Cuadernos del Ticom* 33 (1985), contiene también de los mismos autores: "Teorías de comunicación y teorías de la sociedad". Ver también de G. Murdock, "Las transmisiones y la diversidad cultural". *La Televisión entre servicio público y negocio*. Barcelona, 1983. Sobre el debate teórico que sirve de fondo a las posiciones de los Leicester y la renovación del marxismo, ver P. Anderson, *Teoría, política e historia*. México, 1985.

medios en el contexto de la cultura como totalidad esa propuesta reorienta la cuestión de la comunicación masiva hacia "la recuperación de los yacimientos de la significación social que contienen los textos" ("Teorías de la comunicación" 84). Pero aunque estimulante, el cuadro teórico elaborado por los estudios culturales adolecería sin embargo de serios malentendidos. En lo que concierne a los trabajos de Williams, las críticas van dirigidas a la sobrevaloración de los textos, implícita en un tipo de análisis que al reconocer en ellos las huellas de las relaciones estructurales de producción, cree poder inferir de ahí "un análisis adecuado del conjunto de las relaciones y determinaciones sociales" (Murdock y Golding, "Ideología y medios masivos" 23). Esa inferencia se apoyaría en una asimetría metodológica: mientras las formas simbólicas son sometidas a una elaborada anatomía, los procesos sociales son objeto únicamente de descripción y tratados con base en extrapolaciones. Respecto a los trabajos de Stuart Hall[30] se plantea críticamente el que la salvaguarda de la autonomía de la esfera cultural desplace las presiones económicas hacia *el exterior*, conservando sólo como internas las conexiones de los medios de comunicación con el Estado. Cierto que, como planteó Gramsci, el Estado es el lugar donde es construida la unidad de la ideología dominante, y donde por lo tanto la hegemonía es asegurada, pero eso no puede llevarnos a colocar fuera de esa misma dinámica el proceso de creciente interpenetración económica entre los diferentes medios, con el consiguiente reforzamiento internacional de la estructura de control. Habría en los estudios culturales la propuesta de paliar las insuficiencias del economicismo con un politicismo que hace del Estado y la política los únicos espacios de poder, la exclusiva arena de la lucha por la democratización cultural. En realidad lo que hacen esos señalamientos es afinar los instrumentos de análisis de la producción simbólica[31] que llevan a cabo los estudios culturales

---

[30] Véase Stuart Hall, "Cultural Studies and de Centre: Some Problematics and Problems", "Encoding/Decoding". *Culture, media, language.* Stuart Hall, D. Hobson, eds. Londres: Hutchinson, 1980; "La cultura, los medios de comunicación y el 'efecto ideológico'". *Sociedad y comunicación de masas,* 357-393; "Estudios culturales: dos paradigmas". *Hueso húmero* 19 (Lima, 1984).
[31] Ver en especial el decisivo trabajo de Raymond Williams: "Teoría cultural". *Marxismo y literatura.* Barcelona: Editorial Península, 1980. 91-165.

en su reconstrucción del pensamiento crítico. Pues de lo que se trata es de dar cuenta de "las relaciones entre la distribución desigual del control sobre los sistemas de comunicación y los modelos más amplios de desigualdad en la distribución de la riqueza y el poder" (Murdock y Golding, "Teorías de comunicación" 95)

En Francia, el entronque de los estudios de comunicación con las ciencias sociales tendrá lugar en los trabajos de Edgar Morin. Inspirándose en los de Frankfurt, pero sin limitarse a desarrollar sus temas, el concepto de *industria cultural* pasa a significar para Morin[32] el conjunto de operaciones y mecanismos a través de los cuales la creación cultural se transfoma en *producción*. Negándose a fatalizar ese cambio Morin demuestra, a propósito del cine, cómo la división del trabajo y la mediación tecno-lógica no son incompatibles con la *creación* artística, cómo incluso cierta estandarización no entraña la total anulación de la tensión creadora. Redefinido su sentido, Morin desarrolla el análisis de la *cultura de masas* en dos direcciones: sus universos de significación y sus modos de inscripción en lo cotidiano. En la primera, el análisis de la cultura de masas va exigir rastrear históricamente sus relaciones con el folclore y el folletín, ese primer "medio de ósmosis" entre la corriente realista que elabora la novela burguesa y la corriente fantástica que viene de la literatura popular. En la segunda dirección, Edgar Morin analiza la industria cultural como conjunto de los dispositivos de intercambio entre lo real y lo imaginario, dispositivos que proporcionan apoyos imaginarios a la vida práctica y puntos de apoyo práctico a la vida imaginaria, mecanismos de proyección e identificación sobre los que reposa una mitología que *funciona* puesto que se hace cargo de interrogantes y vacíos, de miedos y esperanzas que ni el racionalismo en el orden de los saberes, ni el progreso en el de los haberes han logrado arrancar o satisfacer.

A medio camino entre el pensamiento de los de Frankfurt y de los situacionistas (Vaneigem, *Tratado del saber vivir*), Jean Baudrillard indaga el proceso de *abstracción* que destruye en nuestra sociedad capitalista el intercambio simbólico y ritual del que han vivido todas las sociedades hasta ahora (*Pour une critique de l'economie*). Abstracción que halla su "realización" en el proceso de informatización

---

[32] Véase Edgar Morin, *L'Esprit du temps*. París: Grasset, 1962; *El cine o el hombre imaginario*. Barcelona: Seix Barral, 1961.

generalizada en la que la información devora lo social. Por dos caminos. Uno, convirtiendo la comunicación en pura escenificación de sí misma: en simulacro (*El intercambio simbólico*). Y dos, desatando el proceso de entropía que subyace en la masa. En lugar de generar energía, la inyección de información en la masa lo que produce es la implosión de lo social: la inercia y la indiferencia, la pasividad de las masas no sería efecto de ninguna manipulación del poder, sino el modo propio de ser de la masa que estaría anunciando así el fin de lo político (*Las estrategias fatales*). La radicalidad de la posición de Baudrillard nos recuerda la de los de Frankfurt, lo que nos obliga a preguntarnos: ¿fue del análisis del proceso histórico como se llegó a afirmar la definitiva decadencia de la cultura y el fin de lo político?, o ¿fue más bien una situación, una experiencia particular de degradación cultural —el nazismo en el caso de los de Frankfurt— y de *impasse* político —el que atraviesan las izquierdas, en el caso de Baudrillard— de dónde se partió para hipostasiarlos?

Giro hermenéutico:
el espesor discursivo de las prácticas

El texto pionero, y uno de más decisivos, del *giro hermenéutico* efectuado por la crítica cultural en la configuración del campo de la comunicación, lo escribió Paolo Fabri en 1973 y su sólo título es de por sí elocuente: Las comunicaciones masivas en Italia: mirada semiótica y mal de ojo de la sociología ("Le comunicazioni di massa in Italia"). En él se hace manifiesto cómo, por venir académicamente de la sociología y la antropología —y no de la lingüística— buena parte del trabajo semiológico en Italia va a construir una reflexión sobre la producción de sentido en la comunicación nada semioticista, muy atenta a las articulaciones sociales y las diferencias culturales. Y muy crítica también, desde temprano, de las limitaciones que presentaba el modelo informacional para dar cuenta de la trama de apropiaciones y reconocimientos de que está tejida la comunicación/cultura de masa. El otro trabajo clave en la línea del emborronamiento de las fronteras puestas por las disciplinas y el deslinde de las nuevas cuestiones que acarrea la reconfiguración cultural del campo de la comunicación es el desarrollado por Franco Rositi. Su esfuerzo por sacar la comprensión de la cultura de masa de los "hábitos sociológicos que desconfían de los procedimientos hemenéuticos"

al sur de la modernidad

(*Historia y teoría de la cultura de masas*) lo aproxima a una semiótica de las percepciones sociales y las matrices culturales. Con lo que vino a romper el giro hermenéutico fue con el hegemónico *modelo informacional* que no sólo legitimaba la conductista reducción de la acción de los medios a sus *efectos* sino que, por paradójico que parezca, encontró complicidad del lado de una teoría crítica dominada por la lógica de la reproducción social y una concepción predominantemente *instrumental* —pues operaba por aparatos— ya fueran éstos tecnología o ideología. La primera inflexión en ese modelo la introduce la semiótica estructuralista[33] al buscar conjugar el esquema informacional con la problemática de la codificación/decodificación en cuanto proceso de *producción y atribución de sentido*. Se trata de hacer pensables ciertas asimetrías en la competencia y la comprensión del significado de los mensajes, de asumir como parte del proceso comunicativo operaciones que tienen su procedencia en la disparidad sociocultural, de dar valoración no negativa a ciertas interferencias o "ruidos" y de analizar la transmisión en términos de *transformación*. En el texto en que Eliseo Verón sintetiza el recorrido efectuado por la semiótica para superar una concepción instrumental de la ideología, resume el punto a que ha llegado la semiótica afirmando "la imposibilidad de inferir de una manera directa y lineal las reglas de reconocimiento a partir de la gramática de producción" ("Semiosis de l'ideologie" 11). Sin embargo, la línea predominante en el análisis semiótico será aun durante bastante tiempo aquélla que proyecta sobre el proceso comunicativo, la figura de un sentido que circula, con ciertas trabas, de un polo al otro en una sola dirección con lo que el análisis seguirá anclado en la constatación del éxito o el fracaso de las *significaciones transmitidas*, y del lado impugnador, el análisis seguirá confinado a estudiar lo que pasa en el ámbito de una ideología que también "funciona" inevitablemente en un solo sentido.

La verdadera superación del modelo informacional se hace posible sólo cuando la *semiótica textual* comience a hacer pensable una comunicación-negociación (128).[34] Lo que, restringiéndonos al

---

[33] Me refiero en particular a los trabajos de Roland Barthes, especialmente *Systeme de la mode*. Paris: Seuil, 1967 y de Umberto Eco, *La estructura ausente*. Barcelona: Lumen, 1972 y *Trattato di semiotica generale*. Milan: Studi Bompiani, 1975.
[34] Véase M. Wolf, *Teorie delle comunicazioni di massa*. Milan, 1985. Hay una buena muestra de la fecundidad del modelo de comunicación propuesto desde la

49

campo de la comunicación masiva, implica dar entrada a dos ideas básicas. Primera, que la relación comunicativa se halla constituida no por mensajes particulares —analizables aisladamente— sino por *conjuntos de prácticas textuales*; y segunda, que en la comunicación colectiva tiene lugar una *asimetría* fundamental constituida por la diversidad de funciones, competencias comunicativas atribuidas al emisor y al receptor.

Sobre la primera formulación —naturaleza *textualizada* de la comunicación de masa— P. Fabri retoma la propuesta de Yuri Lotman, acerca de la diferencia entre una cultura *gramaticalizada*, que remite la intelección y la fruición de la obra al conocimiento de las reglas explícitas de su gramática, y una cultura *textualizada* en la que el sentido y el goce de un texto remite no a su gramática —que se desconoce— sino a la familiaridad con otros textos, como sucede en el folclor y en la cultura popular. De ahí que mientras la primera está conformada por las *obras*, la segunda lo esté por los *géneros*, esos que para la crítica literaria no representan hoy sino estereotipos banalizadores de cualquier contenido y estratagemas de conformación de los públicos, pero en los que la "mirada" semiótica descubre una estrategia fundamental de comunicación: aquella que, aunque atravesada por la lógica mercantil, no es reducible a la lógica del formato pues remite también a la configuración de determinados efectos de sentido que hablan de la diversidad de los modos de producción cultural y de fruición presentes en nuestra sociedad. Estudiado semióticamente el *formato* nos da la pista para percibir y comprender la elevada intertextualidad y viscosidad de una comunicación regida por la tendencia a guiarse en el plano de la producción por lo ya producido y en el plano de la recepción por lo ya gozado. Escándalo para la experiencia cultural en que se basa la crítica "culta", ese modo de producción y de fruición aparece semióticamente como otra modalidad de comunicación a la que la sociología se había negado a atribuirle un valor que no fuera negativo. Y esa diversidad que es indudablemente histórica, sociocultural, nos enfrenta a una pregunta clave, pues el modo histórico en que se ha

---

semiótica textual, en la investigación realizada por M. Wolf, F Casetti, y L. Lumbelli: "Indagine su alcune regole di génere televisivo". *Ricerche sulla comunicazione* 2 y 3 (Milán, 1980 y 1983). Y también en la investigación realizada por M. Wolf, J. Prat, N. Rizza y P. Violi: *La ripresa directa*, publicaciones de la RAI, Roma, 1983.

al sur de la modernidad

consolidado la organización de los medios masivos no es comprensible, ni explicable, en términos de mera rentabilidad informativa ni en los términos sociológicos del control social. El segundo rasgo definidor de la comunicación masiva —la *asimetría* de funciones y competencias— nos plantea el análisis de una dinámica de interacción a la que no hay acceso desde el modelo informacional. Contrario a lo que postulaba ese modelo estamos ante una comunicación en la que el emisor organiza el mensaje no a partir de la información a transmitir sino más bien a partir de las condiciones —situación, competencias, posibilidades— de la recepción. A esa dinámica de interacción M. Wolf la denomina *estrategia de anticipación*, mediante la cual "el emisor anticipa la comprensión del receptor, escoge las formas aceptables por el destinatario, y al hacer esto la codificación resulta influenciada por las condiciones de la descodificación" (131). Es tanto el estudio del emisor como el del receptor los que resultan replanteados. ¿Cómo, a través de qué mecanismos los productores reciclan su conocimiento sobre los públicos, mediante qué rutinas productivas esas anticipaciones se transforman en dispositivos, se sedimentan en fórmulas?; ¿cuál es la durabilidad de los formatos y cómo se asegura el equilibrio mínimo entre innovación y repetición?. He ahí un conjunto de preguntas que, formuladas desde una semiótica que desplaza la centralidad ocupada por los textos, empujan la renovación de la sociología que se ocupa de la cultura ocupacional y las ideologías profesionales.[35] Rompiendo con un economicismo, que se correspondía con el lugar asignado al emisor en el modelo informacional, lo que se busca ahora es hacer analizable la *lógica de los procesos* que rige la construcción de los géneros y los formatos. Y lo mismo del lado del destinatario, del lector. Frente a una concepción informacional del receptor como punto de llegada del mensaje, sin otra opción que la de captar o no la información que el mensaje contiene, desde la semiótica textual Eco nos plantea que "un texto es un mecanismo perezoso que vive de la plusvalía de

---

[35] La última parte del libro que estamos citando de M. Wolf está dedicada al análisis de las nuevas propuestas en sociología del emisor-productor de informaciones. Para el análisis de la organización y ocupaciones profesionales de los medios ver también: J. Villafañe, E. Bustamante y E. Prado, *Fabricar noticias: las rutinas productivas en radio y televisión*, Barcelona: Mitre, 1987.

sentido que el destinatario introduce en él", y redondeando su formulación afirma que "un texto postula su destinatario como condición indispensable no sólo de su propia capacidad comunicativa, sino también de la propia potencialidad significativa" (Eco, *Lector in fabula* 76-77). Esto nos pone en la pista de las nuevas preguntas que una sociología y una antropología de los usos sociales de los medios no pueden dejar ya dejar de plantearse: ¿qué saberes *constituidos en memoria* —de clase, de etnia, de raza— moviliza la comunicación masiva?, ¿qué imaginarios —de generación o de sexo— median en la lectura y en los modos de ver?, ¿qué espacios y qué actores sociales intervienen en la resemantización?, qué dimensiones de la vida cotidiana son *afectados* por los diferentes géneros?[36]

Entre el regreso del sujeto y la euforia tecnológica

A medida que nos acercamos al presente, las relecturas y los desplazamientos proliferan. Los tiempos cambian y ni las figuras de lo social ni los modelos de comunicación se dejan pensar tan unificadamente. Del estallido de esa unidad —que es a la vez teórico y político— habla el debate sobre la pertinencia y el sentido de la teoría de la comunicación en un mundo que se *reconvierte* industrialmente y entra con fiebre en la carrera de las innovaciones tecnológicas. La euforia se convierte en malestar cuando, mientras en los medios la función comunicativa es relegada a dimensión residual de las opciones económico-industriales, es la sociedad toda la que pasa a ser pensada como comunicación o «sociedad de la información». ¿Cómo pensar una especificidad de lo comunicativo que no nos devuelva al mediacentrismo?, ¿qué implican, desde el punto de vista teórico, los modelos de sociedad propuestos desde la racionalización de las nuevas tecnologías en su parentesco con el pensar posmoderno?

Una de las revisiones del fondo en que se mueven esas preguntas ha sido realizada por Armand Mattelart en su crítica al *pensamiento*

---

[36] Una explicitación de esas preguntas en: Jesús Martín-Barbero, *De los medios a las mediaciones*, 239 y ss. Y una «aplicación» de esas preguntas a la investigación sobre los usos sociales de las telenovelas, en mi trabajo: "La telenovela en Colombia: televisión, melodrama y vida cotidiana", Revista *DIA-LOGOS* 1 (Lima, 1987): 44-60.

al sur de la modernidad

lineal,[37] el cual está presente tanto en el hegemónico modelo informacional como en la concepción mecanicista de lo social, y en el esbozo de una nueva matriz conceptual cuyas claves son la rehabilitación del sujeto en la comunicación, el replanteamiento de las relaciones entre intelectuales y cultura mediática, y las nuevas lógicas del actor transnacional. El retorno al sujeto habla a la vez de un movimiento en la sociedad y en la investigación: interrogación sobre el rol de la sociedad civil, de la ciudadadanía, en la construcción cotidiana de la democracia, y sobre la actividad del receptor en su relación con los medios. Frente al racionalismo frankfurtiano y el mecanicismo psicologista del análisis de *efectos*, se rescata el carácter complejo y creativo de la recepción: lugar denso de mediaciones, conflictos y reapropiaciones, de producción oculta en el consumo y la vida cotidiana. Pero, "rescate" que en ningún modo puede significar desconocimiento de la desigualdad del intercambio en que opera la comunicación mediática, pues el cuestionamiento de la idea del emisor omnipotente no puede confundirse ni hacerle juego a la ideología neoliberal que mentirosamente atribuye "todo el poder al consumidor" negándole a la sociedad y al Estado la más mínima posibilidad de intervenir políticamente en la regulación de la producción. La rehabilitación del sujeto en la recepción ha puesto en primer plano la existencia en nuestra sociedad de matrices y formas culturales distintas de la hegemónica, distintas de la ilustrada y ascética cultura del libro, como lo son las culturas populares, de gustos y placeres mucho más cercanos a la estética massmediática que al refinamiento letrado. La *diferencia* que ahí emerge ha sido tenazmente negada por una intelectualidad de derecha que en esos otros gustos no ha visto sino mal, o lo que es peor, ausencia de gusto; y también por una izquierda, que al exaltar la moral del esfuerzo ha declarado sospechoso el placer. Convergencia sintomática entre una derecha que ve en el gusto popular por la cultura musical de la radio o la estética del melodrama televisivo, la expresión de la decadencia moral a la que han llegado las costumbres, y una izquierda que ahí sólo ve

---

[37] Véase Armand Mattelart, *Technologie, culture & communication*. París: La doc. francaise, 1982; trad. *Tecnología, cultura, comunicación*. Barcelona: Mitre, 1984; A./M. Mattelart, *Penser les media*. París: La Decouverte, 1986; trad. *Pensar sobre los medios*. Madrid: Fundesco, 1987.

penetración imperialista y deformación de la auténtica cultura del pueblo.

La otra perspectiva necesaria para ubicarnos en el nuevo mapa es la mirada de los procesos de comunicación desde los movimientos sociales, pues ella nos ayuda a relativizar el mediacentrismo que domina el campo de la comunicación y a descubrir en las prácticas de comunicación la presencia de nuevos actores. Se trata de los movimientos sociales y de la cada día más explícita valorización del entramado cultural de la política, la redefinición de lo político como campo de interpelación y reconocimiento de los sujetos sociales (Evers, "Identidad"). Frente a una sociedad organizada en formas cada día más "abstractas" —más alejadas de la experiencia— y una política profesionalizada y separada de las preocupaciones y los miedos cotidianos de la gente, asociaciones de vecinos y pobladores barriales, de mujeres, de comunidades de base, de comités pro derechos humanos o defensa del medio ambiente desbordan los modelos tradicionales de entender y de hacer política en una lucha por articular las reivindicaciones materiales a la afirmación de la propia identidad sociocultural y a la construcción de "embriones de una vida social menos estigmatizada" (Caldeira, *A política dos outros* 118). Son movimientos que dan rostro y forma a la *resistencia cotidiana* que desde los barrios de las grandes ciudades, desde las culturas regionales, o desde el desarraigo social y cultural de las muchedumbres urbanas libra la gente por reapropiarse de la sociedad, no en términos de poder sino de una vida humanamente digna y significativa. Sintetizando los objetivos básicos comunes a los nuevos movimientos sociales urbanos M. Castells coloca junto a la recuperación del valor de uso de la ciudad, la descentralización y la autogestión, "la búsqueda de la identidad cultural, del mantenimiento o creación de culturas locales autónomas, étnicamente basadas o históricamente originadas. En otras palabras, la defensa de la comunicación entre las gentes, el significado social definido de manera autónoma y la interacción social" (*La ciudad y las masas* 430).

La distancia prepotente que la mayoría de los intelectuales mantienen con relación a la cultura que movilizan los medios habla a su modo de la esquizofrenia que padecen con respecto a su sociedad, a la hondura de los cambios y la envergadura de su diversidad cultural,

al sur de la modernidad

diversidad de gustos y sensibilidades, de racionalidades y temporalidades. Así esa temporalidad *femenina* de la repetición y la circularidad se reencuentra en los encadenamientos y cadencias de sentido que despliegan los relatos largos, melodramáticos, con sus estereotipias y sus ritmos de espera. Lo que no equivale a afirmar que las industrias culturales se hayan reconciliado con las demandas sociales sino que diferentes demandas simbólicas atraviesan la producción masiva. Y la necesidad entonces de una doble lectura, que dé cuenta tanto de lo que en el relato mediático enmascara la represión de la temporalidad femenina como de lo que en su forma mediada remite a su otredad.

¿Qué nombra por su parte la noción de *transnacional*? ¿La mera remodelación del imperialismo adecuando los compartimentos nacionales a las exigencias de concentración del capital? Para Armand Mattelart (*La communication-monde*) lo que ahí está en juego es un cambio en la racionalidad no sólo de la economía sino de la política. Una racionalidad que opone un Estado maléfico y abstracto a una sociedad civil identificada con los intereses privados, es decir que tendría en el mercado su mejor expresión. Pues el proceso de transnacionalización no tiene lugar fuera sino al interior de cada nación: mediante una *desocialización* del Estado que legitima la disolución de *lo público*, esto es su *privatización*. El mercado queda así libre de amarras, des-regulado, y convertido en el dinamismo fundamental de una transnacionalización que tiene como escenario estratégico la renovación tecnológica de la información y la comunicación. Aun para los países no industrializados el salto al desarrollo pasaría por su readecuación tecnológica al tiempo y al espacio-mundo de la producción transnacional. Y mientras el mercado tiende a asumir como suyas finalidades y lenguajes del sector público, el Estado deja de ser garante de la nacionalidad para convertirse en gerente de los intereses transnacionales, adecuando su tamaño y lenguaje al de su nuevo rol. Pero no es sólo la racionalidad de la política lo que está en juego, también la historicidad cultural de las identidades colectivas pasa por la desterritorialización que el proceso transnacionalizador produce. Y en el que las tecnologías de comunicación tienen un papel no sólo difusor sino constitutivo en la redefinición del Estado y la remodelación de las identidades. Lógica paradójica la de unas tecnologías que hacen fuerte a un Estado al que refuerzan en sus aparatos de control, mientras lo tornan débil al desligarlo de sus funciones públicas. Igualmente paradójica resulta la lógica de la *globalización* que al mismo tiempo que unifica las costumbres del planeta, fragmenta las culturas y produce su hibridación. Lo que la globalización transtorna radicalmente en los años '90 —y de ello da cuenta el desplazamiento de *lo transnacional* a *lo global*— es el sentido y el alcance del *espacio-Estado nacional.* Aunque las naciones aparezcan siendo el resultado de las luchas contra el colonialismo, la división internacional del trabajo y la lógica centralizadora que impone la industrialización, la *identidad nacional* sólo deja de tener caracter metafísico o psicologista en la medida en que la nación es pensada como "comunidad imaginada", esto es *espacio de comunicación* entre los individuos y los grupos que la integran. Ese papel jugó ya la prensa en la Europa del siglo xıx, y en América Latina la radio (y el cine, en países como México y Argentina): desde los años treinta ella hará la mediación de las culturas rurales con la moderna cultura urbana. Lo que se está planteando no es que la identidad nacional sea efecto de la acción de los medios sino que éstos constituyen el espacio más ancho y cotidiano de convocación e integración nacional. Pero el espacio nacional sufre actualmente de un doble desdibujamiento, que viene del contradictorio y complementario movimiento de globalización económica y fragmentación social, de mundialización de la cultura y revitalización de lo local: "interconexión universal" de las redes vía satélites y "liberación de las diferencias" étnicas, raciales, regionales, de género, de edad. Tanto los procesos de construcción de la memoria colectiva como las estrategias de inclusión-exclusión con que se tejen los espacios de pertenencia e identidad se están viendo trastornados por la densificación de los intercambios y el desarraigo de los referentes que producen los nuevos medios y modos de comunicación. La apertura al mundo se está convirtiendo en una constante invasión del espacio simbólico del *nosotros* por parte de *ellos*, y amenazada, la identidad tiende a redefinirse por contraste, por negación del otro. Pero, al mismo tiempo, todos los grupos sociales, ya sean políticos o culturales, buscan su visibilidad y reconocimiento a través de los medios.

al sur de la modernidad

A repensar los cambios que atraviesa la identidad nacional en su relación con los medios ha dedicado Philip Schlesinger[38] buena parte de su trabajo. Referida a la situación europea, y en particular a las contradicciones del proceso de construcción de la Unión Europea, pero muy sensible a los procesos latinoamericanos, la reflexión de Schlesinger se dirige en primer lugar a pensar los cambios de sentido que atraviesan tres categorías claves: dos de ellas tradicionales dentro de las ciencias sociales —*identidad colectiva* y *cultura nacional*— y una reciente pero estratégica: *espacio audiovisual*. La ambigüedad con que se cargan las dos primeras al proyectarlas sobre las situaciones actuales se hace evidente en la multiplicidad de discursos y debates que tematizan la necesidad de pensar/construir la identidad supranacional de Europa. Propósito que se ve constantemente traicionado por unas categorías de análisis cuyo significado se halla aún fuertemente anclado en referentes nacionales del territorio o el Estado. Y la retórica de las nuevas *imágenes* no alcanza a cubrir las contradicciones políticas que se viven cotidianamente: el "espacio audiovisual" europeo no escapa ni a la des-espacialización cultural que produce la globalización — mayoritario porcentaje de filmes norteamericanos en las pantallas europeas— ni a la reterritorialización de las culturas en lo local: la fuerza de los nacionalismos no hace sino crecer cada día, ya sea por medios políticos (Cataluña, Escocia) o terroristas (País Vasco, Irlanda del Norte, Córcega). Y las guerras que desmembran Yugoslavia o la Unión Soviética no hacen sino complicar las cosas: la innegable crisis del Estado-nación no impide que numerosas naciones sin Estado luchen por adquirir ese estatus, al menos como etapa, en la búsqueda de una integración con reconocimiento de sus identidades culturales y por lo tanto de sus decisiones políticas. Y justamente por la complejidad del escenario estudiado es por lo que el análisis del papel que allí desempeñan los medios torna más valiosa la reflexión de Schlesinger. Que los medios de comunicación son un principio de integración cultural lo prueba el lugar central que la televisión ocupa entre los derechos por los que luchan todas la comunidades nacionales. Pero las contradicciones que ahí se

---

[38] Véase Philip Schlesinger, *Media, State and Nation: Political Violence and Colective Identities.* Londres: Sage, 1991; "On national identity: some conceptions and misconcetions criticized". *Social Science Information* (1987): 219-264.

57

movilizan son también evidentes: que el derecho a la lengua propia pase por la traducción al catalán de series como *Dallas* o *Dinastía* no deja de plantear múltiples interrogantes. Por otra parte, frente a la versión oficial de la *cultura nacional* los medios están posibilitando otras y muy distintas versiones, en las que la cultura pasa a ser un lugar estratégico de contestación y problematización de la idea de unidad sobre la que el Estado se asienta. Ahora bien si los medios sirven de vheículo un nuevo "sistema categorial" que replantea el sentido de lo nacional tampoco está claro en qué sentido opera la reorganización que produce la cultura mediática. Pues la preeminencia alcanzada por lo audiovisual sobre lo impreso significa una facilidad de saltar las fronteras que se traduce en una creciente hegemonía de las culturas desterritorializadas. E igualmente sucede con el tiempo: la reinvención de las tradiciones que los medios impulsan muestra con demasiada frecuencia la devaluación que sufre la memoria histórica sometida a una temporalidad mediática centrada sobre un presente continuo.

La *cuestión tecnológica* plantea a la reflexión sobre comunicación uno de sus desafios más serios. Pensada como mero instrumental durante siglos —accidente y no substancia, exterior y no interior, manifestación y no verdad— la técnica supera esa escisión que borra su lugar en el pensar sólo cuando la antropología[39] reflexiona sobre la *tecnicidad* como dimensión constitutiva de cualquier sociedad: organizador perceptivo que articula en la *práctica* la transformación material a la innovación discursiva. Más que a los aparatos, la tecnicidad remitirá entonces al *diseño* de nuevas prácticas y más que a las destrezas a la competencia en el lenguaje. Reducir la comunicación a las tecnologías o los medios es tan deformador como pensar que ellos son exteriores y accesorios a (la verdad de) la comunicación. Pero desde los años '80 asistimos a una completa inversión del sentido de la técnica, que de mero instrumento ha pasado a designar la substancia y el motor de la "sociedad de la información". Confundida con la innovación tecnológica —informática, satélites, fibra óptica— la comunicación se convierte en espacio de punta de la modernización industrial, gerencial, estatal, educativa, etc. y en la única instancia dinámica de la sociedad: agotado el

---

[39] Véase Marcel Mauss, *Sociología y antropología*. Madrid: Tecnos, 1970; André Leroi-Gourhan, *El gesto y la palabra*. Caracas: Univ. Central de Venezuela, 1971.

motor de la lucha de clases parecería que la historia habría encontrado su recambio en la energía generada por la información y la comunicación. ¿Cómo hacer frente a esa pseudo-utopía sin proclamar el suicidio de la cultura occidental sino asumiendo el espesor social y cultural de las nuevas tecnologías comunicacionales, sus modos transversales de presencia en la cotidianidad desde el trabajo al juego, sus espesas formas de mediación del conocimiento y la política?

Uno de los aportes más certeros, por la densidad de una crítica que no se deja sin embargo arrastrar al pesimismo radical, es la reflexión sobre las mediaciones tecnológicas en esta sociedad fin de siglo realizado por Roman Gubern en su larga investigación sobre técnicas y lenguajes de la imagen —desde el *homo pictor* a la *realidad virtual*, de la fotografía y el cine a la iconosfera contemporánea— en cuanto materialidades de la representación y la percepción.[40] Valoración de la tecnicidad de las imágenes que no sustituye nunca las preguntas por la institucionalidad de los usos sociales y políticos de la imagen, de la misma manera que la atención constante a los cambios en la cultura cotidiana, que median las tecnologías, está siempre atravesada por la investigación de las mitologías contemporáneas que tejen tanto los imaginarios del discurso cientista como los del publicitario. A medias entre el sueño —impulso fáustico— y la pesadilla, la tecnología protagoniza las nuevas formas de la guerra, las transformaciones de la ciudad y del espacio doméstico, condiciona los cambios en el mundo del trabajo o en los tiempos y sentidos del ocio. Proyectando esos cambios sobre una ancha perspectiva histórica, Gubern interroga a la actual *revolución tecnológica* tanto desde su adentro —transformaciones del conocer y del hacer, del representar y del ver, del percibir y el crear— como desde sus relaciones con las transformaciones en los modos de ejercicio del poder, del control social, de las expectativas e impases políticos, desde los retos éticos y las búsquedas morales. A los terrores que proclaman los apocalípticos hay que responder con un análisis matizado de las posibilidades que se inauguran con cada tecnología y sobre todo en la trama que forman al cruzarse unas con

---

[40] Véase Román Gubern, *La mirada opulenta. Exploración de la iconosfera*. Barcelona: Gustavo Gili, 1984; *El simio informatizado*. Madrid: Fundesco, 1985; *Del bisonte a la realidad virtual*. Barcelona: Anagrama, 1986.

otras. A los apasionados cantos de los integrados que ven en las tecnologías la más segura fuente de bienestar, la respuesta indaga en los costos sociales de la automatización del trabajo, en la deriva política a que conduce el espectáculo de la democracia, en la uniformación cultural de las identidades. La otra cuestión de fondo en los noventa es el sentido de las relaciones entre comunicación y sociedad: ¿qué concepciones de lo social y qué modelos de comunicación nos permiten pensar los procesos de transformación de la cultura y reorganización de la política sin caer en el *comunicacionismo*, esa tendencia a hacer de la comunicación el "lugar" donde la humanidad revelaría su más secreta esencia; o en términos sociológicos, la idea de que la comunicación constituye el contenido último de la acción social? Pues en un lenguaje o en el otro la *centralidad de la comunicación* en la sociedad —y la consiguiente evacuación de la cuestión del poder y la desigualdad social— está recibiendo su legitimación teórica y política del discurso de la racionalidad tecnológica. Y mientras en los medios la función comunicativa es relegada a dimensión residual de las opciones económicas e industriales, es la sociedad toda la que pasa a ser pensada como comunicación. Una cosa es reconocer el peso decisivo de los procesos de información y las tecnologías de comunicación en la transformación de la sociedad y otra bien distinta afirmar aquella engañosa centralidad y sus pretensiones de totalización de lo social. ¿Cómo pensar entonces una especificidad de lo comunicativo que no nos devuelva al mediacentrismo, sea en la versión del culturalismo de MacLuhan, según el cual los medios hacen la historia, o desde su contrario, el ideologismo althuseriano que hace de los medios el más estratégico de los aparatos de Estado? La respuesta a esa pregunta resulta hoy bastante más difícil y compleja puesto que no contamos ya con las seguridades que en otros tiempos nos ofrecían los paradigmas totalizadores del funcionalismo, el marxismo o el estructuralismo. Ni las figuras de lo social ni los modelos de comunicación se dejan hoy pensar tan unificada, tan monoteístamente. Y sin embargo, aun más necesitamos decisivamente pensar las relaciones comunicación/sociedad.[41]

---

[41] En *La era de la información*, Manuel Castells reformula radicalmente las relaciones comunicación/sociedad.

Al filo del cambio de siglo el arco recorrido por los estudios de *comunicación* no puede ser más significativo: iniciado por matemáticos e ingenieros, dominado durante un buen trecho por psicólogos y sociólogos, en los últimos años se ha convertido en preocupación decisiva de los historiadores y los filósofos. Pero las razones de ese trayecto quizá se hallen menos en el ámbito académico que en ese "exterior" que configuran la escena política y la vida cotidiana. Esto es, en la asociación que de ella hacen los ideólogos del neoliberalismo con el "fin de la historia", con la "superación" de la política por la tecnocracia de los expertos y gestores; y con la oscilación que la identifica, de un lado, con la neutra y ambiciosa utopía de la "sociedad de la información", y de otro, con la panacea de todos nuestros males cotidianos: la comunicación como remedio a los quebrantos que sufren la familia y las relaciones de pareja, o la falta de comunicación entre maestros y alumnos, entre gobierno y ciudadanos como clave de la crisis que sufren la escuela y la política. En todo caso, la comunicación nombra hoy a la vez uno de los más fértiles territorios de la investigación social y el espacio social más denso de ensoñaciones y pesadillas, a las que la propia investigación no puede sacarle el cuerpo. Pues en alguna forma debe enfrentar el síntoma y la paradoja de que en la "era de la comunicación" sea de incomunicación de lo que más parece sufrir tanto la sociedad como los individuos.

3. Pensar la comunicación desde la cultura: la formación latinoamericana del campo

> "Sabemos que la lucha a través de las mediaciones culturales no da resultados inmediatos y espectaculares, pero es la única garantía de que no pasemos del simulacro de la hegemonía al simulacro de la democracia: evitar que una dominación derrotada resurja en los hábitos cómplices que la hegemonía instaló en nuestro modo de pensar y relacionarnos".
>
> Néstor García Canclini

Pensar la comunicación desde la cultura es hacer frente al *pensamiento instrumental* que ha dominado el campo de la comunicación, y que hoy se autolegitima apoyado en el optimismo tecnológico al que se halla asociada la expansión del concepto de información (Martín-Barbero, *Euforia tecnológica*). Lo que ahí se produce no es entonces un abandono del campo de la comunicación sino su desterritorialización, un movimiento de los linderos que han demarcado ese campo, de sus fronteras, sus vecindades y su topografía, para diseñar *un nuevo mapa de problemas* en el que quepa la cuestión de los sujetos y las temporalidades sociales, esto es la trama de modernidad, discontinuidades y transformaciones del *sensorium* que gravitan sobre los procesos de constitución de los discursos y los géneros en que se hace la comunicación colectiva.

Lo que en esos desplazamientos está en juego, más que la legitimidad académica de los estudios de comunicación es la de su *legitimidad intelectual*,[42] esto es la posibilidad de que la comunicación sea *un lugar estratégico desde el que pensar la sociedad*. Es ahí adonde apunta en últimas la perspectiva abierta por el paradigma de la mediación y el análisis cultural: a la cuestión del *peso social* de nuestros estudios y nuestras investigaciones, al replanteamiento de relaciones comunicación/sociedad. De no ser así la expansión de los estudios de comunicación e incluso su crecimiento y cualificación teórica pueden estársenos convirtiendo hoy en una verdadera coartada: aquella que nos permite esconder tras el espesor y la densidad de los discursos nuestra incapacidad para acompañar los procesos y nuestra dimisión moral.

---

[42] Ver a ese propósito: Philip Schlesinger y otros, *Los intelectuales en la sociedad de la información*. Barcelona: Anthropos, 1987; Sergio Ramírez Lamus, *Culturas, profesiones y sensibilidades contemporáneas en Colombia*. Cali: Univalle, 1987.

Pues en la medida en que el espacio de la comunicación se torna cada día más estratégico, decisivo para el desarrollo o el bloqueo de nuestras sociedades —como lo revela la cada día más espesa relación entre información y violencia, la incidencia de los medios en la legitimación de los "nuevos" regímenes autoritarios, y de las nuevas tecnologías en la reorganización de la estructura productiva, la administración pública y la educación— se hace más nítida una tarea básica del intelectual hoy: la de luchar contra el acoso del inmediatismo y el fetiche de la actualidad poniendo contexto histórico y una distancia crítica que permita comprender el sentido y el valor de las transformaciones que estamos viviendo. Pues en *la comunicación* se juega de manera hoy decisiva la suerte de lo público, la supervivencia de la sociedad civil y de la democracia.

El debate de las hegemonías y las apropiaciones

El *campo de estudios* de la comunicación se forma en América Latina del movimiento cruzado de dos hegemonías: la del paradigma informacional/instrumental procedente de la investigación norteamericana, y la de la crítica ideológico-denuncista en las ciencias sociales latinoamericanas. Entre esas hegemonías, modulándolas, se insertará el estructuralismo semiótico francés. Hacia fines de los años sesenta la modernización desarrollista propaga un modelo de sociedad (Sunkel y Paz, *El subdesarrollo*) que convierte a la comunicación en el terreno de punta de la "difusión de innovaciones" (Sánchez Ruiz, "La crisis") y en el motor de la transformación social: comunicación identificada con los medios masivos, sus dispositivos tecnológicos, sus lenguajes y sus saberes propios. Del lado latinoamericano, la Teoría de la Dependencia y la crítica del imperialismo cultural padecerán de otro reduccionismo: el que le niega a la comunicación especificidad alguna en cuanto espacio de procesos y prácticas de producción simbólica y no sólo de reproducción ideológica. "En América Latina la literatura sobre los medios masivos de comunicación está dedicada a demostrar su calidad, innegable, de instrumentos oligárquico-imperialistas de penetración ideológica, pero casi no se ocupa de examinar cómo son recibidos sus mensajes y con cuáles efectos concretos. Es como si fuera condición de ingreso al tópico que el investigador olvidase *las consecuencias no queridas de la acción social* para instalarse en un hiperfuncionalismo de izquierdas" (Nun, "El otro reduccionismo"). La confrontación durante los años setenta de esos dos reduccionismos produjo una peligrosa escisión entre saberes técnicos y crítica social, y una verdadera esquizofrenia entre posiciones teóricas y prácticas profesionales. La inserción del estudio de la comunicación en el ámbito de las ciencias sociales posibilitó en esos años la tematización de la complicidad de los medios en los procesos de dominación, pero significó también la reducción del estudio de los procesos de comunicación a la generalidad de la reproducción social, condenando las tecnologías y sus lenguajes a un irreductible exterior: el de los *aparatos* y los *instrumentos*. De esa amalgama esquizoide no permitieron salir ni los aportes de la Escuela de Frankurt ni la semiótica. Pues lo que se leyó, especialmente en los textos de Adorno, fueron argumentos para denunciar la complicidad intrínseca del desarrollo tecnológico con la racionalidad mercantil. Y al identificar las *formas* del proceso industrial con las lógicas de la acumulación del capital, la *crítica* legitimó la huida: si la racionalidad de la producción se agota en la del sistema, ¡no habría otro modo de escapar a la reproducción que siendo improductivos! El sesgo de esa lectura encontró justificación en el más importante de sus textos póstumos al afirmar que "en la era de la comunicación de masas el arte permanece íntegro cuando no participa en la comunicación" (Adorno, *Teoría estética* 416).

Tampoco los aportes de la semiótica permitieron superar la escisión. Al descender de la teoría general de los discursos a las prácticas de análisis, las herramientas semióticas sirvieron casi siempre al reforzamiento del paradigma ideologista: "la omnipotencia que en la versión funcionalista se atribuía a los medios pasó a depositarse en la ideología, que se volvió dispositivo totalizador/ integrador de los discursos. Tanto el dispositivo del *efecto*, en la versión psicológico-conductista, como el *mensaje* o el *texto* en la semiótico-estructuralista, terminaban por referir el sentido de los procesos de comunicación a una inmanencia hueca de lo social: la de la inevitable manipulación o la fatal recuperación por el sistema" (Martín-Barbero, *De los medios a las mediaciones* 122). La investigación de la comunicación en esos años no pudo superar su depedendencia de los "modelos instrumentales" y de lo que Mabel Piccini (*La imagen del tejedor* 16) ha llamado "la remisión en cadena a las totalidades", que hacían imposible abordar la comunicación como dimensión constitutiva de la cultura y por tanto de la producción de lo social. A mediados de los ochenta la configuración de los estudios de comunicación muestra cambios de fondo, que provienen no sólo ni principalmente de deslizamientos internos al propio campo, sino de un movimiento general en las ciencias sociales. El cuestionamiento de la "razón instrumental" no atañe únicamente al modelo informacional sino que pondrá al descubierto la hegemonía de esa misma razón como horizonte político del ideologismo marxista. De otro lado la *globalización* y la "cuestión trasnacional", desbordará los alcances teóricos de la teoría del imperialismo obligándonos a pensar una trama nueva de territorios y de actores, de contradicciones y conflictos. Los desplazamientos con que se buscará rehacer conceptual y metodológicamente el campo de la comunicación provendrán tanto de la *experiencia de los movimientos sociales* como de la reflexión que articulan los *estudios culturales*. Se inicia entonces un corrimiento de los linderos que demarcaban el *campo de la comunicación*: las fronteras, las vecindades y las topografías no son las mismas de hace apenas diez años ni están tan claras. La idea de *información* —asociada a la innovación tecnológica— gana legitimidad científica y operatividad, mientras la de *comunicación* se desplaza y aloja en campos aledaños: la filosofia, la hermenéutica. La brecha entre el optimismo tecnológico y el escepticismo político se agranda emborronando el sentido de la *crítica*.[43]

Desde América Latina el corrimiento de los linderos del campo se traduce en un nuevo modo de relación con y desde las disciplinas sociales, no exento de recelos y malentendidos, pero definido más que por recurrencias temáticas o préstamos metodológicos por *apropiaciones*: desde la comunicación se trabajan procesos y dimensiones que incorporan preguntas y saberes históricos, antropológicos, estéticos. Al mismo tiempo que la sociología, la antropología y la ciencia política se empiezan a hacer cargo, ya no de forma marginal, de los medios y de los modos como operan las

---

[43] Véase como balance prospectivo de la investigación y el trabajo teórico: Jesús Martín-Barbero, "Retos a la investigación de comunicación en América Latina", *Comunicación y cultura* 10 (México, 1980); "Panorama bibliográfico de la investigación latinoamericana en Comunicación", *Telos* 19 (Madrid, 1992).

al sur de la modernidad

industrias culturales. De la historia barrial de las culturas cotidianas en los sectores populares en el Buenos Aires de comienzos de siglo (Gutiérrez y Romero, *Sectores populares*), a la historia de las tranformaciones sufridas por la música negra en Brasil en el recorrido que la lleva de las haciendas esclavistas a la ciudad masificada y su legitimación por la radio y el disco como música urbana y nacional (Squef y Wisnik, *O nacional e o popular*). De la antropología que da cuenta de los cambios en el sistema de producción y en la economía simbólica de las artesanías (García Canclini, *Las culturas populares*) a la que indaga permanencias y rupturas en los rituales urbanos del carnaval (Da Matta, *Carnavais, malandros, herois*) o en los juegos del alma y del cuerpo en las prácticas religiosas (Sodré, *A verdade seduzida*). De la sociología que investiga el lugar que ocupan los medios en las tranformaciones culturales (Brunner, Catalán y Barrios, *Chile transformaciones culturales*) a la tematización de los medios en los consumos y las políticas culturales.[44]

Tan decisivo como la asunción explícita del "tema" de los medios y las industrias culturales por las disciplinas sociales resulta la conciencia creciente del estatuto *transdisciplinar* del campo, que hacen evidente la multidimensionalidad de los procesos comunicativos y su gravitación cada día más fuerte sobre los movimientos de desterritorialización e hibridaciones que la modernidad latinoaméricana produce (García Canclini, *Culturas híbridas*). En esa nueva perspectiva, industria cultural y comunicaciones masivas son el nombre de los nuevos procesos de producción y circulación de la cultura, que corresponden no sólo a innovaciones tecnológicas sino a nuevas formas de la sensibilidad. Y que tienen si no su origen al menos su correlato más decisivo en la nuevas formas de sociabilidad con que la gente enfrenta la hetrogeneidad simbólica y la inabarcabilidad de la ciudad. Es desde las nuevas maneras de juntarse y excluirse, de des-conocer y reconocerse, que adquiere espesor social y relevancia cognitiva lo que pasa en y por los medios y las nuevas tecnologías de comunicación. Pues es desde ahí que los medios han entrado a *constituir lo público*, a mediar en la producción de imaginarios que en algún modo integran

---

[44] Véase Néstor García Canclini (coord.), *El consumo cultural en México*. México: Conaculta, 1994; (ed.) *Políticas culturales en América Latina*. México: Grijalbo, 1987.

la desgarrada experiencia urbana de los ciudadanos (Martín-Barbero, "Comunicación"): ya sea sustituyendo la teatralidad callejera por la espectacularización televisiva de los rituales de la política o desmaterializando la cultura y descargándola de su espesor histórico mediante tecnologías que, como las redes telemáticas o los videojuegos, proponen la hiperrealidad y la discontinuidad como hábitos perceptivos dominantes.

Transdisciplinariedad en el estudio de la comunicación no significa la disolución de sus objetos en los de las diciplinas sociales sino la construcción de las articulaciones —mediaciones e intertextualidades— que hacen su especificidad (Fuentes, "La investigación de la comunicación"). Esa que hoy ni la teoría de la información ni la semiótica, aun siendo disciplinas "fundantes", pueden construir ya. Como las investigaciones de punta en Europa y en Estados Unidos,[45] también las latinoamericanas presentan una convergencia cada día mayor con los estudios culturales en su capacidad de analizar las industrias comunicacionales y culturales como matriz de desorganización y reorganización de la experiencia social[46] en el cruce de las desterritorializaciones que acarrean la globalización y las migraciones con las fragmentaciones y relocalizaciones de la vida urbana. Una experiencia que viene a echar por tierra aquella bien mantenida y legitimada separación que identificó la masificación de los bienes culturales con la degradación cultural permitiendo a la élite adherir fascinadamente a la modernización tecnológica mientras conserva su rechazo a la democratización de los públicos y la socialización de la creatividad. Es esa misma experiencia la que está replanteando las relaciones entre cultura y política justamente a partir de lo que ésta tiene de

---

[45] Véase algunos textos representativos de las nuevas tendencias: M. Wolf, "Tendencias actuales del estudio de medios", *Comunicación social 1990 Tendencias.* Madrid: Informe Fundesco, 1990; Philip Schlesinger, "Identidad europea y cambios en la comunicación: de la política a la cultura y los medios", *TELOS* 23 (Madrid, 1990); L. Grossberg, C. Nelson, P. Treichler (ed.), *Cultural Studies.* Nueva York: Routledge, 1992; D. Morley, *Family Television Cultural Power and Domestic Leisure.* Londres: Comedia, 1986; G. Marcus, M. Fischer, *Anthropology as Cultural Critique.* Chicago: The University of Chicago Press, 1986; Homi Bhabha (ed.), *Nation and narration.* Londres: Routledge, 1990.

[46] Véase José Joaquín Brunner, *Cartografías de la modernidad.* Santiago de Chile: Dolmen, 1995; O. Ianni, *Teorías de la globalización.* México: Siglo XXI, 1996.

espesor comunicativo: no sólo por la mediación decisiva que hoy ejercen los medios en la política sino por lo que ella tiene de trama de interpelaciones en que se constituyen los actores sociales.[47] Lo que a su vez se revierte sobre el estudio de la comunicación masiva impidiendo que pueda ser pensada como mero asunto de mercados y consumos, exigiendo su análisis como espacio decisivo en la redefinición de lo público y la reconstrucción de la democracia.

La comunicación desde las prácticas

El primer movimiento que implica la reubicación de la mirada — desde las prácticas sociales— es de ruptura y descentramiento. De ruptura, en primer lugar con el *comunicacionismo* que es la tendencia, aún bien fuerte, a ontologizar la comunicación como el lugar donde la humanidad revelaría sus más secreta esencia. O en términos sociológicos, la idea de que la comunicación constituye el motor y el contenido último de la interacción social. Pero no debe olvidarse que en un lenguaje o en el otro, la idea de la centralidad de la comunicación en la sociedad —y la consiguiente evacuación de la cuestión del poder y la desigualdad de las relaciones sociales— está recibiendo ahora su legitimación teórica y política del discurso de la racionalidad tecnológica que inspira la llamada "sociedad de la información". Agotado el motor de la lucha de clases, la historia encontraría el recambio en los avatares de la comunicación; con lo cual, cambiar la sociedad equivaldría en adelante a cambiar los modos de producción y circulación de la información. Una cosa es reconocer el peso decisivo de los procesos y las tecnologías de comunicación en la transformación de la sociedad y otra, bien distinta, afirmar aquella engañosa centralidad y sus pretensiones de totalización de lo social.

La segunda ruptura es con el *mediacentrismo*, que como ya se ha dicho, resulta de la identificación de la comunicación con los medios, ya sea desde el culturalismo de MacLuhan, según el cual los medios hacen la historia, o desde su contrario, el ideologismo althuseriano que hace de los medios un mero aparato de Estado. Desde uno u otro, comprender la comunicación es estudiar *cómo*

---

[47] Véase Oscar Landi, *Crisis y lenguajes políticos*. Buenos Aires: Cedes, 1984; *Devórame otra vez: qué hizo la televisión con la gente, qué hace la gente con la televisión*. Buenos Aires: Planeta, 1982.

funcionan las tecnologías o los "aparatos", pues ellos *hacen* la comunicación, la determinan y le dan su forma. Mientras en los países centrales, ese mediacentrismo está siendo superado por el movimiento mismo de la reconversión industrial —que hace perder a los medios, y en especial a la televisión, su especificidad comunicativa al subordinar esa función a su nuevo carácter de elemento integrante de la producción en general— resulta curioso que sea en nuestros países donde los medios fagocitan el sentido de la comunicación relegando a los márgenes del campo de estudio la cuestión de las prácticas, las situaciones y los contextos, de los usos sociales y los modos de apropiación.

La centralidad indudable que hoy ocupan los medios resulta desproporcionada y paradójica en países con necesidades básicas insatisfechas en el orden de la educación o la salud como los nuestros, y en los que el crecimiento de la desigualdad atomiza nuestras sociedades deteriorando los dispositivos de *comunicación*, esto es cohesión política y cultural. Y, "desgastadas las representaciones simbólicas, no logramos hacernos una imagen del país que queremos, y por ende, la política no logra fijar el rumbo de los cambios en marcha" (Lechner, *América Latina* 124). De ahí que nuestras gentes puedan con cierta facilidad asimilar las imágenes de la modernización y no pocos de los cambios tecnológicos pero sólo muy lenta y dolorosamente pueden recomponer sus sistemas de valores, de normas éticas y virtudes cívicas. Todo lo cual nos está exigiendo continuar el esfuerzo por desentrañar la cada día más compleja trama de mediaciones que articula la relación comunicación/sociedad.

Ruptura, en tercer lugar, con el *marginalismo de lo alternativo* y su creencia en una "auténtica" comunicación que se produciría fuera de la contaminación tecnológico/mercantil de los grandes medios. La metafísica de la autenticidad (o la pureza) se da la mano con la sospecha que, desde las propuestas de la Escuela de Frankfurt, ha visto en la industria un instrumento espeso de deshumanización y en la tecnología un oscuro aliado del capitalismo; y también, con un populismo nostálgico de la fórmula esencial y originaria, horizontal y participativa de comunicación que se conservaría escondida en el mundo popular. Tramposa negación del mediacentrismo, del cual es su mejor complemento. El marginalismo de lo alternativo resulta

al sur de la modernidad

la mejor coartada que haya podido encontrar la visión hegemónica: ¿qué mejor para ella que la confinación de la búsqueda y la construcción de alternativas a los márgenes de la sociedad y a las experiencias microgrupales dejándole libre el "centro" del campo? El análisis de la inserción de la comunicación en las prácticas sociales se halla aún fuertemente condicionado por la diferenciación y especialización que la modernidad introdujo en la organización de lo social: diferenciación de las esferas y discursos de la ciencia, la moral y el arte, especialización de los espacios y las instituciones de lo político, lo económico, lo cultural. Siguiendo ese modelo, Habermas ha rastreado la inserción de la comunicación en la constitución histórica de la esfera pública, esto es la desprivatización de lo político y su conformación en esfera "de los asuntos generales del pueblo". Richard Sennet ha retomado esa perspectiva analizando el papel de *la comunicación* en la progresiva despolitización y disolución de lo público (*El declive del hombre público*). Ahora bien, un acercamiento a los espacios especializados de las prácticas choca hoy con una multiplicidad de desplazamientos del terreno y de las marcas que lo acotaban. No obstante, y reconociendo la precariedad actual de esas demarcaciones, puede ser oportuno un mapa a mano alzada que, partiendo de aquéllas, indique el movimiento que desde la comunicación las atraviesa y desterritorializa.

Si *la práctica* ha significado sobre todo la intervención en la política, la parte que ahí le ha correspondido a la comunicación ha estado hasta hace poco confundida con la propaganda y la publicidad, y en cuanto tal, reducida a su función coyuntural para los "tiempos fuertes" de las campañas electorales. Hoy, sin embargo, la comunicación aparece constituyendo una escena nueva de mediación y reconocimiento social, en la que las imágenes y representaciones de los medios al mismo tiempo que espectacularizan y adelgazan lo político lo reconstituyen. Pues lo que estamos viviendo no es, como creen los más pesimistas de los profetas-fin-de-milenio, la disolución de la política sino la reconfiguración de las *mediaciones* en que se constituyen sus nuevos modos de interpelación de los sujetos y de representación de los vínculos que cohesionan la sociedad. Pensar la política desde la comunicación significa poner en primer plano los ingredientes simbólicos e imaginarios presentes en los procesos de formación del poder; lo cual deriva la democratización de la sociedad hacia un trabajo en la propia trama cultural y comunicativa de las prácticas políticas. Pues ni la productividad social de la política es separable de las batallas que se libran en el terreno simbólico, ni el carácter participativo de la democracia es hoy real por fuera de la escena pública que construye la comunicación masiva. Entonces, más que en cuanto objetos de políticas, la comunicación y la cultura se convierten en un *campo primordial de batalla política*: el estratégico escenario que le exige a la política recuperar su dimensión simbólica —su capacidad de representar el vínculo entre los ciudadanos, el sentimiento de pertenencia a una comunidad— para enfrentar la erosión del orden colectivo.

En la esfera *económica*, la comunicación reviste dos figuras. Una tradicional: la del vehículo de información para el mercado, esto es el proceso de circulación del capital necesitando información permanente acerca de todos aquellos fenómenos de la vida social que puedan incidir sobre sus flujos y ritmos. Y otra postindustrial: la información como materia prima de la producción, no sólo de las mercancías sino de la vida social. O dicho de otro modo, la economía pasar a ser *in-formada,* constituida, por el movimiento de la nueva riqueza que la acumulación y organización de la información pone a circular. Lo que implica al menos tres nuevos modos de inserción y operación: la información y la comunicación pasan a ser campos prioritarios de la acumulación; en segundo lugar, las telecomunicaciones al impulsar la reconversión industrial y protagonizar la *convergencia entre vehículos y contenidos,* se convierte en espacio del *interés preferencial* del capital; y tercero, la internacionalización de las redes de información desafía la configuración de los saberes desde las nuevas formas de la gestión tanto privada como pública.

En la esfera *cultural* lo que aparece explícitamente referido a la comunicación siguen siendo las *prácticas de difusión*: la comunicación como vehículo de contenidos culturales o como movimiento de propagación y acercamiento de los públicos a las obras. Y coherente con esa reducción del proceso al vehículo, será legitimada también la reducción de los receptores a consumidores y admiradores de la actividad y creatividad desplegada en la obra. Apenas se comienza a asumir la comunicación como espacio estratégico de *creación* y *apropiación* cultural, de activación de la competencia y la experiencia creativa de la gente, y de *reconocimiento de las diferencias*, es decir

al sur de la modernidad

de lo que culturalmente son y hacen los otros, las otras clases, las otras etnias, los otros pueblos, las otras generaciones. Aunque las "clásicos" integraron explícitamente la dimensión lúdica en la cultura, somos más bien herederos de una concepción ascética que ha condenado el ocio como tiempo del vicio, y de una crítica ideológica que confunde la *diversión* con la evasión alienante, especialmente a partir de su masificación y mercantilización por las industrias culturales. No es fácil distinguir hoy lo que en la sospecha que cubre el espectáculo y la diversión pertenece a aquella negación ascética del goce, de lo que ha introducido la idealista oposición entre formas culturales y formatos industriales. Pero lo que sí es claro, es que la posibilidad de reinsertar las prácticas lúdicas en la cultura pasa tanto por la crítica de sus perversiones como por entender la "doble articulación" que liga, en nuestra sociedad, las demandas y las dinámicas culturales a la lógica del mercado y al mismo tiempo imbrica el apego a unos formatos en la fidelidad a una memoria y la pervivencia de unos géneros, desde los que "funcionan" nuevos modos de percibir y de narrar, de hacer música o de jugar con las imágenes.

Tocamos así el suelo de la escena posmoderna y del movimiento que desterritorializa las identidades y refunda el sentido de las temporalidades. La inscripción de la comunicación en la cultura ha dejado de ser mero asunto cultural pues son tanto la economía como la política las concernidas directamente en lo que ahí se produce. Es lo que, ambigua pero certeramente, se expresa como "sociedad de la información" o "cultura política", y de un modo aún más oscuro pero también cierto es lo que cuenta la experiencia cotidiana de las desarraigadas poblaciones de nuestras ciudades. Lo que podría traducirse en dos desterritorializadoras y desconcertantes preguntas: ¿cómo hemos podido pasar tanto tiempo intentando comprender el sentido de los cambios en la comunicación, incluidos los que pasan por los medios, sin referirlo a las transformaciones del tejido colectivo, a la reorganización de las formas del habitar, del trabajar y del jugar? y ¿cómo podríamos transformar el "sistema de comunicación" sin asumir su espesor cultural y sin que las políticas busquen activar la competencia comunicativa y la experiencia creativa de las gentes, esto es su reconocimiento como sujetos sociales?

Las mediaciones comunicativas de la cultura

De *la práctica* se habló mucho hace un tiempo, cuando la lectura althuseriana y el legado maoísta inspiraban la crítica. Después sólo el trabajo de P. Bourdieu siguió empeñado en rescatar y elucidar esa categoría hasta llegar a elaborar una teoría general de las prácticas sociales, que constituye hoy una de las más abiertas y comprensivas. Sin ese alcance globalizador pero, proporcionando materiales y herramientas conceptuales nuevas, van a converger sobre ese análisis las propuestas de la etnometodología, la fenomenología y la sociología de la vida cotidiana. Atravesando esas diferentes propuestas teóricas, y proyectándolas sobre las prácticas de comunicación, voy a esbozar el dibujo de los cuatro ámbitos — socialidad, ritualidad, institucionalidad y tecnicidad— que densifican las *mediaciones entre sociedad y comunicación*.

La *socialidad* nombra la trama de relaciones cotidianas que tejen los hombres al juntarse y en la que anclan los procesos primarios de interpelación y constitución de los sujetos y las identidades (Hopenhayn, "Repensando lo social"). Esto es lo que constituye el sentido de la comunicación como cuestión de *fines* y no sólo de *medios*, en cuanto mundo de la vida en que se inserta, y desde donde opera, la *praxis* comunicativa (Habermas, *Teoría de la acción*). En el comunicar se movilizan y expresan dimensiones claves del ser social: tanto aquellas desde las que la colectividad se construye y permanece, en que se tejen las cotidianas negociaciones con el poder como aquellas otras en que estalla la lucha por horadar el orden (Lechner, *Los patios interiores*). Después de largos años en los que el pensamiento crítico se aferró a colocar la inteligibilidad de lo social únicamente del lado de las determinaciones y las estructuras, la relevancia que cobra hoy la socialidad, a la hora de pensar las prácticas, no significa el desconocimiento de la razón codificante o la fuerza del *hábitus* sino la apertura a otros modos de inteligibilidad "contenidos" en la apropiación cotidiana de la existencia y su capacidad de hacer estallar la unificación hegemónica del sentido. Abandonando la remisión circular entre individuo y sociedad, lo que en la socialidad se afirma es la multiplicidad de modos y sentidos en que la colectividad se hace y se recrea, la polisemia de la interacción social.

Pero cualquier comunicación o intercambio es sólo duradero si toma *forma*, pues todo movimiento que no sea mero estallido o agitación engendra regularidades y ritmos. *Ritualidad* es lo que en la comunicación hay de permanente reconstrucción del nexo simbólico: a la vez repetición e innovación, anclaje en la memoria y horizonte abierto. Es lo que en el intercambio hay de *forma* y de *ritmo*. Al religar la interacción a los ritmos del tiempo y a los ejes del espacio, la ritualidad pone reglas al juego de la significación introduciendo el mínimo de *gramaticalidad* que hace posible expresar y compartir el sentido.[48] Y al activar el *ciclo* —que nunca es mera inercia o repetición sino la larga duración en que se anudan los destiempos— la ritualización conecta la aceleración de la comunicación con el tiempo primordial del origen y el mito (Gruzinski, *La guerra de las imágenes*). La *ritualidad* es, a la vez, lo que en las prácticas sociales habla de la repetición y de la operabilidad. Frente a viejas concepciones dicotomizantes, la etnografía de la producción nos descubre hoy la profunda imbricación entre operación y expresión, entre las rutinas del trabajo y las energías de la transformación. Las *ritualidades* constituyen también *gramáticas de la acción*[49] —del mirar, del escuchar, del leer— que regulan la interacción entre los espacios y tiempos de la vida cotidiana y los espacios y tiempos que con-forman los medios. Esto implica, de parte de los medios, una cierta capacidad de poner reglas a los juegos entre significación y situación. Pero una cosa es la *significación* del mensaje y otra, aquello a lo que alude la pragmática cuando plantea la pregunta por el *sentido* que para el receptor tiene la acción de oír radio o ver televisión. Las *ritualidades* remiten entonces, de un lado, a los diferentes *usos sociales* de los medios, por ejemplo el barroquismo expresivo de los modos populares de ver cine frente a la sobriedad y seriedad del intelectual al que cualquier ruido viene a distraerlo de su contemplación cinematográfica, o el consumo productivo que algunos jóvenes hacen del computador frente al uso marcadamente lúdico-evasivo de la mayoría. De otro lado, la *ritualidades* remiten a los múltiples *trayectos de lectura* (Ramírez y Muñoz, *Trayectos del consumo*) ligados a las condiciones sociales

---

[48] Véase Nelly Richard, *La insubordinación de los signos*. Santiago: Cuarto Propio, 1994; Roxana Reguillo, *La construcción simbólica de la ciudad: sociedad, desastre, comunicación*. Guadalajara: Iteso, 1996.
[49] Véase Beatriz Sarlo, *Escenas de la vida postmoderna. Intelectuales, arte y video-cultura en la Argentina*. Buenos Aires: Ariel, 1994; Nelly Richard, *Residuos y metáforas*. Santiago de Chile: Cuarto Propio, 1998.

del gusto, marcados por los niveles y calidades de la educación, los haberes y saberes constituidos en memoria étnica, de clase o de género, y los hábitos familiares de convivencia con la cultura letrada, la oral o la audiovisual, que cargan la experiencia del ver sobre el leer o viceversa.

Las *ritualidades contemporáneas*[50] son arrancadas por algunos antropólogos y sociólogos al tiempo arcaico para iluminar las especificidades de la contemporaneidad urbana: modos de existencia de lo simbólico, trayectos de iniciación y viajes "de paso", serialidad ficcional y repetición ritual permiten así entrever el juego entre cotidianidad y experiencias de lo extraño, resacralización, reencantamiento del mundo desde ciertos usos o modos de relación con los medios, entre inercias y actividad, entre hábitos e iniciativas del mirar y el leer.

La *institucionalidad* atraviesa la comunicación convirtiéndola en urdimbre de la civilidad.[51] Pero esa institucionalidad pertenece a dos órdenes contrapuestos: el que desde el Estado configura a los medios de comunicación como "servicio público", y el que desde el mercado convierte la "libertad de expresión" en libre comercio. Desde uno y otro se priorizan *valores* que antagonizados debilitan la autonomía de las instituciones comunicativas ya sea confundiendo la defensa de los derechos colectivos con la estabilidad de lo estatal o la de la libertad de expresión con la iniciativa y los intereses privados. Al mediar en la constitución de lo público y en el reconocimiento cultural la trama institucional de la comunicación hace parte del lazo ciudadano (Schmucler y Mata, *Política y comunicación*). La *institucionalidad* es una mediación espesa de intereses y poderes contrapuestos, que ha afectado, y sigue afectando, especialmente la regulación de los discursos que, de parte del Estado, buscan dar estabilidad al orden constituido, y de parte de los ciudadanos — mayorías y minorías— buscan defender sus derechos y hacerse reconocer, esto es re-constituir permanentemente lo social. Si mirada

---

[50] Véase Marc Augé, Hacia una antropología de los mundos contemporáneos. Barcelona: Gedisa, 1995; Massimo Canevacci, *La città polifónica: sagio sull'antropologia della comunicazione urvana*. Roma: SEAM, 1993.
[51] Véase G. Rey y otros, "Otras plazas para el encuentro". *Escenografías para el diálogo*. Lima: Ceal, 1997; Manuel A. Garreton Merino, *La faz sumergida del iceberg. Estudios sobre la transformación cultural*. Santiago de Chile: Lom/Cesoc, 1994.

desde la *socialidad* la comunicación se revela cuestión de *fines* —de la constitución del sentido y del hacerse y deshacerse de la sociedad—, mirada desde la *institucionalidad* la comunicación se convierte en cuestión de *medios*, esto es de producción de discursos públicos cuya hegemonía se halla hoy paradógicamente del lado de los intereses privados.

Los cambios en la *socialidad* remiten a movimientos de reencuentro con lo comunitario no necesariamente fundamentalistas o nacionalistas, como lo que está ocurriendo entre los jóvenes en torno a la música, y que se hallan más bien ligados a cambios profundos en la sensibilidad y la subjetividad La reconfiguración de la *institucionalidad* no puede ser más fuerte pese a las paradojas que presenta: mientras se atrincheran en sus feudos los partidos tradicionales (no pocos de los nuevos también) se corrompen hasta lo impensable las instituciones estatales y se burocratizan hasta la perversión las instituciones parlamentarias, asistimos a una multiplicación de movimientos en busca de institucionalidades otras, capaces de *dar forma* a las pulsiones y desplazamientos de la *ciudadanía* hacia el ámbito de lo cultural y del plano de la representación al del *reconocimiento* instituyente.

En su análisis de la "atrofia del aura" en la obra de arte por causa de su reproductibidad W. Benjamin fue pionero en cuestionar la instrumentalidad de la técnica al conectar las innovaciones de la tecnicidad con las transformaciones del *sensorium*, de los modos de percepción y experiencia social. La *tecnicidad* nombra entonces lo que en la sociedad no sólo es parte del orden del instrumento sino también de la sedimentación de saberes y la constitución de las prácticas. Superando la escisión que en el pensamiento occidental opone el interior al exterior y la verdad a su manifestación, la antropología ve en la técnica un *organizador perceptivo*: aquello que en las prácticas articula la transformación material a la innovación discursiva. Con lo que la tecnicidad más que a aparatos nos remite al *diseño*[52] de nuevas prácticas, y más que a destrezas la tecnicidad es *competencia en el lenguaje* (Piccini, *La imagen del tejedor*). Confundir la comunicación con las técnicas o los medios es tan

---

[52] Véase A. Piscitelli, "Tecnología, antagonismos sociales y subjetividad". *Diálogos de la Comunicación* 32 (Lima, 1992); *Ciberculturas. En la era de las máquinas inteligentes*. Buenos Aires: Paidós, 1995.

deformador como pensar que ellos son exteriores y accesorios a la (verdad de la) comunicación, lo que equivaldría a desconocer la materialidad histórica de las mediaciones discursivas en que ella se produce. Las materialidades del discurso remiten la constitución — a lo largo de los procesos históricos— de gramáticas discursivas originadas en *formatos de sedimentación* de saberes narrativos, hábitos y técnicas expresivas. Gramáticas *generativas,* que dan lugar a una topografía de discursos movediza, cuya movilidad proviene tanto de las mudanzas del capital y las transformaciones tecnológicas como del movimiento permanente de las *intertextualidades* e *intermedialidades* que alimentan los diferentes géneros y los diferentes medios. Y que son hoy lugar de complejos entramados de residuos e innovaciones, de anacronías y modernidades, de asimetrías comunicativas que involucran, por parte de los productores, sofisticadas "estrategias de anticipación" y, por parte de los espectadores, la activación de nuevas y *viejas* competencias de lectura. La mediación estratégica de la *tecnicidad* se plantea actualmente en un nuevo escenario: el de la globalización, y su conversión en *conector universal en lo global* (Santos, *A natureza do espaço*). Ello no sólo en el espacio de las redes informáticas sino en la *conexión* de los medios —televisión y teléfono— con el computador replanteando aceleradamente la relación de los discursos públicos y los relatos (géneros) mediáticos con los formatos industriales y los textos virtuales. Las preguntas abiertas por la *tecnicidad* apuntan entonces al nuevo estatuto social de la técnica (Schmucler, *Pensamientos sobre la técnica*), al replanteamiento del sentido del discurso y la praxis política, al nuevo estatuto de la cultura, y a los avatares de la estética.

Abriendo brechas al nuevo siglo

Aunque las temáticas de los congresos y los encuentros latinoamericanos de comunicación en los noventa —*Identidad e integración* (*Comunicación, identidad e integración latinoamericana*), *Comunicación y libre comercio* (Marques de Melo, *Comunicación latinoamericana*), *Propuestas metodológicas* (Cervantes Barba y Sánchez Ruiz, *Investigar la comunicación*), *Modernidad y democracia* (*Comunicación, modernidad y democracia*)— dibujan un mapa de preocupaciones sentidas y consensos institucionales, ellas no

al sur de la modernidad

alcanzan a dar cuenta cabal de los desplazamientos que en los últimos años tensionan y dinamizan el campo. La conflictiva riqueza de esas dinámicas pasa, a mi modo de ver, por otro mapa: el que dibujan los textos que otean el horizonte del nuevo siglo. Empezando por las investigaciones que indagan *el des-ordenamiento y des-centramiento de lo cultural*. Introducido en primer lugar por la globalización económica que replantea la identificación de periferia con exterioridad: es *desde dentro* de nuestros países, en el espacio de lo nacional y lo local, donde la cultura se mundializa (Ortiz, *Mundalização e cultura*), pues globalización no equivale a una mayor difusión de productos sino a la rearticulación de las relaciones entre países desde una des-centralización que concentra poder, y un des-enraizamento que hibrida las culturas. Pero lo que verdaderamente está en juego en la *hibridación* no es sólo asunto de nuevos mestizajes sino la reorganización del campo cultural desde una lógica que desancla las experiencias culturales de los nichos y repertorios de las etnias y las clases sociales, de las oposiciones entre modernidad y tradición, modernidad y modernización (Brunner, *Cartografías de la modernidad*) espesando la mediación tecnológica que emborrona las demarcaciones entre arte y ciencia, trabajo y juego,[53] entre lo oral, lo escrito y lo electrónico (Ford, *Navegaciones: comunicación, cultura y crisis*), abriendo un desafío radical a las inercias teóricas, a las barreras entre saberes sociales, y planteando no sólo "nuevos objetos" de investigación sino nuevos modos de concebir las luchas entre mercado y producción simbólica, entre cultura y poder, entre modernización y democratización. Una especial reconfiguración de lo cultural es la que produce el universo audiovisual, y particularmente la televisión,[54] al constituirse en dispositivo radicalizador del desanclaje que produce la modernidad, redefine

---

[53] Véase A. Piscitelli, "De las imágenes numéricas a las realidades virtuales: esfumando las fronteras entre arte y ciencia. *David y Goliath* 57 (Buenos Aires, 1990); "Tecnología, antagonismos sociales y subjetividad". *Diálogos de la Comunicación* (Lima, 1992).
[54] Véase Oscar Landi, *Devórame otra vez. Qué hizo la televisión con la gente, qué hace la gente con la televisión*. Buenos Aires: Planeta, 1992; Beatriz Sarlo, *Escenas de la vida posmoderna. Intelectuales, arte y videocultura en Argentina*. Buenos Aires: Ariel, 1994; José Joaquín Brunner y C. Catalán, *Televisión: libertad, mercado y moral*. Santiago: Los Andes, 1995.

79

las jerarquías que regulaban la cultura y también sus modalidades, niveles y lenguajes. Con la deslegitimación que ello opera en el campo de los intelectuales (Pagni y Von der Walde, "Qué intelectuales en tiempos posmodernos"): al cuestionar los paradigmas del saber que sustentaba la cultura letrada, y las autoridades en que cristalizaron viejas formas de dominación simbólica, los intelectuales ven hoy tensionada su figura entre el experto académico y el neopopulista de mercado; y descolocada por la del *analista simbólico* (Brunner y Sunkel, *Conocimiento, sociedad y política*) que replantea la tarea del investigador social y el intelectual al insertar la *crítica* no en la distancia de los riesgos que conlleva toda intervención en lo social sino en la dinámica que necesita toda sociedad para no anquilosarse.

En un segundo plano estratégico se ubican los procesos de *massmediación de la política*: la asimilación del discurso político al modelo de comunicación que propone, especialmente, la televisión[55] —identificando lo público con la escena mediática— y su incidencia en los nuevos modos de representación política y de conformación de ciudadanía.[56] Agotadas las generalidades en torno a la *espectacularización* de la política, hacia donde apunta el análisis que avizora el futuro es a dar cuenta de los dispositivos específicos que en la televisión conectan con la emergencia de una nueva *cultura política* (Schmucler y Mata, *Política y comunicación*). Ésa que exige pensar los modos en que los medios entran, no a sustituir sino a constituir, a formar parte de la trama tanto del discurso como de la acción política, pues densifican las dimensiones simbólicas, rituales y teatrales que siempre tuvo la política, y hacen parte de las nuevas formas del reconocimiento y la interpelación de los sujetos y los actores sociales. Lo que desplaza la investigación de los mecanismos que oponen *la plaza a la platea*, es decir, a la escena mediática, para enfocar más bien las tensiones entre ambas, los usos que la política en la plaza hace de los medios —sus modos de *mirar a la cámara* (Cruces, *Las transformaciones de lo público*)— y los

---

[55] Véase D. Portales y otros, *La política en pantalla*. Santiago: ILET/CESOC, 1989; Oscar Landi, *La política en las culturas de la imagen*; *Devórame otra vez*.
[56] Véase R. Mª Alfaro y otros, *Los medios, nuevas plazas para la democracia*. Lima: Calandria, 1995; Manuel A. Garreton Merino, *Estudios sobre la transformación cultural*. Santiago: Lom, 1995.

al sur de la modernidad

movimientos de resemantización mediante los cuales la escena mediática transforma el sentido de la *acción* política en *representación*, reduciendo la *publicidad* —el acto de hacer público— a mera *visibilidad* (Rey, *Visibilidad y corrupción*). Y también la que desplaza el punto de vista de la política formal para investigar el papel del consumo en los otros modos en que se construyen identidades y ciudadanías: esas prácticas socioculturales que configuran formas de reconocerse y de satisfacer necesidades, rituales de distinción y modos de comunicación, pues en el consumir no sólo derrochamos y exhibimos, nos alienamos y sometemos, sino también reelaboramos el sentido de lo social, redefinimos la significación de lo público al publicar lo que creemos socialmente valioso, rehacemos lo que percibimos como propio, nos integramos y nos diferenciamos (García Canclini, *Consumidores y cuidadanos*).

La *ciudad-espacio de comunicación* aparece como la otra atalaya desde la cual vislumbrar cambios de fondo. La estrecha relación entre expansión/estallido de la ciudad y crecimiento/densificación de los medios y las redes electrónicas, está exigiendo pensar la envergadura antropológica de los cambios en *los modos de estar juntos*, esas nuevas socialidades que empatan con los nuevos escenarios urbanos de comunicación. Escenarios ubicados a múltiples niveles y conformados por ingredientes bien diversos. Son los que corresponden al desequilibrio generado por una urbanización irracional y especulativa que se hace visible en el empobrecimiento de las solidaridades e interacciones vecinales, la reducción de la ciudad usable por los ciudadanos y su *compensación* por la cultura a domicilio y la reinvención de unos lazos sociales en los que se entreteje la información que circula por las redes internacionales con la necesidad de pertenencia y de arraigo local (García Canclini y Puccini, *Culturas de la ciudad de México*). Los escenarios que trazan los *imaginarios* desde los que la gente siente y se representa su ciudad: acontecimientos, personajes, mitos fundadores, lugares, olores y colores, historias, leyendas y rumores que la narran e identifican siguiendo topografías y trayectos bien diferentes de los que manejan los planificadores (Silva, *Imaginarios urbanos*); y al mismo tiempo *modernización*, tensión entre memorias étnico-locales y memorias trasnacionales, produciendo un mosaico cuya *figura* remite menos a las regularidades que pautan los expertos que al desorden y al caos que experimentan en su habitar los ciudadanos

(Monsiváis, *Los rituales del caos*). O los escenarios de la *ciudad-acontecimiento* que, al trastornar la cotidianidad inerte, sacan a flote la fragilidad del moderno orden urbano poniendo al descubierto la corrupción que enlaza la explosiva ineficiencia de los servicios públicos —inundaciones que dejan en la calle a miles de habitantes por mal estado de las redes de alcantarillado o escapes de gas que vuelan barrios enteros— con los dispositivos subterráneos del poder; y también el espesor comunicacional de las estrategias de supervivencia y de conformación de identidad ciudadana entre los marginados (Reguillo, *La construcción simbólica*). Y los nuevos escenarios de los jóvenes, constituidos a la vez desde la homogenización inevitable del vestido, la comida, la música, y una profunda necesidad de diferenciación que se expresa en los signos con que tejen sus grupalidades: del "hoyo" fonki al punk, de la salsa barrial a la discoteca in,[57] del concierto-ritual tecnológico y coreográfico al rock artesanal, en que se dicen las nuevas sensibilidades, las estéticas de lo desechable, las nuevas sonoridades, sones, ruidos y ritmos de la ciudad, la experiencia de las pandillas ante la cotidiana presencia de la muerte en las calles, la exasperación de la agresividad, la soledad hostil, la desazón moral, el desarraigo.[58]

---

[57] "Hoyo fonki" es una expresión mexicana. "Discoteca in" es una expresión de uso generalizado, para referirse a lo que "está de moda" se dice que "está *in*".
[58] Mario Margulis y otros, *La cultura de la noche*. Buenos Aires: Espasa, 1994; Carlos Monsiváis, *Es-cenas de pudor y liviandad*. México: Era, 1989; Alonso Salazar, *No nacimos pa'semilla. La cultura de las bandas juveniles en Medellín*. Bogotá: Cinep, 1990.

4. Travesías: recepción, usos sociales y consumo cultural

Como en un trazado a mano alzada este texto dibuja algunas de las figuras que ha ido revistiendo el estudio de la recepción de medios y el consumo cultural en América Latina: el lento entrelazamiento de la perspectiva comunicacional con la sociológica y la antropológica en los últimos años. El trazado hilvana fragmentos de textos en los que, a lo largo de veinte años, fui haciendo unas veces de actor y otras de cronista de sus travesías.

Complicidad y resistencia del receptor o la dominación desde lo popular

La figura en que emerge el estudio comunicacional de los procesos de recepción en América Latina marca el lugar del receptor en el proceso sociológicamente central, el de dominación. Una inflexión/inversión del enunciado posibilita introducir el desplazamiento que la hace visible: de la *comunicación como proceso de dominación* a la *dominación como proceso de comunicación*. Esa inflexión permite dar entrada a la actividad de los dominados en cuanto cómplices de la dominación pero también en cuanto sujetos de réplica a los discursos del amo. La dimensión de complicidad replantea radicalmente la problemática comunicativa del "receptor", insertándola en el proceso que indica la pregunta: "¿Por qué soportan los hombres desde siglos la explotación, la humillación, la esclavitud, hasta el punto de quererlo no sólo para los demás sino para sí mismos?" (Deleuze y Guattari, *Antiedipo* 213). Esto es, ¿poniendo en juego qué contradicciones, la dominación es también actividad y no sólo resignada pasividad en el dominado? *¿Qué en el dominado trabaja a favor de la dominación?* Pues solamente si la opresión es asumida como actividad *tambien* del oprimido, sólo si se desmonta la complicidad del dominado, será posible comprender que la liberación es problema del oprimido, o mejor, que es en él que se encuentran las claves de su liberación. Esta perspectiva se torna decisiva especialmente en el estudio de la comunicación ya que la complicidad desde y en el imaginario colectivo es la materia prima con que trabajan los medios, es ahí que las esperanzas de las masas populares son cotidianamente atrapadas y vueltas contra esas mismas masas.

Pero no hay únicamente complicidad, también hay resistencia y réplica. Es nuestro sofisticado instrumental de análisis el que paradójicamente no nos permite captar esa actividad. Apenas estamos comenzando a sentir la necesidad del *desplazamiento metodológico* que nos dé acceso a la lectura que los diferentes grupos sociales llevan a cabo. Lectura en la que tratan de abrirse camino otras voces, una palabra que introduce *ruido* en los discursos del poder, y otra gramática en la producción de sentido, la que permite desde el lado de los dominados una activa y oblicua decodificación. Lo que está implicando un reto a la *imaginación metodológica* para proveernos de unas estrategias que no dejen por fuera la actividad de deconstrucción que se produce en la decodificación, como lo hacen irremediablemente unos cuestionarios que llevan ya inscritas en la pregunta las posibilidades de respuesta, y por lo tanto en los que no cabe una respuesta que *se erija a su vez en pregunta que cuestione el lugar y el poder desde el que aquella es formulada*. Ya que la actividad de los dominados no es abordable directamente sino sólo a través del re-conocimiento de las huellas que, en la lectura, dejan ciertos procesos que tienen lugar a otro nivel, el de la "estructura profunda", que es el de la experiencia vital y social de esos grupos.

Desembocamos así en la necesidad de investigar *los usos populares de lo masivo*: ¿qué hacen las clases populares con lo que ven, con lo que creen, con lo que compran o lo que leen? —el revoltijo de los verbos indica la necesaria ruptura con la inmanencia de lo comunicativo, y con su reducción a los medios. Frente a las mediciones de audiencia y las encuestas de mercado, que se agotan en el análisis de las reacciones, de la respuesta al estímulo, y contra la ideología del consumo-espectáculo y pasividad, se trata de investigar la actividad que se ejerce en los usos mediante los cuales los diferentes grupos —lo popular tampoco es homogéneo, es también plural— hacen con lo que consumen, sus gramáticas de decodificación. Pues si el producto o la pauta de consumo son el punto de llegada del proceso de producción, son también el punto de partida y la materia prima de otro proceso de producción silencioso y disperso, oculto en los usos. Así, la utilización que los grupos indígenas y campesinos han hecho, y siguen haciendo, de los ritos religiosos impuestos por los colonizadores, y en los que esos ritos no son rechazados sino subvertidos al ser inscritos en funciones y refrencias extrañas al sistema cultural del que procedían. O la manera como los campesinos pobladores de Guatavita —un pueblo construido cerca de Bogotá para albergar a los habitantes de otro destruido para la construcción de una represa hidroeléctrica—distribuyeron el sentido y la función de los espacios de la casa, de los aparatos de higiene, etc. Se trata de investigar lo que Michel de Certeau (*L'invention du quotidien*) ha llamado las *tácticas* —astucias, estratagemas e ingeniosidades del débil— por oposición a las *estrategias* del fuerte.

Las mediaciones en cuanto operadores de apropiación

En América Latina, el abandono del mediacentrismo se está produciendo menos por el impacto de la reconversión industrial de los medios —su función comunicativa relegada a producto residual de las opciones económico-industriales—, que por la fuerza con que se hacen visibles las mediaciones: esos *lugares* de los que provienen las constricciones que delimitan y configuran la materialidad social y la expresividad cultural de los medios. A modo de hipótesis, que recoge y da forma a una serie de búsquedas convergentes, se proponen tres lugares de mediación, que constituyen, a su vez, los operadores de apropiación y lectura de la televisión: la cotidianeidad familiar, la temporalidad social y la competencia cultural.

La cotidianeidad familiar

Si la televisión en América Latina tiene aún a la familia como *unidad básica de audiencia* es porque ella representa para las mayorías la *situación primordial de reconocimiento*. Y no puede entenderse el modo específico en que la televisión interpela a la familia sin interrogar la cotidianeidad familiar (Durham, "A familia operaria") en cuanto lugar social de una interpelación fundamental para los sectores populares. Escándalo, como apuntábamos más atrás, para una intelectualidad que se complace en denunciar los aspectos represivos de la organización familiar y para una izquierda que no ve en ello sino lo que tiene de contaminación de la ideología burguesa, el análisis crítico de la familia ha sido hasta ahora incapaz de pensar la mediación social que ella constituye. Ámbito de conflictos y de fuertes tensiones, la cotidianeidad familiar, es al mismo tiempo, uno de los pocos lugares donde los individuos se confrontan como personas y donde encuentran alguna posibilidad de manifestar sus ansias y frustraciones. Rompiendo con las manidas consideraciones moralistas —la televisión corruptora de las tradiciones familiares— y con una filosofía que le atribuye a la televisión una función puramente especular, empieza a abrirse paso una concepción que ve en la familia uno de los espacios claves de lectura y de codificación de la televisión. De la familia como espacio de las *relaciones cortas* y la *proximidad*, la televisión asume y forja dos dispositivos claves de interpelación: la simulación del contacto y la retórica de lo directo. Denominamos *simulación del contacto* a los mecanismos mediante los cuales la televisión especifica su particular modo de comunicar, teniendo como eje la función *fática* (Jacobson, *Essais de linguistique générale* 45): el mantenimiento del contacto. Función mediante la que no sólo enfrenta la dispersión de la atención que se presenta en la cotidianeidad privada —a diferencia de la concentración de la atención en la sala pública y oscura del cine- sino con la que media/descarga la irrupción del mundo de la ficción y del espectáculo en el espacio de la cotidianeidad y la rutina introduciendo intermediarios que faciliten el tránsito entre realidad cotidiana y espectáculo ficcional. Dos intermediarios básicos se dan en la televisión: el animador-presentador, un *personaje* sacado del espectáculo popular, y un *tono* que proporciona el clima requerido, el coloquial. El presentador-animador en la televisión —que se halla presente en los informativos, en los concursos, en los musicales, en los educativos y hasta en los "culturales" para subrayarlos—, más que un transmisor de informaciones es en verdad un *interlocutor* o, mejor, el que interpela a la familia convirtiéndola en su interlocutor. De ahí su tono *coloquial* y la simulación permanente de un diálogo que no se agota en un remedo del clima "familiar". Durante mucho tiempo se criticó la *predominancia de lo verbal* en la televisión latinoamericana como la mejor prueba de su subdesarrollo: era radio con algunas imágenes. Pero hoy, cuando el desarrollo técnico y expresivo de la televisión en no pocos de nuestros países hace imposible esa explicación, empezamos a sospechar que la predominancia de lo verbal en la televisión se inscribe en la necesidad de supeditar la lógica visual a la lógica del contacto, puesto que es ella la que articula el discurso televisivo sobre el eje de la relación corta y la preeminencia de la palabra en culturas fuertemente orales.

Por *retórica de lo directo* entendemos el dispositivo que organiza el espacio de la televisión sobre el eje de la *proximidad* y la *magia del ver*, en oposición al espacio cinematográfico dominado por la distancia y la magia de la *imagen*. En el cine, la función comunicativa central es la poética —y ello, al menos como intención, hasta en los filmes más baratos—, esto es, la transfiguración arquetípica de la realidad. De ahí, que aun atrapado por el argumento, aún fascinado por los rostros en primer plano, el espectador sea mantenido distante. Los objetos, las acciones y los rostros en el cine se cargan de valor simbólico. Hablando del rostro de Greta Garbo, Barthes (Mythologies 71-72) sintetizó así la magia del cine y de su espacio *propio*: "el rostro constituía una suerte de estado absoluto de la carne que no se podía alcanzar ni abandonar". Frente a ese espacio, fascinante y por tanto alejador, el espacio de la televisión está dominado por la magia del ver: por una proximidad construida mediante un montaje no expresivo, sino funcional y sostenida en base a la "toma directa", real o simulada. En la televisión, la visión que predomina es la que produce la sensación de *inmediatez*, que es uno de los rasgos que hacen la forma de lo cotidiano. Y esto es así incluso en la publicidad como la *síntesis* de la cotidianeidad y el espectáculo, aunque ella viva en un equilibrio inestable que le da un aire transgresor. En la televisión, nada de rostros misteriosos ni con demasiado encanto; los rostros de la televisión serán cercanos, amigables, ni fascinantes ni chabacanos. Proximidad de los personajes y los acontecimientos: un discurso que *familiariza* todo, que torna "cercano" hasta lo más distante. Un discurso que produce eso desde la forma misma en que organiza las imágenes: de manera que produzcan la mayor transparencia, o sea simplicidad, claridad y economía narrativa. La marca de la hegemonía trabaja ahí, en la construcción de una interpelación que habla a la gente *desde* los dispositivos que dan *forma* a una cotidianeidad familiar que no es únicamente subproducto de la pobreza y las artimañas de la ideología, sino *espacio* de algunas formas de relación primordial y de algunas vivencias no por ambiguas menos fundamentales.

La temporalidad social

Mientras en nuestra sociedad el tiempo productivo, el valorado por el capital, es el tiempo que "corre" y que se mide, el otro, del que está hecha la cotidianeidad, es un tiempo repetitivo, que comienza y acaba para recomenzar, un tiempo hecho no de unidades contables sino de fragmentos. ¿Y la matriz cultural del tiempo que organiza la televisión no es acaso ésa: la de la repetición y el fragmento? ¿Y no es insertándose en el tiempo del ritual y la rutina como la televisión inscribe la cotidianeidad en el mercado? En el tiempo en que organiza su programación, la televisión contiene a la vez la *forma de la rentabilidad* y del *palimpsesto*, de un entramado de géneros. Cada programa o, mejor, cada texto televisivo, remite su sentido al cruce de los géneros y los tiempos. En cuanto *género* (Wolf, "Indagine su alcune regolo") pertenece a una familia de textos que se replican y reenvían unos a otros desde los diversos horarios del día y la semana. En cuanto tiempo "ocupado", cada texto remite a la secuencia horaria de lo que le antecede y le sigue o a lo que aparece en el palimpsesto otros días a la misma hora. Mirado desde la televisión el tiempo del ocio cubre y desvela la forma del tiempo del trabajo: la del fragmento y la serie. Decía Foucault que *el poder se articula directamente sobre el tiempo*. Porque es en él donde se hace más visible el movimiento de unificación que atraviesa la diversidad de lo social. Así, *el tiempo de la serie* habla el idioma del sistema productivo —el de la estandarización— pero bajo él pueden oírse también otros idiomas: el del cuento popular y la canción con estribillo y el relato de aventura, aquella serialidad, según Beatriz Sarlo, "propia de una estética donde el reconocimiento funda una parte importante del placer y es, en consecuencia, norma de valores de los bienes simbólicos" (Sarlo, "Lo popular como dimensión"). Y aún más, aquel *sensorium* que, según Benjamin, hace posible la experiencia cultural del nuevo público que nace con las masas. Podría hablarse entonces de una *estética de la repetición* que, trabajando la variación de un idéntico o la identidad de varios diversos, "conjuga la discontinuidad del tiempo del relato con la continuidad del tiempo relatado" (Calabrese, "Los replicantes" 70): aquel *sentimiento de duración* que inauguró el folletín del siglo XIX permitiendo al lector popular hacer tránsito entre el cuento y la novela "sin perderse". La serie y los géneros hacen ahora la mediación entre el tiempo del capital y el tiempo de la cotidianeidad.

La competencia cultural

En ningún otro lugar como en la televisión el contradictorio significado de *lo masivo* se hace tan explícito y desafiante: la juntura inextricable de lo que ahí es desactivación de las diferencias sociales y, por tanto, integración ideológica, y lo que en lo masivo hay de presencia de una matriz cultural y de un *sensorium* que asquea a las elites. Desconocer esa tensión al no ver sino la eficacia del mecanismo integrador y el juego de los intereses comerciales es lo que ha justificado, y sigue justificando, que a la hora de pensar las políticas culturales ni desde los gobiernos ni desde la oposición se incluya en ellas a la televisión. Pues la televisión no sería un asunto de cultura, sólo de comunicación. Y como prueba arguyen: ¿dónde están las *obras valiosas* que ha producido la televisión? ¿Acaso en esas versiones de los clásicos que hacen los ingleses o en esos melodramas pseudohistóricos de los norteamericanos?. Y otra vez, como planteara Benjamin a propósito de la fotografía, los mandarines de la cultura seguirán preguntándose si acaso la televisión puede ser considerada cultura mientras, nos guste o no, es la noción misma de cultura, su significación social, la que está siendo modificada por lo que se produce en la televisión. Escapando a esa ceguera, un extraño y pionero trabajo de P. Fabri introducía hace ya unos años en el debate algunas claves para la comprensión de la especificidad cultural de lo masivo: "Mientras en la cultura culta la obra está, al menos hoy, en contradicción dialéctica con su género, en la cultura de masas la regla 'estética' es aquella de la mayor adecuación al género. Se podría afirmar que el género es justamente la unidad mínima del contenido de la comunicación de masas (al menos a nivel de la ficción pero no solamente) y que la demanda de mercados de parte del público (y del medio) a los productores se hace a nivel del género. Para los investigadores es a través de la percepción del género como se accede al sentido latente de los textos massmediáticos" (Fabri, "Le comunicazioni di massa" 77). En la base de esta propuesta está la tipología de las culturas elaborada por Yuri M. Lotman: la diferenciación entre una cultura *gramaticalizada* —aquella que remite la intelección y fruición de una obra a las reglas explícitas de la gramática de su producción— y una cultura *textualizada*: en la que el sentido y el goce de un texto remite siempre a otro texto, y no a una gramática, como sucede en el folclor, en la cultura popular y en la de masas. De la misma manera que la mayoría de la gente va a ver cine, esto es, un film policíaco o de ciencia-ficción o de aventuras, del mismo modo la dinámica cultural de la televisión actúa por sus *géneros*. Desde ellos activa la competencia cultural y a su modo da cuenta de las diferencias sociales que la atraviesan. Los géneros, que articulan narrativamente las serialidades, constituyen una mediación fundamental entre las

89

lógicas del sistema productivo y las del consumo, entre las del formato y las de los modos de leer, de los usos.

El consumo desborda la comunicación

"Lo que indagamos es cómo la violencia del orden se hace tecnología disciplinaria, pero tambien red de antidisciplina, posibilidad de juego, de resistencia, de desplazamiento".

Michel de Certeau

Lo que el estudio de los usos sociales introduce en la investigación de los procesos y práticas de comunicación, al menos en América Latina, tiene muy poco que ver con aquel análisis denominado por E. Katz "de los usos y gratificaciones". Pues de lo que se trata justamente es de sacar el estudio de la recepción del espacio acotado por una definición de la comunicación en términos de mensajes que circulan, de efectos y de reacciones, para reubicarlo en el campo de la cultura: de los *conflictos* que ella articula, de los *mestizajes* que la tejen y las *anacronías* que la sostienen, y por último del modo en que trabaja la hegemonía y las resistencias que moviliza, del rescate entonces de los modos de apropiación y réplica al discurso dominante. Hay sin embargo intentos como el de Miguel de Moragas por repensar desde la comunicación el espacio de la recepción, al reubicarlo en el terreno de los retos que la transformación tecnológica le plantea a la democratización de la sociedad e introducir la propuesta de una tipología de "ámbitos de recepción" para pensar los diferentes tipos de competencia comunicativa en cuanto "activación o freno de la participación social, cuestión fundamental para una política democrática de los medios y que no consiste únicamente en la democratización de su control, sino también en la democratización de su uso" (Moragas, "Transformación tecnológica" 20).

Un concepto clave a repensar aquí es entonces el de consumo. En sus trabajos Néstor García Canclini, siguiendo de cerca la concepción elaborada por Bourdieu pero rebasándola para dar entrada a la producción en las culturas populares de América Latina, hace una propuesta no culturalista pero tampoco reproductivista del consumo. Frente a las teorías funcionalistas de la recepción comienza por dejar claro que "no se trata sólo de medir la distancia entre los mensajes y sus efectos sino de construir un análisis integral del consumo, entendido como el conjunto de los procesos sociales de apropiación de los productos" (García Canclini, "Gramsci con Bourdieu" 74). No estamos, pues, ni en el terreno de la "compulsión consumista", ni en el del repertorio de actitudes y gustos que recogen y clasifican las encuestas de mercado, pero tampoco en el de la implosión y la simulación baudrillardianos. El espacio de la reflexión sobre el consumo es el espacio de las prácticas cotidianas en cuanto *lugar de interiorización muda de la desigualdad social*, desde la relación con el propio cuerpo hasta el uso del tiempo, del *hábitat*, y la conciencia de lo posible en cada vida, de lo alcanzable e inalcanzable. Pero lugar también de la impugnación de esos límites, de expresión de los deseos, de subversión de códigos y movimientos de la pulsión y del goce. El consumo no es únicamente reproducción de fuerzas sino lugar de producción de sentido, de una lucha que no se agota en la posesión ya que es el uso el que da forma social a los productos al inscribir en ellos demandas y dispositivos de acción que movilizan las diferentes competencias culturales. En esa dirección Michel de Certeau ha elaborado un análisis de los usos sociales que, siempre en relación a un sistema de prácticas, pero también a un momento y a un lugar, permite abordar la cuestión de los *sujetos*. Se trata del análisis de esa otra cara de la cotidianeidad que es la de la creatividad dispersa, oculta, la de la productividad inserta en el consumo, la de esos "modos de hacer" que, reacios a dejarse medir en términos estadísticos, remiten a la cultura popular en cuanto *resto* hecho de saberes inservibles a la colonización tecnológica y *estilo*: mezcla de "inventiva técnica y resistencia moral" (Certeau, *L'invention du quotidien* 70 y ss.) visible en las maneras de sobrevivir, de caminar la ciudad, de habitar la casa, de ver la televisión.

    Otra vertiente teórica integrada en esta reflexión es aquella que propone una nueva concepción de *lectura*, desarrollada a partir de las líneas de pensamiento de H. R. Hauss y W. Iser, y presente especialmente en los trabajos de Beatriz Sarlo,[59] en los que se propone el abordaje de los diferentes lectores sociales. Si la lectura es aquella actividad por medio de la cual "los significados se organizan

---

[59] Beatriz Sarlo, "Crítica de la lectura: ¿un nuevo canon?". *Punto de vista* 24 (Buenos Aires, 1985); *El imperio de los sentimientos*. Buenos Aires: Catálogos, 1984.

en un sentido" resulta que en la lectura —como en el consumo— no hay sólo reproducción sino también producción, una producción que cuestiona la centralidad atribuida al texto–rey y al mensaje entendido como lugar de la verdad que circularía en la comunicación. Poner en cuestión esa centralidad del texto y el mensaje implica asumir como constitutiva la *asimetría* de demandas y competencias que se encuentran y negocian en el proceso de comunicación. Lo que a su vez permite restituir a la lectura la legitimidad del *placer*: no a la lectura culta únicamente sino a aquella lectura popular cuyo placer radica en la repetición y un reconocimiento en el que hablan el goce y la resistencia, esto es la obstinación del gusto popular en una narrativa que es a la vez materia prima para los formatos comerciales y dispositivo activador de una competencia cultural.

El camino recorrido por el análisis de los usos sociales de lo masivo en Latinoamérica tiene una aproximación pionera en los trabajos de Carlos Monsiváis que caracterizan a la cultura popular urbana como "la manera y los métodos en que colectividades sin poder político ni representación social asimilan los ofrecimientos a su alcance, sexualizan el melodrama, derivan de un humor infame hilos satíricos, se divierten y se conmueven sin modificarse ideológicamente, vivifican a su modo su cotidianeidad y tradiciones convirtiendo las carencias en técnica identificatoria (...) La cultura popular no es la suma mecánica de los ofrecimientos de una industria sino la manera en que una colectividad asume y asimila transformándolos en búsqueda de derechos: al trabajo, al humor, a la sexualidad, a la vida ciudadana" (Monsiváis, "Notas sobre el Estado" 42). Y a propósito de los usos populares del cine, Monsiváis desarrollará su propuesta de un análisis que se desplaza desde el medio hacia los modos cómo el público mayoritario de ese cine lo resintió, especialmente entre los años treinta y los cincuenta: no como un fenómeno artístico o industrial específico sino como "la posibilidad de experimentar, de adoptar nuevos hábitos y de ver reiterados (y dramatizados con las voces que le gustaría tener y oír) códigos de costumbres" (46). Al cine la gente irá a *verse*, en unas imágenes que —más allá de lo reaccionario de los contenidos y los esquematismos de forma— le proponen al público modos de hablar y de moverse, de reconocerse mexicanos. Con todas las mitificaciones y los chauvinismos que ahí se alientan, pero también con lo vital que resultaría esa identidad para unas masas urbanas que, a través de ella, amenguan el impacto de los choques culturales y por primera vez conciben el país a su imagen. En una muy parecida dirección va la investigación de los brasileños E. Squeff y J. Wisnik acerca de lo que hizo posible el reconocimiento social y nacional de la música negra, el samba, en Brasil. Despreciada por las elites que la consideraban degradante y obscena, y reducida a "folclor" por los populistas, la música negra se toma la ciudad de la mano de unas masas urbanas desarraigadas, de gustos degradados, y del "sucio" mercado de la radio y el disco. Y en la complicidad de medios y masas populares el ritmo negro se incorpora al hacer cultural del país, a una cultura urbana "que procede por apropiaciones polimorfas y el establecimiento de un mercado musical donde lo popular en transformación convive con elementos de la música internacional y de la cotidianeidad ciudadana" (Squef y Wisnik, O nacional e o popular 148). Fueron los usos urbano-populares de esa música los que lograron arrancarla al mito de lo primitivo y la convirtieron de fenómeno comercial en campo de intercambio y afirmación cultural. Un largo circuito de "negociaciones" entre ideologías, comercio y argucias culturales carga el recorrido que del candomblé conduce el ritmo negro hasta el logro de su ciudadanía. Y las contradicciones acumuladas en esa travesía no son pocas, pero ellas forman parte de las estratagemas que hacen el camino de los sectores populares hacia su reconocimiento social.

En los últimos años, el estudio de los usos sociales en el campo de la comunicación está siendo aplicado mayoritariamente a la televisión. La evolución sufrida por esos estudios y de lo que en ellos ha implicado el reconocimiento de la naturaleza heterodiscursiva de la televisión está reconduciendo la investigación hacia la indagación acerca del sentido que pone el contexto histórico-cultural en la elaboración que el televidente hace de los diversos programas televisivos. Y en esa línea de trabajo se mueven no pocas de las investigaciones que se realizan actualmente sobre los modos de apropiación de la telenovela (Martín-Barbero, "La telenovela en Colombia"). Pues como ningún otro género la telenovela funciona por fuera de su ámbito propiamente textual remitiendo su sentido a una multiplicidad de espacios y operaciones de circulación y resemantización dentro y fuera de la causa. Las preguntas que vertebran la investigación serán entonces: ¿qué espacios y qué actores intervienen en la circulación y resemantización de la telenovela?, ¿sobre qué dimensiones del relato y del discurso se centra la atención y el interés?, ¿qué tipo de personajes catalizan las redes y señas de identificación?, pero también ¿qué dimensiones de la vida interpela, en qué preocupaciones, miedos, expectativas ancla? Y aunque los hábitos de clase no agotan la diversidad de los modos de ver la telenovela muchas de las investigaciones inician la respuesta a esos interrogantes construyendo el mapa que esos hábitos marcan en la organización del tiempo y el espacio cotidianos: ¿qué lugar ocupa el televisor en la casa: central o marginal, preside la sala en que se hace vida social o se refugia en el espacio privado de los dormitorios o estudios? La lectura de esa topografía posibilita la elaboración de una topología simbólica en términos de clases sociales. Del mismo modo es posible una tipología social de los tiempos de uso de la televisión: desde la pantalla encendida todo el día hasta el encendido únicamente para ver el noticiero o la serie de la BBC, hay una gama de usos que no tiene que ver sólo con la cantidad de tiempo dedicado sino con el tipo de tiempo, esto es con el significado social de ese tiempo y con la clase de demandas que los diferentes sectores sociales hacen a la televisión. Pero en los usos no habla solamente la clase social, hablan también las competencias que atraviesan las clases por vía de la educación formal y los "dialectos" locales: saberes y gramáticas de la diversidad cultural que median la lectura de los jóvenes y los adultos, los hombres y las mujeres, los campesinos y los de la ciudad, los indígenas, los negros, los costeños, los llaneros, etc.

De la recepción al consumo cultural

¿A qué responde el enorme interés actual de investigadores y estudiosos de la comunicación por los procesos de recepción y consumo? Razones teóricas, experiencias culturales y hechos sociales se entrecruzan ahí catalizando el nuevo sentido de los procesos de comunicación en las sociedades fin de siglo. Cambios profundos en el sistema de comunicación acarreados por la globalización del mercado y la "interconexión universal" de los circuitos vía satélite e informática se ven acompañados de una "liberación" de las diferencias que es a su vez fragmentación creciente del hábitat cultural.

La comprensión de esos cambios rebasa el paradigma comunicativo, ya sea el de la transmisión o el de los efectos, exigiendo

al sur de la modernidad

un acercamiento transdisciplinario capaz de asumir —en el cruce de las preguntas tanto como en el de los métodos— su envergadura histórica y antropológica. En esa dirección trabajan múltiples investigaciones actualmente. Desde el punto de vista conceptual se plantea la cuestión de las muy diversas racionalidades —económicas, políticas, y simbólicas— que regulan las formas del consumo y las modalidades de la recepción. Desde el punto de vista metodológico las nuevas investigaciones —sobre audiencias de radio y televisión o sobre los cambios en el espectador de cine— dan cuenta de los desplazamientos que el análisis del consumo produce en los estudios de comunicación, así como también de la riqueza que contiene este nuevo campo.

Como reacción frente al racionalismo frankfurtiano y el mecanicismo economicista, rescatador de la creatividad de los sujetos, de la complejidad de la vida cotidiana y del carácter interactivo y lúdico de la relación de los usuarios con los medios, el estudio de la recepción y el consumo comporta sin embargo —en estos tiempos de posmodernidad y neoliberalismo— la tentación de creer que finalmente "el poder reside en el consumidor". Desmontar esa creencia no significa disolver la especificidad del momento y las prácticas del consumo sino ubicarla en la red de razones, condiciones y escenarios en que se produce. Especialmente en algunos de sus últimos trabajos, García Canclini[60] propone insertar la racionalidad económica de la expansión del capital y la reproducción de la fuerza de trabajo en el triple escenario político, simbólico y comunicativo en que las clases y los grupos compiten por la *apropiación* del producto social, organizan su *distinción* como sujetos individuales y colectivos, y se *integran* intercambiando significados, compartiendo el sentido mediante rituales cotidianos que más que en las tradicionales y fuertes comunidades de antaño se apoyan hoy en "móviles pactos de lectura". Mirando esos mismos procesos desde las transformaciones del espacio trasnacional, Michèle y Armand Mattelart[61] salen al paso de un análisis de la recepción en el que audiencias y medios parecerían

---

[60] Véase de este autor: "El consumo sirve para pensar". *Diálogos de la Comunicación* 30 (Lima, 1991); *Consumidores y ciudadanos*. México: Grijalbo, 1995 y sus textos incluidos en *El consumo cultural en México*. México: Conaculta, 1993.
[61] Armand y Michèle Mattelart, *Pensar sobre los medios*. Madrid: Fundesco, 1987; Armand Mattelart, *La communication-monde*. París: La Decouverte, 1991.

constituirse recíprocamente sin ningún tipo de determinación "externa". Con lo que, de apertura a dimensiones nuevas del campo, el paradigma de la recepción activa podría llegar a convertirse en la más sofisticada forma de separar la recepción de la producción, e incluso de evacuar la cuestión de la producción. Lo que en el internacionalizado mundo en que vivimos equivaldría a olvidar la *desigualdad del intercambio* en nombre de la libertad de lectura. Cuestionar la idea del emisor omnipotente no debe confundirse con, ni hacerle el juego a, un neoliberalismo según el cual no hay nada que regular políticamente en el mercado ni ninguna necesidad de intervenir en la producción. Pues eliminados del análisis del consumo las lógicas económicas y políticas, lo que se nos desfonda es la existencia misma del *socius* en que se funda la comunicación. Reflexión radical que nada tiene de apocalíptica pues de lo que se trata es de que el reconocimiento del sujeto y la cotidianeidad, de la interacción y la implicación sensorial que entretejen y sostienen los usos y las lecturas no acaben disolviendo la comunicación en un juego de solitarios placeres mediados por espejos.

Elizabeth Lozano ("Del sujeto cautivo") ha trazado, desde los Estados Unidos, el mapa y la trayectoria de la difícil conformación del análisis cualitativo o cultural de la recepción. ¿Cuál puede ser el estatuto teórico de un análisis que se debate entre la imagen positivo-positivista de una audiencia muda, inactiva, cautiva, y el estallido posmoderno del sujeto equiparando recepción con dispersión de unas audiencias errantes? Parecería sin embargo que también para abordar esa *errancia* el consumo sería el concepto, o al menos "la metáfora que con sus implicaciones de multiplicidad, simultaneidad e intermitencia" resulta más adecuada. Pero asumiendo los desplazamientos que ello implica: el alejamiento del "modelo" comunicativo y el acercamiento al análisis cultural de Bourdieu, Bakhtin y de Certeau. Esto es colocar en el eje de la investigación la pregunta por la organización de las prácticas cotidianas de los diversos grupos sociales que configuran los capitales culturales, los sexos, las edades, etc. y desde ahí sus lecturas. Desde Europa, Mauro Wolf ("Tendencias actuales") se ha hecho cargo de los nuevos parámetros que introduce en la investigación de la comunicación el estudio cualitativo de la audiencia. Estudios en los que la novedad más significativa proviene de la "visibilidad y concreción analítica" que adquieren los múltiples procesos sociales que dan significado a la actividad del uso de los medios. Lo que implica un enorme giro en la orientación de una *communication research* que infería los efectos sociales a partir del análisis de los contenidos o del lenguaje de los medios mientras ahora empieza a pensar la comunicación desde la compleja dinámica de elementos heterogéneos que entran en juego en el proceso y desde la negociación en que se elabora su relevancia social y su sentido. Pero si el consumo ha adquirido la significación y el peso que hoy tiene en la investigación, ello obedece en gran medida a que las modificaciones en el sistema de la comunicación se producen justamente ahí, en el movimiento de globalización de los mercados y fragmentación de los consumos. De ahí la importancia de la renovación teórica y metodológica de modo que la investigación pueda hacerse cargo verdaderamente y no sólo retóricamente de los nuevos problemas: esto es, de las formas de agrupación social que los medios contribuyen hoy a modificar y legitimar.

En las nuevas investigaciones podemos relevar tres elementos que de una forma u otra las atraviesan: la inserción del proceso de recepción en una historia cultural que pone fondo y contexto a las prácticas de lectura y consumo, la importancia de los géneros en cuanto articuladores de las prácticas de recepción con el espacio y las lógicas de la producción, estrategias de anticipación de las expectativas y "pacto simbólico" entre la industria y los públicos, y el rescate de los actores sociales "concretos" que participan en, y se rehacen con, el proceso de recepción en cuanto proceso de producción e intercambio cotidianos de sentido. Partir del lector ha sido una clave importante en la revaloración cultural que ha ganado la hasta hace poco denominada subliteratura, pues ello implica preguntarse por qué esos subvalorados relatos gustan tanto, esos que aunque narran la desdicha dan felicidad. Y la necesidad entonces de que el análisis dé cuenta tanto de los rasgos y dispositivos que en el texto "responden" al horizonte cultural de las expectativas del lector como del pacto que anuda en el mundo popular la prosa de la vida al placer de leer, haciendo de éste una iniciación a la literatura y a formas de vida más plenas. Dimensión constitutiva de la recepción que ha sido especialmente explorada por María Cristina Mata[62] en

---

[62] Véase "Radio: memorias de la recepción". *Diálogos de la comunicación* 30; de la misma autora ver: "Interrogaciones sobre el consumo mediático". *Nueva sociedad* 140 (Caracas, 1995).

su reconstrucción de las memorias populares de la radio. Reconstrucción de una historia, o mejor de una experiencia que se constituye en modo de acceso a una historia de los "gustos" populares. Cuestión central a la hora de plantearse qué en el reconocimiento que los públicos populares experimentan es simulacro y ajuste a la imagen que el emisor diseña, y qué es referencia a un *nosotros* en cuya percepción la radio juega su papel al servir a la recreación de una socialidad y al insertar su consumo en un particular universo cultural. Guiado por la misma preocupación, el carácter constitutivo de la recepción, Guillermo Orozco[63] ubica el marco de la investigación en una sistemática indagación de las mediaciones que hacen la interacción entre televisión y audiencia. Mediación *tecnológica* que introduce su "forma cultural" de construir la representación, la verosimilitud, etc. *cognoscitiva*, conformada por mapas mentales, guiones de interacción y universos de significación; *situacional*, entendida no sólo en su dimensión física sino de pautas para ver y de prácticas que desbordan el tiempo y el espacio del ver televisión; *institucional* en tanto que, para la investigación aquí tematizada, abarca especialmente el hogar y la escuela como "comunidades de apropiación", de *referencia* configurada por el estrato social y el territorio, la edad y el sexo, a la vez condiciones de existencia y horizonte cultural.

Convertido en el área más polémica, el estudio de *la recepción y el consumo cultural* se ha transformado también en el más fuertemente revelador de algunos de los cambios de fondo que está viviendo la investigación de la comunicación. Pues al confundirlo con la *etapa* que, en la escuela norteamericana, se adjudicó primero al paradigma de los "efectos" y después al de "usos y gratificaciones", se pierde justamente lo que desde América Latina se busca plantear: la recepción/consumo como *lugar epistemológico y metodológico* desde el que repensar el proceso entero de comunicación. Pero al identificar esa propuesta, en no pocas investigaciones, con una especie de hipóstasis de la recepción, se acaba confundiendo el rescate de su actividad con el sofisma publicitario del omnímodo

---

[63] Véase *Recepción televisiva. Tres aproximaciones para su estudio.* México: Universidad Iberoamericana, 1991; del mismo autor-coordinador, *Televidencia. Perspectivas para el análisis de la recepción televisiva.* México: Universidad Iberoamericana, 1994.

poder del consumidor. Sin embargo, de lo que se trata es de indagar lo que la comunicación tiene de intercambio e *interacción entre sujetos* (39-68)[64] socialmente construidos, y ubicados en condiciones y escenarios que son, de una y otra parte y aunque asimétricamente, *producidos y de producción;* sujetos que por lo tanto se ubican en espacios de poder, objeto de disputas, remodelaciones y luchas por la hegemonía. Y de otro lado, se trata de comprender las *formas de socialidad* que se producen en los *trayectos del consumo* (Ramírez y Muñoz, *Trayectos del consumo*), en lo que éstos tienen de competencia cultural, hecha pensable desde una etnografía de los usos que investiga los movimientos de ruptura y de continuidad, de enraizamiento y deslocalización, así como las memorias cortas y largas que los atraviesan y sostienen. Perspectiva que resulta especialmente *prospectiva* al aplicarla a los trayectos culturales de la generación joven, esos que se constituyen en gran medida en la conexión/desconexión con las tecnologías y su capacidad de insertarse en la velocidad de los tiempos.

---

[64] Véase M. W. de Sousa (org). *Sujeito, o lado oscuro do receptor.* São Paulo: Brasiliense, 1995; ver nuestro propio texto en ese libro: "América Latina e os anos recentes: o estudo da recepção em comunicação social". *Sujeito, o lado oscuro do receptor.* São Paulo: Brasiliense, 1995.

II. DESCENTRAMIENTOS DE LA MODERNIDAD

"Abstraer la modernización de su contexto de origen no es sino un reconocimiento de que los procesos que la conforman han perdido su centro para desplegarse por el mundo al ritmo de formación de los capitales, la internacionalización de los mercados, la difusión de los conocimientos y las tecnologías, la globalización de los medios de comunicación masiva, la extensión de la enseñanza escolarizada, la vertiginosa circulación de las modas y la universalización de ciertos patrones de consumo". José Joaquín Brunner

"El marginado que habita en los grandes centros urbanos, y que en algunas ciudades ha asumido la figura del sicario, no es sólo la expresión del atraso, la pobreza o el desempleo, la ausencia del Estado y de una cultura que hunde sus raíces en la religión católica y en la violencia política. También es el reflejo, acaso de manera más protuberante, del hedonismo y el consumo, de la cultura de la imagen y la drogadicción, en una palabra de la colonización del mundo de la vida por la tardomodernidad". Fabio Giraldo

1. Globalización comunicacional y desencanto cultural

¿Desde *dónde* pensar la globalización si es el sentido mismo del *lugar* el que con ella está cambiando? ¿Qué saberes movilizar cuando son categorías centrales de las ciencias sociales las que, según Octavio Ianni, pierden su validez al asumir que "el globo ha dejado de ser una figura astronómica para adquirir plenamente significación histórica"? (*Teorías de la globalización* 3). A los desafíos teóricos se entrelazan los políticos: ¿cómo pensar la envergadura de los cambios que la globalización produce en nuestras sociedades sin quedar atrapados en la ideología neoliberal que orienta y legitima su actual curso, sin convertirnos en "intelectuales orgánicos de la globalización"? Confundida por muchos con el viejo y persistente imperialismo, asimilada a la transnacionalización, o mejor a la expansión acelerada de las lógicas y las empresas transnacionales, identificada con la revolución tecnológica y con el impulso secreto de la posmodernidad, la globalización diluye sus contornos hasta hacerse inasible en medio de una infinita proliferación de artículos y libros a cual más decepcionantes. Los imaginarios de la globalización preparan y refuerzan la globalización de los imaginarios, ya sean los que alientan su visión como la última utopía o los que la identifican con la más terrorífica de las pesadillas. Contemporáneos de un fin de siglo, y de milenio, quizá de lo que habla el vértigo de los discursos sea de la sensación del "fin de un mundo" y del brumoso horizonte de otro que, por más oscuro y contradictorio que aparezca, estamos necesitados de pensar.

Mirando desde Latinoamérica

A diferencia del proceso que hasta los años setenta se definió como imperialismo, la globalización redefine las relaciones centro/ periferia: lo que la globalización nombra ya no son movimientos de *invasión* sino transformaciones que se producen desde y en lo nacional y aun en lo local. Es desde dentro de cada país que no sólo la economía sino la cultura se mundializa. Lo que ahora está en juego no es una mayor difusión de los productos sino la rearticulación de las relaciones entre países mediante una descentralización que concentra poder económico y una deslocalización que hibrida las culturas.
    En América Latina la globalización es hoy percibida sobre dos escenarios: el de la *apertura nacional* exigida por el modelo neoliberal

hegemónico, y el de la *integración regional* con que nuestros países buscan insertarse competitivamente en el nuevo mercado mundial. Ambos colocan la "sociedad de mercado" como requisito de entrada a la "sociedad de la información". El escenario de la *apertura económica* se caracteriza por la desintegración social y política de lo nacional. Pues la racionalidad de la modernización neoliberal sustituye los proyectos de emancipación social por las lógicas de una competitividad cuyas reglas no las pone ya el Estado sino el mercado, convertido en principio organizador de la sociedad en su conjunto. Y ¿cómo construir democracia en países donde la polarización social se profundiza colocando al cuarenta por ciento de la población por debajo de los niveles de pobreza?; ¿qué viabilidad pueden tener proyectos nacionales cuando los entes finacieros trasnacionales sustituyen a los Estados en la planificación del desarrollo? El crecimiento de la desigualdad atomiza la sociedad deteriorando los mecanismos de cohesión política y cultural, y desgastadas las representaciones simbólicas "no logramos hacernos una imagen del país que queremos, y por ende la política no logra fijar el rumbo de los cambios en marcha" (Lechner, "América Latina" 124).

En el escenario de la *integración latinoamericana*, aun estando estrechamente unida por la lengua y por largas y densas tradiciones, la integración económica está fracturando la solidaridad regional, especialmente por las modalidades de *inserción excluyente*[65] de los grupos regionales (TLC, Mercosur) en los macrogrupos del Norte, del Pacífico y de Europa. Las exigencias de competitividad entre los grupos están prevaleciendo sobre las de cooperación y complementariedad regional, lo que a su vez se traduce en una aceleración de los procesos de concentración del ingreso,de reducción del gasto social y deterioro de la esfera pública.

Mientras en Europa pasa al primer plano la *excepción cultural* con que se busca defender los derechos de las culturas —incluidas las de las *naciones sin Estado,* esas identidades diluidas o subvaloradas en el proceso de integración de los Estados nacionales-

---

[65] Véase J. Saxe-Fernández, "Poder y desigualdad en la economía internacional". *Nueva Sociedad* (Caracas, 1996): 62 y ss.; también, M. Castells y R. Laserna, "La nueva dependencia: cambio tecnológico y reestructuración socioeconómica". *David y Goliath* 55 (Buenos Aires, 1989).

al sur de la modernidad

impulsando para ello un fortalecimiento público de su capacidad de producción audiovisual[66] — la integración latinoamericana por el contrario, al obedecer casi únicamente al interés privado, está llevando su producción audiovisual a un movimiento creciente de neutralización y borramiento de las señas de identidad regionales y locales. ¡Paradoja! La presencia en el espacio audiovisual del mundo de empresas como la mexicana Televisa o la brasileña Redeglobo se hace a costa de moldear la imagen de estos pueblos en función de públicos cada día más neutros e indiferenciados.

Si hay un movimiento poderoso de superación de barreras y disolución de fronteras es el que pasa por las tecnologías de la información y la comunicación. Pero son justamente esas tecnologías las que más fuertemente aceleran la integración de estos países a una economía-mundo que, al mismo tiempo que supedita la integración latinoamericana a la más pura y dura lógica del mercado, hace de lo nacional un marco cada día más insuficiente para aprovechar la *revolución tecnológica* o para defenderse de ella. Las contradicciones latinoamericanas que atraviesan y sostienen su globalizada integración desembocan decisivamente en la pregunta por el peso que las industrias del audiovisual están teniendo en estos procesos. Pues esas industrias juegan en el terreno estratégico de *las imágenes que de sí mismo se hacen estos pueblos y con las que se hacen reconocer de los demás.* ¿Qué significa en esa perspectiva el enorme y disperso crecimiento de canales de televisión y de la oferta en horas de programación, o el que en varios países de Latinoamérica haya más video-grabadoras por habitante que en Bélgica o Italia, si ello va acompañado de una reducción en los porcentajes de producción endógena y de una creciente homogeneización de lo que se importa?

Son exigencias del modelo que impone la globalización las que orientan esos cambios y se evidencian en el reordenamiento privatizador de los sistemas nacionales de televisión en todo el

---

[66] Véase M. Bassand y otros, *Culturas y regiones en Europa*. Barcelona: Ecos-Tau, 1990; Philip Schlesinger, "La europeidad: un nuevo campo de batalla". *Estudios de culturas contemporáneas* 16/17 (México, 1994): 121-140; M. de Moragas, "Identitat cultural, espais de comunicació i participació democrática. Una perspectiva des de Catalunya y Europa". *Comunicació social e Identitat cultural*. Barcelona: Universidad Autónoma de Barcelona,1988. 59-82; Dossier "FR3 regions: du local o transfrontier". *Dossiers de l'audiovisuel* 33 (Paris, 1990).

mundo: la expansión del número de canales, la diversificación y crecimiento de la televisión por cable, y las conexiones vía satélite, han acrecentado el tiempo de programación empujando una demanda intensiva de programas que abre aun más el mercado a la producción latinoamericana produciendo pequeñas brechas en la hegemonía televisiva norteamericana y en la división del mundo entre un Norte identificado con países productores y un Sur con países únicamente consumidores. Pero significa también el triunfo de la *experiencia del mercado* en rentabilizar la diferencia cultural para renovar las gastadas narrativas mediáticas.

También en Latinoamérica, como en cualquier la sociedad en proceso de globalización, la cultura emerge como el espacio estratégico de las tensiones que desgarran y recomponen el "estar juntos", los nuevos sentidos que adquiere el lazo social, y también como lugar de anudamiento e hibridación de todas sus manifestaciones: religiosas, étnicas, estéticas, políticas, sexuales. De ahí que sea desde la diversidad cultural de las historias y los territorios, de las experiencias y las memorias, desde donde no sólo se resiste sino se negocia e interactúa con la globalización, y desde donde se acabará por transformarla. Lo que galvaniza hoy a las identidades como motor de lucha es inseparable de la *demanda de reconocimiento y de sentido*. Y ni el uno ni el otro son formulables en meros términos económicos o políticos, pues ambos se hallan referidos al núcleo mismo de la cultura, en cuanto mundo del *pertenecer a* y del *compartir*. Razón por la cual la identidad se constituye hoy en la negación más destructiva, pero también más activa y capaz de introducir contradicciones en la hegemonía de la razón instrumental.

De ahí la necesidad de diferenciar, por más intrincadas que se hallen, las lógicas unificantes de la globalización económica de las que mundializan la cultura. Pues la mundialización cultural no opera desde afuera sobre esferas dotadas de autonomía como lo nacional o lo local. "La mundialización es un proceso que se hace y deshace incesantemente. Y en ese sentido sería impropio hablar de una 'cultura global' cuyo nivel jeráquico se situaria por encima de las culturas nacionales o locales. El proceso de mundialización es un fenómeno social total, que para existir se debe localizar, enraizarse en las prácticas cotidianas de los pueblos y los hombres" (Ortiz, *Mundialização e cultura* 32). La mundialización no puede confundirse

al sur de la modernidad

con la *estandarización* de los diferentes ámbitos de la vida que fue lo que produjo la industrialización, incluido el ámbito de la "industria cultural". Ahora nos encontramos ante otro tipo de proceso, que se expresa en la cultura de la *modernidad-mundo*, que es una nueva manera de estar en el mundo. De la que hablan los hondos cambios producidos en el mundo de la vida: en el trabajo, la pareja, la comida, el ocio. Esto se debe a que la jornada continua ha hecho imposible para millones de personas almorzar en casa, y porque cada día más mujeres trabajan fuera de ella, y porque los hijos se autonomizan de los padres muy tempranamente, y porque la figura patriarcal se ha devaluado tanto como se ha valorizado el trabajo de la mujer, que la comida ha dejado de ser un ritual que congrega a la familia, y desimbolizada, la comida diaria ha encontrado su forma en el *fast-food*. De ahí que el éxito de *McDonald's* o de *Pizza Hut* hable menos de la imposición de la comida norteamericana que de los profundos cambios en la vida cotidiana de la gente, cambios que esos productos sin duda expresan y rentabilizan. Pues desincronizada de los tiempos rituales de antaño y de los lugares que simbolizaban la convocatoria familiar y el respeto a la autoridad patriarcal, los nuevos modos y productos de la alimentación "pierden la rigidez de los territorios y las costumbres convirtiéndose en informaciones ajustadas a la polisemia de los contextos" (87). Reconocer eso no significa desconocer la creciente monopolización de la distribución, o la descentralización que concentra poder y el desarraigo que empuja las culturas a hibridarse. Ligados estructuralmente a la globalización económica pero sin agotarse en ella, se producen fenómenos de mundialización de imaginarios ligados a músicas, a imágenes y personajes que representan estilos y valores desterritorializados y a los que corresponden también nueva figuras de la memoria.

Imágenes del mundo, imaginarios de la técnica

Una primera incitación a pensar *el mundo* nos viene de la geografía, desde la que Milton Santos afirma que la ausencia de categorías analíticas y de historia del presente nos mantiene mentalmente anclados en el tiempo de las relaciones internacionales cuando lo que estamos necesitando pensar es *el mundo*, esto es el paso de la internacionalización a la *mundialización* (Santos, "Espaço, mundo globalizado, post-modernidade" 11). Proceso en el que las

107

tecnologías de la información tienen un papel crucial. Pues a la vez que intercomunican los lugares, transforman *el sentido del lugar en el mundo;* y al mismo tiempo que hacen de la cultura el gran vehículo del mercado, transforman al mundo en clave de un desafío epistemológico a las disciplinas sociales, desde la geografía a la historia, y aun la filosofía. Ya que por último de lo que habla la globalidad-mundo es de "una nueva manera de estar en el mundo" (Ortiz, *Mundalização e cultura* 87). Y ello tanto en el sentido que la categoría mundo ha tenido para los filósofos como para los sociólogos: la nueva significación del mundo ya no es asimilable "a lo real" (Vattimo, *La secularización de la filosofía*), ni derivable de la que hasta hace poco fue una de las categorías centrales de las ciencias sociales, la del Estado-nación. La globalización no se deja pensar como mera extensión cuantitativa o cualitativa de la sociedad nacional (Ianni, "Nação e globalização 97-125). No porque esa categoría y esa sociedad no sigan teniendo vigencia —la expansión y exasperación de los nacionalismos de toda laya así lo atestigua— sino porque el conocimiento acumulado sobre lo nacional responde a un paradigma que no puede ya "dar cuenta ni histórica ni teóricamente de toda la realidad en la que se insertan hoy individuos y clases, naciones y nacionalidades, culturas y civilizaciones" (Ianni, *Teorías de la globalización* 160). Las resistencias en las ciencias sociales a aceptar que se trata de un *objeto nuevo* son muy fuertes. De ahí la tendencia a subsumir ese objeto en los paradigmas clásicos,del evolucionismo al historicismo, y a focalizar sólo aspectos parciales —económicos o ecológicos— que parecerían seguir siendo comprensibles desde una continuidad sin traumas con la idea de lo nacional.

Es esa continuidad, de la que se nutren nociones como imperialismo, dependencia e incluso interdependencia, la que está encubriendo la necesidad de someter esas nociones a una profunda reformulación a la luz de los cambios radicales que atraviesan tanto la idea de soberanía como de hegemonía. El que hoy siga habiendo dependencias e imperialismos no significa que el escenario no haya cambiado sino que los viejos tipos de vínculos se hallan subsumidos y atravesados por otros nuevos que no se dejan pensar desde la transferencia de categorías como las de Estado, nación, territorio, región, etc. Las condiciones de desigualdad entre naciones, regiones y estados, continúan e incluso se agravan, pero ya no pueden ser pensadas al margen de la aparición de redes y alianzas que reorganizan tanto las estructuras estatales como los regímenes políticos y los proyectos nacionales.

Una segunda incitación viene de la visión de la tierra que nos procuró la cámara de un satélite, esa primera *imagen* que tuvimos del mundo "desde *el espacio*": tanto de aquel por el que se mueven los satélites y navegan los astronautas, como de ese otro que, comprimido por la aceleración del tiempo, está trastornando nuestros modos de percebir y de sentir. Esa primera imagen condensó las tensiones e hibridaciones que atraviesan y sostienen las relaciones de lo territorial y lo global, del lugar y del mundo, de la plaza y la televisión. Al mismo tiempo el mercado ponía en marcha una *globalización del imaginario* mediante la cual, según una investigadora brasileña, "se exporta territorio —Amazonia, banano y carnaval— mientras se importa la escena global que produce la tecnología (...) Estrategia que es responsable de la curiosa máscara que nos permite encontrar en el mundo la imagen de todos los territorios" (D'Alessio, "Do mundo como imagem" 48). Y cuya contraparte es el crecimiento acelerado del *no-lugar*, ese espacio en que los individuos son descargados del peso de la identidad interpelante o interpelada y exigidos únicamente de interacción con informaciones, textos o imágenes, que se repiten incesantemente de una punta a la otra del mundo (Augé, *Los "no lugares"* 81-119). Más lentos sin embargo que la economía o la tecnología, los imaginarios colectivos arrastran, conservan huellas y restos del *lugar* que intensifican las contradicciones entre viejos hábitos y destrezas nuevas, entre ritmos locales y velocidades globales.

Y una tercera incitación viene de la filosofia. El mundo, el universo tecnológico y cultural contemporáneo alumbra un nuevo universal no centrado, o cuyo centro está en cualquier lugar: "universo de la Pantopia" (Serres, Atlas 122) que, según Michel Serres, concentra todos los lugares en uno y cada uno es replicado en todos los demás. El viejo Leibniz podría ayudarnos a pensar las mediaciones que introduce la *simulación*: ese "juego de ausencias" que aparece "cuando la ciencia toma el lugar de la Verdad y se deshace de su propia 'naturalidad' aceptando plenamente su operación como potencia de artificio" (Tavares d'Amaral, *Contemporaneidad* 22), esto es capaz de inventar un mundo que en lugar de dejarse representar se da en la mediación que desde la técnica lo transforma en virtual.

109

La pregunta, de Heidegger, *por la técnica* como el último avatar de la metafísica resulta hoy mucho más reveladora que negativa: es hoy cuando la técnica ha dejado de ser mero utensilio, y nos habla de "su esencial relación con el develar en que se fundamenta todo producir" (Heidegger, "La pregunta por la técnica" 48-67). Lo que, traducido por Habermas al lenguaje sociológico, significa que "si la técnica se convierte en la forma global de producción, define entonces a toda una cultura, y proyecta una totalidad histórica, un mundo" (Habermas, *Ciencia y técnica* 65).

La pregunta por la técnica se nos vuelve cada día más crucial en la medida en que la diversidad de técnicas, constatada por los antropólogos, es aceleradamente sustituida por una mundialización de la tecnología, por su tornarse global. Claro que esa aceleración actual es engañosa pues encubre aquel largo proceso que de la revolución industrial, la de las máquinas, condujo a la de los signos, a la cibernética, y de ésta a la informática, a la revolución electrónica y digital. De todos modos es la rapidez de su difusión la que nos coloca en una situación nueva, caracterizada por dos rasgos: la ausencia de vínculos entre tecnología y herencias culturales, su instalación —no importa en que región o país— como elemento exógeno a las demandas locales, esto es como dispositivo de producción a escala planetaria, como *conector universal en lo global*; y en segundo lugar, su fuerte incidencia en la división internacional del trabajo trastornando a la vez las condiciones de producción y las relaciones centro/periferia al efectuar una rearticulación de las relaciones entre países mediante una des-centralización que concentra el poder económico y una des-localización que hibrida las culturas.

Tematizaremos aquí la primera característica por ser el rasgo más intrínseco a la nueva técnica, ese mediante el cual la tecnología habla del mundo, de su transformarse en tecnoesfera: de la técnica convertida en sistema que opera a través de las redes tecnológicas y la virtualidad que producen.

"El mundo aparece por primera vez como totalidad empírica por intermedio de las redes (...) pues en el proceso global de producción la circulación prevalece sobre la producción propiamente dicha. Incluso el patrón geográfico es definido por la circulación, ya que ésta es más densa, más extensa, y detenta el comando de los cambios de valor del espacio". (Santos, *A natureza de espaço* 215).

al sur de la modernidad

Lo que las redes ponen entonces en circulación son a la vez flujos de información y movimientos de integración a la globalidad tecnoeconómica, la producción de un nuevo tipo de *espacio reticulado* que debilita las fronteras de lo nacional y lo local al mismo tiempo que convierte esos *territorios* en puntos de acceso y transmisión, de activación y transformación del sentido del comunicar. No podemos entonces pensar las redes sin su intrínseca relación con el poder, tanto con el que según Foucault se ejerce ya no desde la verticalidad del trono sino desde la retícula cotidiana que ajusta los deseos, las expectativas y demandas de los ciudadanos a los regulados disfrutes del consumidor, como de aquel otro que al intensificar la división/ especialización/descentralización del trabajo intensifica la velocidad de circulación del capital, tanto del financiero como del productivo, de las informaciones, de las mercancías y los valores.

Virtuales de entrada, tanto en cuanto tejido que da forma forma al ciberespacio, como en el sentido ontológico de la *potencia* (Quéau, "La potencia de lo virtual" 51 y ss.): las redes se vuelven *reales* cuando son activadas, usadas para negociar o gestionar, para conversar o navegar. Frente a tanto tratado sabiondamente cientifista e irresponsablemente optimista sobre las virtud del espacio virtual, me quedo con el gesto pegagógico de Michel Serres al leer la Odisea como el primer relato sobre un navegante virtual, que nos cuenta "el deambular y los naufragios de un marino osado y astuto con el que su mujer se reunía en sueños, día y noche, tejiendo y destejiendo en su telar el mapa de los viajes de su marido. ¡El amante y la amante habían dejado de estar presentes! Mientras el primero navegaba por el mar real, la segunda soñaba en el espacio virtual de la red que iba urdiendo. Penelope urdía en el telar el atlas que Ulises atravesaba a remo y vela, y que Homero cantaba con la lira o la cítara" (Serres, *Atlas* 14). La singularidad del mundo que habitamos pasa por los espacios virtuales que, en otros tiempos, tejían los sueños y las representaciones, y ahora tejen también las redes de comunicación. Redes que no son sólo técnicas sino sociales, pues por el momento Internet sólo concierne a menos del 1% de la población, y aunque el crecimiento de los usuarios en América Latina es muy rápido, los tipos de usos diferencian radicalmente el significado social del estar enchufado a la red. Entre el peso de la información estratégica para la toma de decisiones financieras y la levedad del paseante extasiado ante las vitrinas de los bulevares virtuales ya hay un buen trecho,

111

que se hace mucho mayor cuando el crecimiento de la riqueza interior a la red es conectado con la acelerada pauperización social y psíquica que se vive en su exterior: en el lugar desde el que la gente se conecta a la red. Todo lo cual tiene poco que ver con las tan repetidas y gastadas denuncias de la homogeneización de la vida o la devaluación de la lectura de libros. Pues la virtualidad de las redes escapa a la razon dualista con la que estamos habituados a pensar la técnica, haciéndolas a la vez abiertas y cerradas, integradoras y desintegradoras, totalizadoras y destotalizantes, nicho y pliegue en el que conviven y se mezclan lógicas, velocidades y temporalidades tan diversas como las que entrelazan las texturas del relato oral, la intertextualidad de las escrituras y las intermedialidades del hipertexto (Lévy, *Les tecnologies de l'intelligence*).

¿Cuáles serían entonces los elementos a meter en un balance de la mutación que experimentamos? Una mirada crítica pero desde dentro nos asegura que el actual desarrollo tecnológico está trastornando tanto la imagen mental del mundo que habitamos como las coordenadas de la experiencia sensible: "el espacio que atraviesan nuestros itinerarios perceptivos se halla hoy estratificado segun la velocidad del medio tecnológico que usamos (...) pero la multiplicidad de temporalidades que vivimos no se hallan reguladas por la lógica interna del sistema técnico" (Manzini, *Artefacts* 27 y ss.). Ello significa entonces que nuestra inserción en la nueva mundanidad tecnológica no puede ser pensada como un automatismo de adaptación socialmente inevitable sino más bien como un proceso densamente cargado de ambigüedades, de avances y retrocesos. Un complejo conjunto de filtros y "membranas osmóticas" regula selectivamente la multiplicidad de interacciones que entrelazan los flujos entre los viejos y los nuevos modos de habitar el mundo.

Encuadrando el balance en el marco ecológico de lo que él denomina "el entorno artificial", E. Manzini retoma en positivo el concepto de *artefacto* (lo hecho con arte *vs* lo artificioso o engañoso) para pensar los nuevos modos en que las técnicas nos hablan, el progresivo desplazamiento de la profundidad de la materia y de las estructuras —desde la que nos interpelaban los objetos antiguos— hacia la superficie, desde la que nos hablan hoy los objetos convertidos en soportes de información. Lo artificial tiende así a devenir un *continum* de superficies cada vez más densamente interactivas. La conversión de la realidad en *espectáculo* arrancaría

al sur de la modernidad

ahí: no en el plano de la evasión o la simulación tramposa sino en el de una transformación tal de la imagen de la realidad que hace ineludible el preguntarnos "si ella amenaza en profundidad la existencia humana, hasta qué punto, o si al contrario representa una mutación antropológica de las que han marcado favorablemente la historia humana" (57). La toma de distancia crítica del vértigo en que nos sumergen las innovaciones tecnológicas empieza por romper el espejismo producido por el régimen de inmaterialidad que rige el mundo de las comunicaciones, de la cultura y del dinero, esto es la pérdida de espesor físico de los objetos haciéndonos olvidar que nuestro mundo está a punto de naufragar bajo el peso y el espesor de los desechos acumulados de toda naturaleza. Pero al mismo tiempo cualquier cambio en esa situación pasa por asumir la presencia y la extensión irreversible del entorno tecnológico que habitamos.

Por otra parte, no es cierto que la penetración y expansión de la innovación tecnológica en el entorno cotidiano implique la sumisión automática a las exigencias de la racionalidad tecnológica, de sus ritmos y sus lenguajes. De hecho, lo que está sucediendo es que la propia presión tecnológica está suscitando la necesidad de encontrar y desarrollar otras racionalidades, otros ritmos de vida y de relaciones tanto con los objetos como con las personas, en las que la densidad física y el espesor sensorial son el valor primordial. ¿De qué habla la obsesión por los deportes y los aeróbicos sino del esfuerzo por salir del malestar y reencontrarse con el propio cuerpo? Y la búsqueda de las medicinas alternativas o de "terapias de relaciones", más alla de la rentabilidad que el mercado está sabiendo sacar de todo ello, ¿no nos están señalando la importancia que ha recobrado el contacto y la inmediatez en la comunicación? (Rubert de Ventós, *De la modernidad* 12 y ss.). Cierto, la mediación tecnológica se espesa cada día más trastornando nuestra relación con el mundo, desterrando quizá para siempre el sueño griego de que el hombre sea "la medida de todas las cosas". Pero ese cambio no tiene su origen en la técnica, él hace parte de un proceso mucho más ancho y largo: el de la secularizadora racionalización del mundo que, según Weber, constituye el núcleo más duro y secreto del movimiento de la modernidad, proceso que tematizaremos después de examinar las nuevas condiciones del hábitat humano que producen los cambios en el espacio y en el tiempo.

Tensiones entre el tiempo y el lugar

> "En la disposición del territorio el *tiempo* cuenta más que el *espacio*, pero ya no se trata del tiempo local y cronológico, sino de un tiempo *mundial* que se opone tanto al espacio local como al espacio mundial del planeta. El 'espacio-mundo' de la geopolítica cede progresivamente su prioridad estratégica al 'tiempo-mundo' de una proximidad cronoestratégica sin intervalo ni antípodas".
>
> *Paul Virilio*

Las relaciones tiempo/espacio han servido de escenario a una vieja pugna entre las ciencias sociales y la estética, las primeras privilegiadoras del tiempo —como ámbito del cambio social, de la revolución, de la modernización— y la segunda, valoradora de la espacialidad en todas sus formas —escrita, plástica, escenográfica— y de una intemporalidad con la que el arte ha buscado defenderse del desgaste y la finitud. La filosofía por su parte muestra hasta nuestros días una permanente oscilación: frente al Foucault que mira el espacio como un multiplicado panóptico, lugar de la vigilancia, la disciplina y el castigo, Michel de Certeau introducirá pioneramente una concepción activa del espacio inspirada en la distinción lingüística entre lengua/habla: el *espacio* se define por el entrecruzamiento de vectores de dirección y de velocidad (presencia del tiempo) y por lo tanto como algo producido por operaciones y movimientos, como algo "practicado"; *lugar* en cambio es el equivalente de la palabra, ámbito de apropiación, de prácticas ya sean del habitar o el transitar (Certeau, *L'invention du quotidien* 208).

El tiempo aparece en realidad como elemento determinante de cambios en el momento en que la modernidad introduce el *valor-tiempo* tanto en la aceleración del ritmo de los procesos económicos, como en el de la innovación técnica y estética, poniendo en marcha una contradicción central: la aceleración de la novedad acelera también la propia obsolescencia de lo nuevo. La compresión tiempo-espacio, que acelera el ritmo de la vida, a la vez que tiende a borrar linderos y barreras espaciales, está ya presente en la experiencia temprana de la modernidad. Pero un otro elemento hace parte también de esa experiencia: el impulso racionalizador del espacio

al sur de la modernidad

urbano tanto en su expresión pública como en su apropiación privada, esto es la *producción de espacio* (para la industria, los transportes, las comunicaciones) como ámbito específico de creación de riqueza y de entrelazamiento entre racionalización e innovación estética, que es explícitamente el de la arquitectura, ya sea en Le Corbusier o en la Viena fin de siglo.

David Harvey ("The experience of space and time" 201-327) ha reconstruido el recorrido que sigue el estrechamiento de los lazos entre la compresión del tiempo/espacio y las lógicas de desarrollo del capitalismo. Recorrido del que hacen parte tanto las grandes Exposiciones de 1851 en Francia y de 1893 en Estados Unidos, como la invención y aplicación de "la línea de montaje" por Ford, primera aparición del dispositivo de *fragmentación* al servicio de la aprehensión globalizada de la producción en serie. También el arte y la literatura que con Picasso, Braque, Joyce, Proust, incorporarán muy pronto la fragmentación del espacio y del relato abandonando tanto el espacio plano de la pintura como la narración lineal. El resultado de ese entrelazamiento de lógicas va a ser un proyecto de espacio nuevo, que rompiendo por primera vez con nacionalismos y localismos proclama al modernismo estético como una dimensión del internacionalismo revolucionario.

Pero no será hasta comienzos de los años setenta cuando el sentido de la espacialidad sufra cambios de fondo. El ámbito determinante de ese cambio son las nuevas condiciones del capitalismo: "las condiciones de una *acumulación flexible*", hecha posible por las nuevas tecnologías productivas y las nuevas formas organizacionales conducentes a una descentralización que es *desintegración vertical* de la organización del trabajo—multiplicación de las sedes, subcontratación, multiplicación de los lugares de ensamblaje— y a una creciente centralización financiera. Del otro lado, aparecen por esos mismos años los "mercados de masa" introduciendo nuevos estilos de vida aparentemente democratizadores pero cuyos productos son la más clara expresión del proceso de racionalización del consumo, pues aceleran la obsolescencia no sólo de los productos sino de los estilos de vida y de moda, y hasta de las ideas y los valores. "Lo que preocupa ahora al capitalismo en forma predominante es la producción de signos y de imágenes (...) La competencia en el mercado se centra en la construcción de imágenes, aspecto que se vuelve tan crucial o más

115

que el de la inversión en nueva maquinaria" (Harvey 288). Las restructuraciones del espacio no significarían entonces su devaluación frente al tiempo —como piensa Virilio (*Estética de la desaparición*)— sino un cambio profundo en su significación social: "la paradoja de que cuanto menos decisivas se tornan las barreras espaciales tanto mayor es la sensibilidad del capital hacia las diferencias del lugar y tanto mayor el incentivo para que los lugares se esfuercen por diferenciarse como forma de atraer el capital" (Harvey 296). La identidad local es así conducida a convertirse en una *representación de la diferencia* que la haga comercializable, esto es sometida al torbellino de los collages e hibridaciones que impone el mercado.

Tanto la última obra de Milton Santos sobre las transformaciones del espacio, como las de Paul Virilio sobre los avatares post-históricos del tiempo, nos alertan sobre las contradicciones del retorno de y a *lo local*. Para Milton Santos se trata de la imposibilidad de habitar el mundo, y de insertarnos en lo global, sin algún tipo de anclaje en el espacio y en el tiempo.[67] El *lugar* significa nuestro anclaje primordial: la corporeidad de lo cotidiano y la materialidad de la acción, que son la base de la heterogeneidad humana y de la reciprocidad, forma primaria de la comunicación. Pues aun atravesado por las redes de lo global, el lugar sigue hecho del tejido y la proxemia de los parentescos y las vecindades, lo cual exige poner en claro que el sentido de *lo local* no es unívoco: pues uno es el que resulta de la fragmentación, producida por la des-localización que impone lo global, y otro, bien distinto, el que asume *el lugar* en los términos de Michel de Certau o de Marc Augé, que es el *lugar* que introduce *ruido* en las redes, distorsiones en el discurso de lo global, a traves de las cuales emerge la palabra de otros, de muchos otros. Ahí está la palabra del comandante Marcos introduciendo (junto con el *ruido de fondo* que pone la sonoridad de la selva Lacandona) la gravedad de la utopía en la levedad de tanto chismorreo como circula por Internet. Y los usos que de esa misma red hacen hoy multitud de minorías y comunidades marginadas o grupos de anarquistas. Y sobre todo la vuelta de tuerca que evidencia en las grandes ciudades el uso de las

---

[67] Véase Milton Santos, "A força do lugar". *A natureza do espaço*. São Paulo: Hucitec, 1996. 250-75; ver también a ese propósito: M. Maffesoli, "De la proxemia". *El tiempo de las tribus*. Barcelona: Icaria, 1990. 213-59.

redes electrónicas para construir grupos que, virtuales en su nacimiento, acaban territorializándose, pasando de la conexión al encuentro, y del encuentro a la acción. Para Virilio, romper toda dependencia local es quedarse sin la indispensable *perspectiva temporal*. Y hoy asistimos a "la aparición de un tiempo *mundial* susceptible de eliminar la referencia concreta del tiempo *local* de la geografía que hace la historia" (Virilio, *La vitesse de liberation* 150). Primero fue el tiempo *cíclico* de los orígenes, después el *lineal* de la historia cronológica, ahora entramos en un tiempo *esférico* que al desrealizar el espacio liquida la memoria, su carga histórica y su espesor geológico.

Creo necesario terminar este apartado con una reflexión sobre las secretas complicidades entre el sentido de lo *universal* que puso en marcha la Ilustración y la globalización civilizatoria que el etnocentrismo occidental ha hecho pasar por universal, esto es "la idea de una *universalidad* que se opone a (niega) toda otra particularidad que no sea la del individuo, que pasa entonces a representar la única forma de *particularidad*, haciendo que todas las otras formas de realidad social nazcan de la relación entre los individuos" (dos Santos, "A globalização reforça as particularidades" 72). La mejor expresión de esa complicidad fue la idea de *desarrollo* que agenció la propia ONU desde mediados de los años cincuenta: desarrollarse, para los países del Tercer Mundo, se identificó con asumir la negación/superación de todas sus particularidades culturales y civilizatorias. Mirada desde el presente la idea de universalidad que nos legó la ilustración revela lo que ésta tenía a la vez de utopía emancipatoria y de universalización de una particularidad: la europea. Enfrentar el etnocentrismo civilizatorio que propaga la globalización nos exige contraponer a una "globalización enferma porque en lugar de unir lo que busca es unificar" (Santos, "La aceleración cotemporánea" 22-42) una *universalidad descentrada*, capaz de impulsar el movimiento emancipador sin imponer como requisito su propia civilización. Las redes informacionales se configuran así en escenario estratégico de la lucha por des-centrar la mundialización, no sólo del proceso de centralización económica sino cultural, esto es de la particularidad civilizatoria que hoy orienta la globalización.

117

Del *malestar* en al *desencanto de* la cultura

Con la globalización el proceso de *racionalización* parece estar llegando a su límite: después de la economía y la política ahora es la cultura, el mundo mismo de la vida, sus coordenadas espaciotemporales, las racionalizadas. Pero así como la globalización está produciendo un retorno de y hacia lo local, la *secularización* está despertando viejos demonios de intolerancia religiosa —con frecuencia asociados a reivindicaciones de lo local— a la vez que asistimos a un poderoso *renacimiento* del pensamiento religioso, o mejor a un inesperado encuentro del pensamiento con lo religioso.[68] De manera que el vigoroso movimiento de análisis de las peculiaridades que atraviesa el proceso secularizador tanto en el ámbito de lo público como de la subjetividad, se ve cruzado por una ancha y densa preocupación intelectual por la ausencia de sentido en la política, en la ética y la cultura.

En su genealogía de las relaciones entre secularización y poder,[69] Giacomo Marramao centra su reflexión sobre la obra de Weber en la idea, compartida con F. Tonnies, de que la racionalización constitutiva de la moderna *sociedad* significa la ruptura con cualquier forma *orgánico-comunitaria* de lo social y su reorganización como "mundo administrado" en el que la política no puede comprenderse por fuera de la *burocracia* que es el modo "formalmente más racional de ejercicio del poder". Lo que implicará la pérdida de los valores tradicionales de respeto y autoridad, es decir la "ruptura del monopolio de la interpretación" que venía forjándose desde la Reforma protestante. Esa ruptura y pérdida harán parte del largo proceso de conformación de una *jurisdicción secular* de la soberanía estatal, esto es de la constitución del Estado moderno. Sólo a fines del siglo XVIII la idea de secularización se convertirá en la categoría que hace explícita la concepción unitaria del tiempo histórico: del *tiempo global de la historia del mundo*. Hegel ya había llamado *mundanización* al

---
[68] Al respecto, una muestra de publicaciones en los últimos años: Jacques Derrida, Hans G. Gadamer y otros, *La religión*. Madrid: PPC, 1996; Gianni Vattimo, *Creer que se cree*. Barcelona: Paidós, 1996; Umberto Eco y C. M. Martini, *En qué creen los que no creen*. Madrid: Taurus, 1997; Luc Ferri, *L'homme-Dieu ou le sens de la vie*. París: Grasset, 1996.
[69] Giacomo Marramao, *Potere e secolarizzazione-Le categorie del tempo*. Milano: Editori Reuniti, 1983; *Cielo e Terra: genealogia della secolarizzazione*. Turin: Laterza, 1994.

al sur de la modernidad

proceso formativo de la *esfera global mundana*, que es la que hoy resulta del cruce del proceso de secularización con el de globalización. ¿Será el sistema-mundo de la globalización el punto de llegada del desencantamiento del propio mundo de la mano del desarrollo tecnológico y de la racionalidad administrativa? Es lo que ha venido reflexionando Norbert Lechner al analizar el desencanto de las izquierdas, que se expresa en el "enfriamiento de la política" (Lechner 254 y ss.): surgimiento de una nueva sensibilidad marcada por el abandono de las totalizaciones ideológicas, la desacralización de los principios políticos y la resignificación de la utopía en términos de *negociación* como forma de construcción colectiva del orden. Lo que implica la predominancia de la dimensión contractual y el predominio, en la concepción y la acción política misma, de la racionalidad instrumental y su profesionalización. Es lo que Vázquez Montalbán resume, con su acostumbrada ironía, afirmando que hoy hacer política es elaborar un Presupuesto General del Estado lo más ajustado posible al interés general. Para lo cual, los saberes que el político necesita son dos: el jurídico-administrativo y el de comunicación publicitaria. Primera paradoja: el desencantamiento de la política transforma el espacio público en *espacio publicitario*, convirtiendo al partido en un *aparato-medio* especializado de comunicación, y deslegitimando cualquier intento de reintroducir la cuestión de los *fines*. ¿Para qué, si la "ética del poder" legitima la doble verdad, la doble contabilidad, la doble moral, y el carisma puede ser fabricado por la ingeniería mediática? Segunda paradoja: después de la caída del Muro, ¿*tiene sentido* seguir hablando de democracia? Es un agnóstico como Vázquez Montalbán, quien introduce la cuestión del sentido en la política: "Necesitamos una idea de finalidad, que se parezca, sin serlo, a una propuesta trascendente (... Y para ello) hay que considerar la sabiduría de lo que nos ha dado el negativo de esas ideas de finalidad, bien sea por la vía religiosa o la de las ideologías"(Vázquez Montalbán, *Panfleto desde el planeta* 52).

Pero la ausencia de sentido en la política remite más allá de la corrupción del poder y de la ingeniería mediática a "la desaparición del nexo simbólico capaz de constituir alteridad e identidad" (Augé *Hacia una antroplogía* 88).[70] Desaparición que es constatable en la

[70] Véase también a ese propósito: C. Castoriadis, *El mundo fragmentado*. Montevideo: Altamira, 1993.

acentuación del carácter abstracto y desencarnado de la relación social, y comprobable en la diferencia entre el militante que se definía por sus convicciones y esa abstracción —las audiencias— a la que se dirige el discurso político televisado en su búsqueda no de adhesiones sino de puntos en la estadística de los posibles votantes. Diferencia que remite menos a la acción de la televisión que a la abstracción de las relaciones sociales operada por el proceso de racionalización, que como previó Weber, ha ido aboliendo las dimensiones expresivo-mistéricas de la existencia humana y convirtiendo al mundo todo de la vida en algo predecible y dominable, pero también frío, insignificante, insípido. La atomización de los públicos de la política, y su transformación en audiencias sondeables, es inseparable de la doble crisis que atraviesa la *representación*: la que introduce la política neoliberal deteriorando los mecanismos básicos de la cohesión socio-política, y la del desgaste de las dimensiones simbólicas, que la mediación tecnológica cataliza pero no explica, pues remiten al déficit de sentido que experimenta lo social.

Ni siquiera el "retorno de la ética" escapa al desencanto. Para Lipovetsky ese retorno marca también el punto de llegada del largo proceso de la secularización, cuya primera etapa (1700-1950) emancipó a la ética del espíritu de la religión pero conservando "una de sus figuras claves: la noción de deuda infinita, de deber absoluto" (Lipovetsky, *Le crépuscule du devoir* 13). Ahí está el rigorismo kantiano y el patriotismo republicano transfiriendo los deberes religiosos al terreno profano de los deberes del hombre y del ciudadano. Es sólo a partir de los años cincuenta que una nueva lógica del proceso de secularización conduce a la disolución de "la forma religiosa del deber": a la entrada en la sociedad del *post-deber*, que "devalúa el ideal de abnegación, estimulando sistemáticamente los deseos inmediatos, la pasión del ego, la felicidad intimista y materialista" (14). El bienestar sustituye al "deber ser" posibilitando la reconciliación de los imperativos del futuro con la calidad del presente. Y todo ello en nombre de la *autenticidad* que arranca la máscara de hipocresía que velaba el rostro de la sociedad dejando a la vista el carácter represivo de sus instituciones fundantes: iglesia, sindicato, familia, escuela. Pero he aquí que esa autenticidad tiene un efecto demoledor sobre la democracia (Rubert de Ventos, *Ética sin atributos* 179 y ss.), a la que fragmenta y debilita, mientras el individualismo crece en todos las esferas. Y si en las capas medias y altas el individualismo se alía con el integrismo consumista, en los sectores bajos los guetos, la droga y la violencia son su expresión. El retorno de la ética se desinfla y transforma en un eticismo que sería la figura desencantada de la mala conciencia. Al acabarse la fase heroica y austera de la sociedad moderna, tan lúcidamente analizada por D. Bell (*Las contradiciones culturales*), la moral se transforma en comunicación empresarial —que combina generosidad y marketing, ética y seducción— y en humanitarismo teledirigido: la tele-caridad que hace de los espectadores actores fraternales en el Show del Bien.

El relato más expresivo del desencanto es sin duda el de la *experiencia de sinsentido* que vive la conciencia occidental, la recurrencia, en los textos que intentan dar cuenta de la actual crisis cultural, del tema de la "ausencia" de trascendencia. Analizando el sentimiento actual de desorientación moral, de quiebra de los valores del arte, de la decadencia de los códigos de sociabilidad —y despues de desmontar el mito del siglo XIX como "jardín imaginario de la cultura liberal"— George Steiner plantea la necesidad de comprender "la singuralidad, la extrañeza asombrosa de la idea monoteísta horadando el psiquismo humano en sus raíces más profundas. Y esa herida no cicatrizó (...) La ruptura abierta entre existencia secular y escatológica era inconmensurable. Y se rasgaba en una explosión de la conciencia del individuo —Pascal, Kierkegard, Dovstoyevski— y en un profundo desequilibrio del eje de la cultura occidental, en una acción de corrosión subliminal" (Steiner, *No castelo do Barba Azul* 46 y 52). La conciencia occidental se ha visto permanentemente confrontada a una "ausencia desmedida", al "chantaje de la trascendencia". Hasta el socialismo marxista se ha alimentado de la escatalogía mesiánica, lo que hizo de los genocidios eurpeos un intento de "suicidio de la civilización occidental". El diagnóstico no puede ser más desencantado: "el epílogo de la creencia, la transformación de la fe religiosa en convención hueca resultan un proceso más peligroso que lo previsto por los ilustrados. Las formas de degradación son tóxicas" (63). Su *toxicidad* sustenta hoy una utopía tecnocrática que funciona al margen de las necesidades y las posibilidades humanas, resultado del fracaso de la creencia *secular* en el progreso moral y político, esto es en el paso natural del cultivo de la inteligencia al comportamiento social constructivo.

¿A dónde nos llevan los relatos del desencanto? ¿Puede su lúcido pesimismo ayudarnos a afrontar las contradicciones que la globalización envuelve?, o sus argumentos son la legitimación de los que se arrellanan en la pasividad de un nihilismo escapista? En sus *Notas para la definición de la cultura* (1948) T. S. Eliot concluye diciendo: "[h]a dejado de ser posible hallar consuelo en el pesimismo profético".[71] A lo que respondió George Steiner en sus *Notas para una redefinición de la cultura* (1971) que "[u]na crítica pesimista de la cultura es una tarea positiva". En América Latina creo que necesitamos de ambas posiciones, y de una tercera, esbozada por José Joaquín Brunner, cuando afirma que "[l]a cuestión esencial sigue siendo cómo explicar el mundo social en orden a transformarlo, y no cómo sacar provecho de su negación informada" (Brunner, *Conocimiento, sociedad y política* 12).

Para los que vivimos el desencantamiento del mundo sin que ello nos convierta automáticamente en seres desencantados —y por lo tanto con derecho al todo vale— hay una frase de Benjamin que nos sigue desafiando e iluminando: *Todo documento de cultura es también un documento de barbarie.* La traigo a propósito del dictamen de barbarie que Adorno, Steiner y Kundera han proferido sobre el rock. Para Adorno "alabar el *jazz* y el *rock and roll*, en lugar de la música de Beethoven, no sirve para desmontar la mentira de la cultura sino que da un pretexto a la barbarie y a los intereses de la industria cultural" (Adorno, *Teoría estética* 414). Y continúa exponiendo acerca de las supuestas cualidades vitales que esos ritmos tendrían, para concluir que esas cualidades están por completo dañadas. Quien quiera entender el desprecio que Adorno, el experto musicólogo, sentía especialmente por el jazz, debe leer lo que a ese propósito escribieron Adorno y Horkheimer en *Dialéctica del Iluminismo.* Desde una perspectiva menos tajante pero no menos radical, George Steiner ubica el rock en una *nueva esfera sonora* que parece haberse convertido en el esperanto, en la *lingua franca,* de los más jóvenes, a los que proporciona códigos de comportamiento y formas de solidaridad grupal. Y es en el contexto de esa esfera sonora que el *rock* es juzgado como "un martilleo estridente, un estrépito

---

[71] Véase T. S. Eliot, *Notas para la definición de la cultura.* Barcelona: Bruguera, 1984, primera edición en inglés 1948; José Joaquín Brunner, "Investigación social y decisiones políticas". *Sociedad* 3 (Buenos Aires, 1993): 42.

interminable que, con su espacio envolvente, ataca la vieja autoridad del orden verbal" (Steiner, *No castelo do Barba Azul* 118 y 121); y al fomentar la emoción y el gregarismo socava el silencioso aislamiento que la lectura requiere. Milan Kundera se pregunta si la coincidencia entre la aparición del rock y el momento en que el siglo xx "vomitó su historia" será fortuita. A lo que responde afirmando la existencia de un sentido oculto entre el fin del siglo y el éxtasis del rock: "En el aullido extático ¿quiere el siglo olvidarse de sí mismo? ¿Olvidar sus utopías sumidas en el horror? ¿Olvidar el arte? (...) La imagen acústica del éxtasis ha pasado a ser el decorado cotidiano de nuestro hastío. (Y mientras) se predica la severidad contra los pecados del pensamiento, se predica el perdón para los crímenes cometidos en el éxtasis emotivo" Kundera, *Los testamentos traicionados* 247 y 249).

La co-incidencia de esos tres textos me ha llevado a preguntarme si la idea de Benjamin no es reversible, lo que nos autorizaría a pensar que en estos oscuros tiempos hay documentos de barbarie que podrían estar siendo documentos de cultura, por los que atraviesan movimientos que minan y subvierten, desde sus *bajos fondos*, la cultura con que nuestras sociedades se resguardan del sinsentido. Porque entonces, más que al extasis, el aullido del rock remitiría a la rabia y la desazón de una juventud que ha encontrado en esa música el único idioma en el que expresar su rechazo a una sociedad hipócritamente empeñada en esconder sus miedos y zozobras. Y en la medida en que hace visibles nuestras coartadas y nuestros miedos al cambio, el rock hace cultura, hace parte del arte que avizora un cambio de época. Como en la exasperante ilegibilidad de mucho del *graffiti* callejero de los últimos años, en la estridencia sonora del rock se hibridan hoy los ruidos de nuestras ciudades con las sonoridades y los ritmos de las músicas indígenas y negras, las estéticas de lo desechable con las frágiles utopías que surgen de la desazón moral, el vértigo audiovisual y la empatía con una cultura tecnológica en cuyos relatos e imágenes, fragmentaciones y velocidades, los jóvenes de todas las clases parecen haber encontrado su ritmo y su idioma.

2. De la ciudad mediada a la ciudad virtual

> "Contrariamente a una concepción de la ciudad formada por individuos libres que tienen relaciones racionales, las megalópolis contemporáneas suscitan una multiplicidad de pequeños enclaves fundados en la interdependencia y heteronomía del tribalismo. El objeto ciudad es una sucesión de territorios en los que la gente, de manera más o menos efímera arraiga, se repliega, busca cobijo y seguridad".
>
> Michel Maffesoli

Estallido de la ciudad y de los modos de pensarla

El historiador José Luis Romero fue el primero en pensar la modernización de las ciudades latinoamericanas en su especificidad antropológica, los cambios en los modos de *estar y sentirse juntos*, la desarticulación de las formas tradicionales de cohesión y la modificación estructural de las formas de socialidad: "Hubo una especie de explosión de gente, en la que no se podía medir cuanto era mayor el número y cuanta era mayor la decisión para conseguir que se contara con ellos y se los oyera. Eran las ciudades que empezaban a masificarse. En rigor, esa masa no tenía un sistema coherente de actitudes ni un conjunto armonioso de normas. Cada grupo tenía las suyas. La sociedad no poseía ya un estilo de vida sino muchos modos de vida sin estilo" (José Luis Romero, *Latinoamérica: las ciudades y las ideas* 319).[72]

La masa, marginal durante mucho tiempo, invadía el centro de la ciudad y lo resignificaba imponiendo la ruptura ostensible de las formas de "urbanidad", pues su sola presencia implicaba un desafío radical al orden de las exclusiones y los privilegios ya que su deseo más secreto era acceder a los bienes que representaba la ciudad. Y al mismo tiempo, la ciudad se transformaba con la aparición del "folclor aluvial", la moderna cultura urbana, la del tango y el fútbol, hecha de mestizajes e impurezas, de patetismo popular y arribismo burgués. Salida del suburbio la cultura popular-de-masa le da forma al estallido de la ciudad. Romero avizoró certeramente lo que la urbanización de las sociedades latinoamericanas contenía de masificación estructural y de fragmentación socio-cultural.

---

[72] Ver también a ese propósito: *Las ideologías de la cultura nacional*. Buenos Aires: CEDAL, 1982.

Los procesos de urbanización en Colombia antes que a la modernización industrial, política o cultural, aparecen ligados a la Violencia,[73] nombre dado a la guerra civil que desde fines de los años cuarenta a mediados de los sesenta, llevó a millones de campesinos a abandonar sus tierras *invadiendo* las ciudades, obligándolas a reorganizarse de modo compulsivo, esto es sin el largo de tiempo y el mínimo de planificación que esa reorganización requería. Sólo desde mediados de los años sesenta la urbanización responde a una modernización industrial y al inicio de una transformación general de las condiciones de vida y de las costumbres tradicionales. Transformación que tendrá también un significado especial: instalada en un persistente aislamiento, en un "ensimismamiento interiorizado" (Gilard, *Veinte y cuarenta años de algo peor que la soledad*), Colombia inicia por esos años un proceso de internacionalización que le permite ampliar tanto la visión del mundo como de sí misma, cuestionar lo que durante muchos años creyó inmodificable y rehacer la percepción de su propia identidad.

Todo lo anterior está exigiendo diferenciar la aparición del *modernismo arquitectónico*, que los historiadores sitúan a mediados de los años treinta (Saldarriaga Roa, *Arquitectura y cultura en Colombia*), de los procesos de modernización de la vida urbana. Diferenciación que evidencia una lacerante asimetría, denunciada así por unos arquitectos italianos visitantes de Bogotá: "¿Cómo pueden ustedes construir una ciudad tan pobre en términos de calidad de vida, con tan precario entorno urbano, alrededor de una arquitectura de tan buena calidad estética?" (Citado por F. Viviescas, "La dimensión cultural y simbólica de la ciudad" 11).[74] Nos referimos entonces a los procesos que están transformando la configuración de la ciudad: la explosión espacial que borra sus fronteras con los municipios aledaños, formando *conurbaciones* gigantescas alrededor

---

[73] Dos balances decisivos de "la Violencia" y sus repercusiones sobre la vida del país: J. Bejarano, Fals Borda y otros, *Once ensayos sobre la violencia*. Bogotá: Cerec, 1985; D. Pecaut, *Orden y violencia. Colombia 1930-1953*. Bogotá: Siglo XXI, 1987.

[74] Véase F. Viviescas sobre el modernismo arquitectónico en Colombia: "La arquitectura moderna: los esguinces a la historia". *Colombia: el despertar de la modernidad*. Bogotá: Foro, 1991; también A. Saldariaga, *Arquitectura y cultura en Colombia*. Bogotá: Universidad Nacional, 1986; y del mismo autor: "El extravío de la belleza". *Arquitectura fin de siglo*. Bogotá: EUN, 1994.

al sur de la modernidad

de las grandes ciudades, la diversificación de propuestas de hábitat —condominios multifamilares cerrados, enormes edificios de apartamentos, micro-ciudades insertadas y a la vez segregadas por la privatización de las calles que le dan acceso— deshaciendo y rehaciendo las *formas de socialidad*, transformando el sentido del barrio o la función de los espacios públicos; la estandarización de los usos de la calle, de los lugares de espectáculos, del comercio, del deporte; la destrucción o resignificación del *centro* y de territorios y lugares claves para la memoria ciudadana. Si de un lado, urbanización significa acceso a los servicios —agua potable, energía, salud, educación—, descomposición de las relaciones patriarcales, y cierta visibilidad y legitimación de las culturas populares; de otro, significa también desarraigo y crecimiento de la marginación, la radical separación entre trabajo y vida, y la pérdida constante de memoria urbana.

Por otra parte, la hibridación cultural es la otra cara del estallido de la ciudad: es la forma de identidad con que se sobrevive en la ciudad estallada, pues su crecimiento anárquico acrecienta las periferias, dispersando los grupos humanos, aislándolos, dejando casi sin conexiones las diferentes ciudades que conforman la ciudad. Y en esas condiciones de vida los medios de comunicación, y la televisión en especial, son los encargados de devolvernos la ciudad, de reinsertarnos en ella, a la vez que ellos se introducen como mediación densa que hace posible rehacer el tejido de las agregaciones, de los modos de juntarse. Un tejido que responde menos a las topografías de los urbanizadores que a la topología de los *territorios imaginarios* (Silva Téllez, *Imaginarios urbanos*), en los que el juego de los medios masivos encuentra a su vez su alimento y su límite: el de las relocalizaciones que los grupos sociales llevan a cabo, y a través de las cuales marcan *su* ciudad y seleccionan y escenifican sus símbolos de pertenencia, dándose formas inéditas de identidad.

Mirada desde la heterogeneidad de la experiencia, la ciudad desafía nuestros hábitos mentales hasta el punto de tornarla impensable. Pues ¿podemos aún pensar la ciudad como un todo o estamos irremediablemente limitados a no percibir sino fragmentos, y a saltar entre ellos sin otra pretensión que reunirlos en un juego de figuras sin referente en la realidad? Lo que ahí está en juego no es tanto la dificultad de pensar integradamente la ciudad como la posibilidad de percibirla en cuanto *asunto público* y no como mera sumatoria de intereses privados. La adscripción del estudio de la ciudad a las teorías del caos, que celebran la opacidad irreductible del hecho urbano, converge hoy sintomáticamente con la tendencia neoliberal a culpar del caos urbano a la maraña de reglamentaciones del Estado, que estarían impidiendo a la ciudad *darse su forma*, esa que sólo podrá encontrar cuando el mercado libere sus propias dinámicas, su mecanismos *naturales*.

Enfrentar esa convergencia nos está exigiendo asumir la experiencia de desorden y opacidad que hoy produce la ciudad, su resistencia a la mirada monoteísta, pretendidamente omnicomprensiva, y la adopción de un pensamiento nómada y plural, capaz de burlar los compartimentos de las disciplinas e integrar dimensiones y perspectivas hasta ahora obstinadamente separadas. Resulta entonces indispensable deslindar la posibilidad de una *mirada de conjunto* a la ciudad, de su nostágica complicidad con la idea de unidad o identidad perdida, conducentes a un pesimismo culturalista que nos está impidiendo comprender de qué están hechas las fracturas que la estallan. Pues de lo que habla ese estallido es tanto de las renovadas formas de marginación y exclusión social como de los *nuevos modos de estar juntos* desde los que los ciudadanos experimentan la heterogénea trama sociocultural de la ciudad, la enorme diversidad de estilos de vivir, de modos de habitar, de estructuras del sentir y del narrar. Una trama cultural que desafía nuestras nociones de cultura y de ciudad, los marcos de referencia y comprensión forjados sobre la base de identidades nítidas, de arraigos fuertes y deslindes claros. Pues nuestras ciudades son hoy el ambiguo, enigmático escenario de algo no representable ni desde la diferencia excluyente y excluida de lo autóctono ni desde la inclusión uniformante y disolvente de lo moderno.

Heterogeneidad simbólica e inabarcabilidad de la ciudad, cuya expresión más cierta está en los cambios que atraviesan los modos de experimentar la pertenencia al territorio y las formas de vivir la identidad. Cambios que se hallan, si no determinados, al menos fuertemente asociados a las transformaciones tecnoperceptivas de la comunicación, al movimiento de desterritorialización e internacionalización de los mundos simbólicos y al desplazamiento de fronteras entre tradiciones y modernidad, entre lo local y lo global, entre cultura letrada y cultura audiovisual. En la investigación sobre esos nuevos nuevos modos de *estar juntos* aparecen en primer plano las transformaciones de la sensibilidad que producen los acelerados procesos de modernización urbana y los nuevos escenarios de comunicación en sus fragmentaciones y flujos, conexiones y redes.

Desespacialización, descentramiento, desurbanización

La modernización urbana se identifica cada día más estrechamente —tanto en la hegemónica racionalidad que inspira la planificación de los urbanistas como en la contradictoria experiencia de los ciudanos o en la resistencia que oponen los movimientos sociales— con el *paradigma de comunicación* desde el que está siendo regulado el caos urbano. Se trata de un paradigma *informacional*,[75] centrado sobre el concepto de *flujo*, entendido como tráfico ininterrumpido, interconexión transparente y circulación constante de vehículos, personas e informaciones. La verdadera preocupación de los urbanistas no será, por lo tanto, que los ciudadanos se encuentren sino que circulen, porque ya no se les quiere reunidos sino *conectados*. De ahí que no se construyan plazas ni se permitan recovecos, y lo que ahí se pierda poco importa, pues en la "sociedad de la información" lo que *interesa* es la ganancia en la velocidad de circulación.

¿En qué maneras experimenta el ciudadano la ambigua modernización que, bajo el paradigma del flujo, viven nuestras ciudades, sus formas de habitarla, de padecerla y resistirla? Esquemáticamente describiremos tres: la des-espacialización, el des-centramiento y la des-urbanización.

Des-espacialización significa en primer lugar que el espacio urbano no cuenta sino en cuanto valor asociado al precio del suelo y a su inscripción en los movimientos del flujo vehicular: "es la transformación de los lugares en espacios de flujos y canales, lo que equivale a una producción y un consumo sin localización alguna".[76]

---

[75] Los textos inaugurales de ese paradigma: C. E. Shanon y W. Weaver, *Teoría matemática de la comunicación*. Chicago: University of Illinois Press, 1949; trad. Madrid: Forja, 1981; N. Wiener, *Cibernética y sociedad*. Cambridge: MIT Press, 1948; trad. Buenos Aires: Sudamericana, 1969.

[76] Manuel Castells, *La ciudad y las masas: sociología de los movimientos sociales urbanos*. Madrid: Alianza, 1983; y del mismo autor, "El nuevo entorno tecnológico de la vida cotidiana". *El desafío tecnológico*. Madrid: Alianza, 1986.

La materialidad histórica de la ciudad en su conjunto sufre así una fuerte devaluación, su "cuerpo-espacio" pierde peso en función del nuevo valor que adquiere su tiempo, "el régimen general de *la velocidad*".[77] No es difícil ver aquí la conexión que enlaza esa descorporización de la ciudad con el cada día más denso flujo de las imágenes devaluando y hasta sustituyendo el intercambio de experiencias entre las gentes. Asumiéndolo como una mutación cultural de largo alcance Gianni Vattimo lo asocia al "debilitamiento de lo real" (Vattimo, *La sociedad transparente*) que experimenta el desarraigado hombre urbano en la *fabulación* que produce la constante mediación y entrecruce de informaciones y de imágenes. Pero el desarraigo urbano remite, por debajo de ese bosque de imágenes, a otra cara de la des-espacialización: a la borradura de la memoria que produce una urbanización racionalizadamente salvaje. El flujo tecnológico, convertido en coartada de otros más interesados flujos, devalúa la memoria cultural hasta justificar su arrasamiento. Y sin referentes a los que asir su reconocimiento los ciudadanos sienten una inseguridad mucho más honda que la que viene de la agresión directa de los delincuentes, una inseguridad que es *angustia cultural y pauperización psíquica*, la fuente más secreta y cierta de la agresividad de todos.

Con el ***des-centramiento*** de la ciudad señalamos no la tan manoseada descentralización sino la *pérdida de centro*. Pues no se trata sólo de la degradación sufrida por los centros históricos y su recuperación "para turistas" (o bohemios, intelectuales, etc.) sino de la propuesta de una ciudad configurada a partir de circuitos conectados en redes cuya topología supone la *equivalencia de todos los lugares*. Y con ello, la supresión o desvalorización de aquellos lugares que hacían función de centro, como las plazas. El descentramiento que estamos describiendo apunta justamente a un ordenamiento que privilegia las avenidas rectas y diagonales, en su capacidad de operativizar enlaces, conexiones de flujos versus la intensidad del encuentro y la peligrosidad de la aglomeración que posibilitaba la plaza. La única centralidad que admite la ciudad hoy

---

[77] Véase Paul Virilio, *La máquina de visión*. Madrid: Cátedra, 1989; del mismo autor, *Estética de la desaparición*. Barcelona: Anagrama, 1988; también los artículos: "El último vehículo". *Videoculturas fin de siglo*. Madrid: Cátedra, 1989; "Velocidad Lentitud". *Cuadernos del Norte* 57 (Oviedo, 1990).

es *subterránea* en el sentido que le da Michel Maffesoli[78] y que remite sin duda a la multiplicación de los dispositivos de enlace del poder tematizado por Michel Foucalt (*Un diálogo sobre el poder*). Nos quedan, ahora en plural y en sentido "desfigurado", los *centros comerciales* reordenando el sentido del encuentro entre las gentes, esto es funcionalizándolo al espectáculo arquitectónico y escenográfico del comercio y concentrando las actividades que la ciudad moderna separó: el trabajo y el ocio, el mercado y la diversión, las modas elitistas y las magias populares.

Des-urbanización indica la reducción progresiva de la ciudad que es realmente usada por los ciudadanos. El tamaño y la fragmentación conducen al desuso por parte de la mayoría no sólo del centro sino de espacios públicos cargados de significación durante mucho tiempo. La ciudad vivida y gozada por los ciudadanos se estrecha, pierde sus usos (García Canclini y Puccini, "Culturas de la ciudad de México" 49). Las gentes también trazan sus circuitos, que atraviesan la ciudad sólo obligados por las rutas de tráfico, y la bordean cuando pueden en un uso puramente funcional. Habría también otro sentido para el proceso de desurbanización: el de la **ruralización** de nuestras ciudades. A medio hacer como la urbanización física, la cultura de la mayoría que las habita se halla a medio camino entre la cultura rural en que nacieron —ellos, sus padres o al menos sus abuelos— ya rota por las exigencias que impone la ciudad, y los modos de vida plenamente urbanos. El aumento brutal de la presión migratoria en los últimos años y la incapacidad de los gobiernos municipales para frenar siquiera el deterioro de las condiciones de vida de la mayoría, está haciendo emerger la "cultura del rebusque" que devuelve vigencia a "viejas" formas de supervivencia rural, que vienen a insertar, en los aprendizajes y apropiaciones de la modernidad urbana, saberes y relatos, sentires y temporalidades fuertemente rurales.[79]

---

[78] Michel Maffesoli, "La hipótesis de la centralidad subterránea". *Dia-logos de la Comunicación* 23 (Lima, 1989); "Identidad e identificación en las sociedades contemporáneas". *El sujeto europeo*. Madrid: Editorial Pablo Iglesias, 1990.
[79] A ese próposito ver: Carlos Monsiváis, "La cultura popular en el ámbito urbano". *Comunicación y culturas populares en Latinoamérica*. México: Felafacs/G.Gili, 1987; también en la obra de Diego Armus (comp.), *Mundo urbano y cultura popular*. Buenos Aires: Sudamericana, 1990.

¿Podemos seguir hablando entonces de São Paulo, Caracas o Bogotá como de *una ciudad*? Más allá de la folclorizada retórica de los políticos, y la nostalgia de los periodistas "locales", que nos recuerdan cotidianamente las costumbres y los lugares "propios": ¿qué comparte verdaderamente la gente de los semirrurales barrios de invasión, las favelas y las callampas con los condominios de clase media y los apartados barrios de la clase alta, blindados por los sistemas más sofisticados de vigilancia y control? ¿En la ciudad estallada y descentrada qué convoca hoy a la gente a juntarse, qué imaginarios hacen de aglutinante y en qué se apoyan los diversos modos de reconocimiento? ¿Serán el club de fútbol y la música? (Silva Téllez, *Imaginarios urbanos*) Es obvio que los diversos sectores sociales no sienten la ciudad desde las mismas referencias materiales y simbólicas. Pero nos referimos a otro plano: a la heterogeneidad de referentes identificatorios que propone, a la precariedad de los modos de arraigo o de pertenencia, a la expansión estructural del anonimato y a las nuevas formas de comunicación que la propia ciudad ahora produce.

Los nuevos escenarios de comunicación

A lo que nos avoca la hegemonía del paradigma informacional sobre la dinámica de lo urbano es al des-cubrimiento de que la ciudad ya no es sólo un "espacio ocupado" o construido sino tambien un *espacio comunicacional* que conecta entre sí sus diversos territorios y los conecta con el mundo. Hay una estrecha simetría entre la expansión/estallido de la ciudad y el crecimiento/densificación de los medios y las redes electrónicas. Si las nuevas condiciones de vida en la ciudad exigen la reinvención de lazos sociales y culturales, "son las redes audiovisuales las que efectúan, desde su propia lógica, una nueva diagramación de los espacios e intercambios urbanos" (García Canclini, *Culturas de la ciudad de México: símbolos colectivos y usos del espacio urbano* 49).[80] En la ciudad diseminada e inabarcable sólo el medio posibilita una experiencia-simulacro de la ciudad global: es en la televisión donde la cámara del helicóptero nos permite acceder a una imagen de la densidad del tráfico en las avenidas o de la vastedad y desolación de los barrios de invasión,

---

[80] Ver también "Del espacio político a la teleparticipación". *Culturas híbridas*. México: Grijalbo, 1990.

al sur de la modernidad

es en la televisión o en la radio donde cotidianamente *conectamos* con lo que en la ciudad "que vivimos" sucede y nos implica por más lejos que de ello estemos: de la masacre del Palacio de Justicia al contagio de sida en el banco de sangre de una clínica, del accidente de tráfico que tapona la vía por la que debo llegar a mi trabajo a los avatares de la política que hacen caer los valores en la bolsa. En la ciudad de los flujos comunicativos cuentan más los procesos que las cosas, la ubicuidad e instantaneidad de la información o de la decisión vía teléfono celular o fax desde el computador personal, la facilidad y rapidez de los pagos o la adquisición de dinero por tarjetas. La imbricación entre televisión e informática produce una alianza entre velocidades audiovisuales e informacionales, entre innovaciones tecnológicas y hábitos de consumo: "un aire de familia vincula la variedad de las pantallas que reunen nuestras experiencias laborales, hogareñas y lúdicas" (Ferrer, "Taenia saginata" 155) atravesando y reconfigurando las experiencias de la calle y hasta las relaciones con nuestro cuerpo, un cuerpo sostenido cada vez menos en su anatomía y más en sus extensiones o prótesis tecnomediáticas: la ciudad informatizada no necesita cuerpos reunidos sino interconectados.

Ahora bien lo que constituye la fuerza y la eficacia de la *ciudad virtual*, que entreteje los flujos informáticos y las imágenes televisivas, no es el poder de las tecnologías en sí mismas sino su capacidad de acelerar —de amplificar y profundizar— tendencias estructurales de nuestra sociedad. Como afirma Furio Colombo "hay un evidente desnivel de vitalidad entre el territorio real y el propuesto por los massmedia. La posibilidad de desequilibrios no deriva del exceso de vitalidad de los media, antes bien provienen de la débil, confusa y estancada relación entre los ciudadanos del territorio real" (*Rabia y televisión* 47). Es el desequilibrio urbano generado por un tipo de urbanización irracional el que de alguna forma es compensado por la eficacia comunicacional de las redes electrónicas. Pues en unas ciudades cada día más extensas y desarticuladas, y en las que las instituciones políticas "progresivamente separadas del tejido social de referencia, se reducen a ser sujetos del evento espectacular lo mismo que otros" (Richeri, "Crisis de la socidad y crisis de la televisión"), la radio y la televisión acaban siendo el dispositivo de comunicación capaz de ofrecer formas de contrarrestar el aislamiento de las poblaciones marginadas estableciendo vínculos culturales comunes a la mayoría de la población. Lo que en Colombia se ha visto reforzado en los últimos años por una especial complicidad entre medios y *miedos*. Tanto el atractivo como la incidencia de la televisión sobre la vida cotidiana tiene menos que ver con lo que en ella pasa que con lo que compele a la gente a resguardarse en el espacio hogareño. Como escribí en otra parte, en buena medida "si la televisión atrae es porque la calle expulsa, es de lo miedos que viven los medios" (Martín-Barbero, "La ciudad: entre medios y miedos"). Miedos que provienen secretamente de la pérdida del sentido de pertenencia en unas ciudades en las que la racionalidad formal y comercial ha ido acabando con el paisaje en que se apoyaba la memoria colectiva, en las que al *normalizar* las conductas, tanto como los edificios, se erosionan las identidades y esa erosión acaba robándonos el piso cultural, arrojándonos al vacío. Miedos, en fin, que provienen de un orden construido sobre la incertidumbre y la desconfianza que nos produce el otro, cualquier otro —étnico, social, sexual— que se nos acerca en la calle y es compulsivamente percibido como amenaza.

Al crecimiento de la inseguridad, la ciudad virtual responde expandiendo el anonimato que posibilita el *no-lugar*:[81] ese espacio en que los individuos son liberados de toda carga de identidad interpeladora y exigidos únicamente de interacción con informaciones o textos. Es lo que vive el comprador en el supermercado o el pasajero en el aeropuerto, donde el texto informativo o publicitario lo va guiando de una punta a la otra sin necesidad de intercambiar una palabra durante horas. Comparando las prácticas de comunicación en los supermercados con las de la plazas populares de mercado constatamos —hace ya veinte años, en una investigación sobre plazas de mercado y cementerios populares— la sustitución de la interacción comunicativa por la textualidad informativa. Pues vender o comprar en la plaza de mercado es exponerse a la *comunicación* al enredarnos en una relación que no sólo nos exige hablar, sino aquella otra que pasa por la expresividad de un decorado que junta el calendario de una mujer desnuda con una imagen de la virgen del

---

[81] Véase Marc Augé, *Los "no lugares". Espacios del anonimato.* Barcelona: Gedisa, 1993; en una perspectiva convergente: Y. Joseph, *El transeúnte y el espacio urbano.* Barcelona: Gedisa, 1988; Xavier Rubert de Ventós, "El desorden espacial". *Ensayos sobre el desorden.* Barcelona: Kairos, 1976.

al sur de la modernidad

Carmen y la de un campeón de boxeo y una cruz de madera pintada en purpurina que sostiene una mata de la milagrosa sábila. Mientras en el supermercado se puede hacer todas las compras sin hablar con nadie, sin salir del narcisismo especular de los objetos y la información que contienen las marcas. Y lo mismo sucede en las autopistas. Mientras las "viejas" carreteras atravesaban las poblaciones convirtiéndose en calles, contagiando al viajero del "aire del lugar", de sus colores y sus ritmos, la autopista, bordeando los centros urbanos, sólo se asoma a ellos a través de los textos de las vallas que "hablan" de los productos del lugar y de sus sitios de interés.[82]

No puede entonces resultar extraño que las nuevas formas de habitar la ciudad del anonimato, especialmente por las generaciones que han nacido con esa ciudad, sea insertando en la homogenización inevitable (del vestido, de la comida, de la vivienda) una pulsión profunda de diferenciación que se expresa en las *tribus* (Maffesoli): esas grupalidades nuevas cuya ligazón no proviene ni de un territorio fijo ni de un consenso racional y duradero sino de la edad y del género, de los repertorios estéticos y los gustos sexuales, de los estilos de vida y las exclusiones sociales. *Parceros, plásticos, traquetos, guabalosos o desechables* son algunas denominaciones que señalan la emergencia de diferentes grupalidades en Cali (Ulloa, *Culturas juveniles* 16); *plásticos, boletas, gomelos, ñeros, nerds, alternativos* son las denominaciones de las grupalidades más frecuentes en Bogotá (Muñoz, *El rock en las culturas juveniles urbanas* 89). Basadas en implicaciones emocionales y en localizaciones nómadas, esas tribus se entrelazan en redes ecológicas u orientalistas que amalgaman referentes locales a simbólos vestimentarios o linguísticos desterritorializados, en un replanteamiento de las fronteras de lo nacional no desde fuera, bajo la figura de la invasión, sino desde adentro: en la lenta erosión que saca a flote la arbitraria artificiosidad de unas demarcaciones que han ido perdiendo la capacidad de hacernos *sentir juntos*. Enfrentando la masificada diseminación de sus anonimatos, y fuertemente conectada a las redes

---

[82] Véase Jesús Martín-Barbero, "Prácticas de comunicación en la cultura popular". *Comunicación alternativa y cambio social en América Latina*. M. Simpson, coord. México: UNAM, 1981 (244); del mismo autor, "La revoltura de pueblo y masa en lo urbano". *De los medios a las mediaciones*. Barcelona: G.Gili, 1985.

de la cultura-mundo del audiovisual, la heterogeneidad de las tribus urbanas nos descubre la radicalidad de las transformaciones que atraviesa el *nosotros*, la profunda reconfiguración de la socialidad.[83] Esa reconfiguración encuentra su más decisivo escenario en la formación de un *nuevo sensorium*: frente a la *dispersión* y la *imagen múltiple* que, segun Walter Benjamin, conectaban "las modificaciones del aparato perceptivo del transeúnte en el tráfico de la gran urbe" (*Discursos interrumpidos* 47) del tiempo de Baudelaire con la experiencia del espectador de cine, los dispositivos que ahora conectan la estructura comunicativa de la televisión con las claves que ordenan la nueva ciudad son otros: *la fragmentación* y *el flujo*. Mientras el cine catalizaba la "experiencia de la multitud", pues era en multitud que los ciudadanos ejercían su derecho a la ciudad, lo que ahora cataliza la televisión es por el contrario, la "experiencia doméstica" y domesticada, pues es "desde la casa" que la gente ejerce ahora cotidianamente su participación en la ciudad.

Hablamos de *fragmentación* para referirnos no a la forma del relato televisivo sino a la *des-agregación social*, a la atomización que la privatización de la experiencia televisiva consagra. Constituida en el centro de las rutinas que ritman lo cotidiano,[84] en dispositivo de aseguramiento de la identidad individual[85] y en terminal del videotexto, la video compra, el correo electrónico y la teleconferencia,[86] la televisión convierte el espacio doméstico en territorio virtual: aquel al que, como afirma Virilio, "todo llega sin que haya que partir". Lo que resulta importante comprender entonces no es sólo el encerramiento, el repliegue sobre la privacidad hogareña, sino la reconfiguración de las relaciones de lo privado y lo público que ahí

---

[83] Véase Michel Maffesoli, *Du nomadisme vagabondages iniciatiques*. París: LGF, 1997.

[84] Véase Roger Silverston, "De la sociología de la televisión a la sociología de la pantalla", *TELOS* 22 (Madrid, 1990); R. Mier y Mabel Piccini, *El desierto de los espejos: juventud y televisión en México*. México: Plaza y Valdés, 1987.

[85] Véase Hugo Vezzetti, "El sujeto psicológico en el universo massmediático". *Punto de Vista* 47 (Buenos Aires, 1993). A. Novaes (coord.), *Rede imaginaria: televisão e democracia*. São Paulo: Companhia das Letras, 1991.

[86] Véase Román Gubern, *El simio informatizado*. Madrid: Fundesco, 1987; A. Piscitelli, "De las imágenes númericas a las realidades virtuales". *David y Goliath* 57 (Buenos Aires, 1990); del mismo autor: "Hay vida después de la televisión?". *Nueva Sociedad* 140 (Caracas, 1995).

se produce, esto es la superposición entre ambos espacios y el emborronamiento de sus fronteras. Lo público gira hoy en torno a lo privado no solamente en el plano económico sino en el político y el cultural. Y recíprocamente *estar en casa* ya no significa ausentarse del mundo: "la televisión es hoy día la representación más aproximada del demiurgo platónico; y la fascinación que ejerce sobre los seres humanos no tiene que ver únicamente con la información o con el entretenimiento: la oferta televisiva principal es el mundo, el teleadicto es un cosmopolita" (Echeverría, *Cosmopolitas domésticos* 81). Lo que identifica la *escena pública* con lo que "pasa en" la televisión no son únicamente las inseguridades y violencias de la calle, hoy son los medios masivos, y en modo decisivo la televisión, el equivalente del antiguo *agora:* el escenario por antonomasia de la cosa pública. Cada día en forma más explícita la política, tanto la que se hace en el Congreso, como en los ministerios, en los mítines y las protestas callejeras, y hasta en los atentados terroristas, se hace *para las cámaras*, que son la nueva expresión de la existencia social. Y también el mercado ha invadido el ámbito privado convirtiendo el *consumo productivo* en una fuerza económica de primera magnitud: ser telespectador "equivale a convertirse en elemento de una población analizable estadísticamente en función de sus gustos y preferencias que se revelan en el consumo productivo previo a la compra de la mercancía física" (Echeverría, *Telépolis* 72 y ss.). Al *consumir* su tiempo de ocio la telefamilia genera un nuevo mercado y una nueva mercancía: el valor del tiempo medido por el nivel de audiencia de los productos televisivos. Y aun más decisivo es lo que sucede en el plano cultural: mientras ostensiblemente se reduce la asistencia a los eventos culturales en lugares públicos, tanto de la alta cultura (teatros, museos, ballet, conciertos de música culta), como de la cultura local popular (actividades de barrio, festivales, ferias artesanales) la *cultura a domicilio*[87] crece y se multiplica desde la televisión herziana (que ve más del 90 % en promedio en toda América Latina) a la de cable y las antenas parabólicas —que ha hecho crecer en forma inabarcable el número de canales y la cantidad de horas de emisión (Alfonzo, *Televisión de*

[87] Guillermo Sunkel (coord.), *El consumo cultural en América Latina*. Bogotá: C.A.B, 1999; Néstor García Canclini (coord). *El consumo cultural en México*. México: Conaculta, 1993.

servicio público)— y la videograbadora que en varios países latinoamericanos ya supera el cincuenta por ciento de hogares, al tiempo que se "populariza" el uso del computador personal, el multimedia y la Internet. Del *pueblo* que toma la calle al *público* que va al teatro o al cine la transición es transitiva y conserva el carácter colectivo de la experiencia. De los públicos de cine a las *audiencias* de televisión el desplazamiento señala una profunda transformación: la pluralidad social sometida a la lógica de la desagregación hace de la diferencia una mera estrategia de rating. Y no representada en la política, la fragmentación de la ciudadanía es tomada a cargo por el mercado: ¡es de ese cambio que la televisión es la principal mediación!

El *flujo* televisivo es el dispositivo complementario de la fragmentación: no sólo de la discontinuidad espacial de la escena doméstica sino de la pulverización del tiempo que produce la *aceleración* del presente, la contracción de lo actual, la "progresiva negación del intervalo", transformando el tiempo extensivo de la historia en el intensivo de la instantánea. Lo que afecta no sólo al discurso de la información (cada día temporal y expresivamente más cercano al de la publicidad), sino al *continuum* del palimpsesto televisivo (Barlozzetti, *Il Palinsesto*) —la diversidad de programas cuenta menos que la presencia permanente de la pantalla encendida— y a la forma de la representación: lo que retiene al telespectador es más el ininterrumpido flujo de las imágenes que el contenido de su discurso. Hay una conexión de flujos entre el régimen económico de temporalidad que torna aceleradamente obsoletos los objetos y el que vuelve indeferenciables, equivalentes y desechables los relatos y los discursos de la televisión. ¿No tendrá algo que ver ese nuevo régimen temporal de los objetos y los relatos más accesibles a las mayorías con el crecimiento del desasosiego y la anomia que en la ciudad del flujo la gente experimenta?

El flujo televisivo estaba exigiendo el *zapping*,[88] ese control remoto mediante el cual cada uno puede de manera nómada armarse su propia programación con fragmentos o "restos" de noticieros, telenovelas, concursos o conciertos. Más allá de la aparente

---

[88] Sobre como la lógica del zapping ya estaba inscrita en el flujo del montaje indiferenciador de las imágenes televisivas, véase Beatriz Sarlo, "Zapping". *Escenas de la vida posmoderna*. Buenos Aires: Ariel, 1993. 57 y ss.

al sur de la modernidad

democratización que introduce la tecnología, la metáfora del *zappear* ilumina doblemente la escena social. Pues es con pedazos, restos y desechos, que buena parte de la población arma los cambuches o tuguros en que habita, teje el rebusque, el arte con que sobrevive, y mezcla los saberes con que enfrenta la opacidad urbana. Y hay también una cierta y eficaz travesía que liga los modos nómadas de habitar la ciudad —del emigrante al que toca seguir indefinidamente emigrando dentro de la ciudad a medida que se van urbanizando las invasiones y valorizando los terrenos, hasta la banda juvenil que periódicamente desplaza sus lugares de encuentro— con los modos de ver desde los que el televidente explora y atraviesa el palimpsesto de los géneros y los discursos, y con la transversalidad tecnológica que hoy permite enlazar en el terminal informático, el trabajo y el ocio, la información y la compra, la investigación y el juego.

En la hegemonía de los flujos y la transversalidad de las redes, en la heterogeneidad de sus tribus y la proliferación de sus anonimatos, la ciudad virtual despliega a la vez el primer territorio sin fronteras y el lugar donde se avizora la sombra amenazante de la contradictoria "utopía de la comunicación".

3. Readecuaciones de lo nacional a las tranformaciones comunicativas de la modernidad

"¿Cómo reafirmar nuestras identidades si ya no somos lo que quisimos ser. Y cómo luchar contra aquello que nos oprime sino es asumiéndonos como somos, pero sin dejar de soñar?" *Fernando Calderón*

Opacidades y contradicciones culturales de lo nacional

Problemático como ningún otro, pero más crucial quizás que nunca, el *espacio de lo nacional* en América Latina aparece atravesado por una doble opacidad: la que implica "la naturaleza propia, diferenciada, excéntrica a los modelos clásicos, del proceso de constitución de los estados nacionales en el región" (Aricó, "La producción de un marxismo americano" 9) y la que proyecta la *cuestión transnacional* sobre un pensamiento crítico que, aferrado a la idea del imperialismo, se niega a ver lo que ahora emerge: una nueva fase del capitalismo que se especifica por la alteración profunda —política y no sólo económica— de la naturaleza y las funciones de los estados nacionales (Roncagliolo, *Comunicación transnacional*). Y también por la transformación del sentido de la dependencia: "es muy distinto luchar por independizarse de un país colonialista en el combate frontal con un poder geográficamente definido, a luchar por una identidad propia dentro de un sistema transnacional difuso, complejamente interrelacionado e interpenetrado" (García Canclini, "Las políticas culturales en América Latina" 24). Doblemente opaco y doblemente crucial, pues sobre el espacio nacional, reconfigurándolo, convergen hoy las presiones de una crisis económica, que tiene su expresión más dramática en los efectos sociales de una deuda externa que torna ingobernables ciertas situaciones, produciendo el estallido político y cultural de lo regional y local en proceso de redefinir sus modos de inserción en lo nacional.

La configuración cultural de la identidad nacional —y la significación que ahí adquiere la acción de los medios masivos— nos plantea ineludiblemente la cuestión del Estado, pero no sólo en la materialidad de sus aparatos sino en su institución imaginaria como sujeto (Castoriadis, *L'institution imaginaire de la société*), y por lo tanto en el proceso de su constitución. Y ello de modo especial en una América Latina donde el populismo ha representado "la recreación societal y cultural más genuina en lo que va del siglo XX" (Calderón, "América Latina: identidad y tiempos mixtos" 6), la forma histórica en que las masas han sido incorporadas a la vida social y cultural de la nación. Frente a un obstinado reduccionismo que confundió los populismos latinoamericanos —de Getulio Vargas en Brasil, de Cárdenas en México, de Perón en Argentina— con meras modulaciones del fascismo, los nuevos historiadores y los sociólogos de la cultura política[89] comienzan a destacar la originalidad de una experiencia y unos dispositivos mediante los cuales estos países, a partir de los años treinta, llevaron a cabo el proceso de modernización de sus estructuras económicas y políticas haciendo frente a la crisis de hegemonía producida por la ausencia de una clase que como tal asumiera la dirección de la sociedad. Si esa experiencia ha marcado tan fuertemente los modos de organización y expresión de lo nacional en América Latina es porque más que una estratagema desde el poder, el populismo resultó ser la organización del poder que dio forma al compromiso entre masas, nuevas masas urbanas, y Estado. A la visibilidad social de las masas —expresada en la presión de sus demandas de trabajo, educación, salud, diversión— el Estado responde nacionalizándolas: constituyéndolas en sujeto social justamente a partir de la idea de nación, pues ellas son el nuevo contenido de la idea de pueblo en que se reconoce ese nuevo sujeto que plasma lo nacional.

Desde dos ángulos los medios de comunicación van a hacerse presentes con efectos constitutivos sobre esos procesos. El primero es el papel jugado por los medios masivos de comunicación en la unificación de los países. Pues a un país lo unifican tanto o más que las carreteras y los ferrocarriles, la radio y el cine. Si los unos hacen posible el establecimiento de un mercado nacional, los otros harán posible una cultura nacional. El cine en algunos países y la radio en casi todos proporcionaron a la gente de las diferentes regiones y provincias una primera vivencia cotidiana de la nación, transmutando la idea política en vivencia, esto es en sentimiento nacional. El

---

[89] Acerca de las nuevas concepciones sobre el populismo histórico, ver José Carlos Portantiero, *Lo nacional-popular y la alternativa democrática en América Latina* (Lima, 1981); Francisco Weffort, *O populismo na política brasileira*. Rio de Janeiro: Brasiliense, 1978; Ernesto Laclau, *Política e ideología en la teoría marxista*. Madrid: Siglo XXI, 1978.

al sur de la modernidad

segundo es el decisivo papel jugado por los medios masivos en la comunicación entre caudillos y masas populares al hacerse voceros de la interpelación que convertía a las masas en pueblo y al pueblo en nación. Interpelación que venía del Estado pero que sólo fue eficaz en la medida en que las masas reconocieron en ella algunas de sus demandas básicas y la presencia de algunos de sus modos de expresión. En la resemantización de esas demandas y en el reconocimiento de expresiones que venían del mundo popular, la acción de los medios consistió en hacerse el espacio de ósmosis en que se configura el discurso popular-de-masas, ése en que las masas populares se reconocieron y transformaron, se exaltaron y se apaciguaron.

El otro ámbito de redefinición de lo nacional es el que configura la contradicción entre la diversidad de lo cultural y la unidad de lo nacional. Contradicción que ha sido una constante histórica pero que en los últimos años ha adquirido una vigencia nueva. Desde la gente que lucha en los movimientos cívicos o las organizaciones barriales hasta los que se ocupan de pensar la dinámica cultural de nuestras sociedades, la búsqueda y defensa de la autonomía regional se halla de una manera u otra vinculada a la crisis de lo nacional (Squeff y Wisnik, *O nacional e o popular na cultura brasileira. Música* 55). Crisis de la nación como sujeto capaz de hacer real aquella unidad que articularía las demandas y representaría los intereses de las diferentes partes que cobija su idea. Crisis a la vez operante y aplazada en América Latina desde el tiempo en que las naciones se hicieron a costa de las regiones, esto es no haciendo converger las diferencias sino subordinándolas al servicio de un Estado que más que integrar supo centralizar. ¿Qué ha llegado a ser lo nacional en cuanto estructura de representación y participación en las decisiones? Ahí apunta sin duda la dimensión política de que se carga hoy la cuestión cultural: ya no podemos pensar en la *diferencia* sin pensar en la *desigualdad*. De manera que hablar de identidad regional implica hablar no sólo de costumbres y dialectos, de ritmos y artesanías sino también de marginación social, de expoliación económica y de exclusión en las decisiones políticas. Pues una región está hecha tanto de expresiones culturales como de situaciones sociales a través de las cuales se hace visible el desarrollo desigual de que están hechos los países. La región resulta además expresión de una particular desigualdad: aquella que afecta a las etnias y culturas (negros, indígenas y otras) que son objeto de un proceso de desconocimiento y desvalorización permanentes. Nos referimos al hecho de que esas identidades culturales son cotidianamente utilizadas para descargar sobre ellas el resentimiento nacional, para echarles la culpa del atraso y ejercer sobre ellas un racismo que la retórica populista no alcanza nunca a disfrazar del todo.

En el plano de las políticas económicas es obvio que las regiones no pueden suplir a la nación, no pueden pensar sus políticas separadamente: sería iluso tratar de enfrentar a las transnacionales desde cada región. Pero en el terreno cultural podría suceder algo bien diferente. Ya que lo que culturalmente hay de más vivo quizás no se halle en lo legitimado como nacional sino en lo que se vive y se produce desde cada región, en la cocina como en la música, en la danza como en la literatura. Porque si hacerle frente a la seducción cultural que nos viene del mercado transnacional puede ser algo más que retórica chauvinista o mero repliegue defensivo y hasta suicida, necesitamos entonces desarrollar todo aquello que desde lo local signifique cultura viva, cotidiana, capaz de generar identidad.

Pero si hay una cuestión devaluada y reevaluada en el campo intelectual es la de la identidad, aunque últimamente parece liberarse de las amarras que la ataron, de forma oscilante, unas veces a la versión que afirma la identidad como gesto de una separación, de un repliegue excluyente, y otras a la versión que proyecta la identidad sobre un trascendental kantiano capaz de reabsorber en su "esquema" la multiplicidad de las diferencias. Rompiendo con el círculo que conduce una identidad separada en la dispersión a una identidad integrada en la homogeneización, la reflexión actual propone como básica la operación de *des-totalización* para poder abordar la identidad en su aspecto relacional, esto es la cuestión del Otro como constitutiva de la identidad. Pero destotalizar es también des-centrar, operación que abre el camino a una concepción desterritorializada de lo simbólico, es decir, no sujeta a las demarcaciones y separaciones que la totalización imponía sobre la comprensión de lo social. Se torna así inteligible la trama que articula la inserción, de las etnias en las contradicciones y los conflictos de las clases sociales,[90] se hace visible la potencialidad de creación social

---

[90] Ver E. de Assis Carvalho, *Identidade: teoria e pesquisa* (São Paulo, 1985); también: Claude Levi-Strauss y otros, *La identidad*. Barcelona: Ediciones Petrel, 1981.

al sur de la modernidad

contenida en la dinámica de la diferencia, y se hace posible preguntarse por los efectos *constituyentes* de lo simbólico en el ámbito de lo político. Las identidades colectivas dejan entonces de ser puras expresiones de la cultura o meras estratagemas de la política para ser abordadas como "complejos sistemas de interpelaciones y reconocimientos a través de los cuales los agentes sociales se inscriben, consensual o conflictivamente, en el orden de las formaciones sociales" (Landi, *Crisis de lenguajes políticos* 28).

Una nueva percepción de la cuestión de la identidad está incidiendo de dos maneras; moviendo los linderos de ese campo y redefiniendo sus objetos. Pues ni el desenmascaramiento de la ideología que subyace en los mensajes ni la puesta al descubierto de los circuitos y las tramas de poder que articulan los medios nos habían permitido asomarnos a *la experiencia que la gente tiene y al sentido que en ella cobran los procesos de comunicación*. Un desencuentro especialmente significativo en países en los que ni la comunicación socialmente relevante tiene su lugar más primordial en los medios masivos ni lo que pasa en ellos y con ellos puede ser comprendido desde ellos, esto es por fuera de la no-contemporaneidad entre medios y usos, entre los productos y el espacio social y cultural desde el que aquellos son consumidos. Repensar desde ahí el campo de la comunicación está significando ante todo ver en la comunicación una modalidad constitutiva de las dinámicas culturales. Lo que a su vez implica referir el sentido de las prácticas comunicativas *más allá* de los medios, es decir a los movimientos sociales y a las matrices culturales.

En el esfuerzo por entender la complejidad de las imbricaciones entre fronteras e identidades, memorias largas e imaginarios del presente, adquiere todo su sentido en la imagen del *palimpsesto: ese texto en el que un pasado borrado emerge tenazmente, aunque borroso, en las entrelíneas que escriben el presente.* Y desde esa perspectiva la *diferencia* en América Latina deja de significar la búsqueda de aquella autenticidad en que se conserva una forma de ser en su pureza original, para convertirse en la indagación del modo *des-viado* y *des-centrado* de nuestra inclusión en, y nuestra apropiación de, la modernidad: el de una diferencia que no puede ser digerida ni expulsada, alteridad que resiste desde dentro al proyecto mismo de universalidad que entraña la modernidad.

Readecuaciones de la hegemonía en una modernidad heterogénea

Las contradicciones culturales que introducen las tecnologías en la sociedad se hallan ligadas a los *cambios en el sentido de la historicidad*[91] que está produciendo la crisis del Estado nacional. El lugar de juego del actor transnacional no se encuentra ya sólo en la presión económica y su efecto disolutorio de los compartimientos nacionales sino en una racionalidad des-socializadora del Estado y legitimadora de la disolución de lo público. A un Estado "abstracto", divorciado de la sociedad —al que se divorcia de la sociedad olvidando su origen social— se le opone una sociedad civil identificada con los intereses privados y que tendría en el mercado su mejor expresión. De ahí que se vea en la globalización el dinamismo fundamental que, con su capacidad de adaptación y renovación tecnológica, permitirá a estos países salir de la crisis; el salto parece lógico. De manera que para la América Latina atrapada por una deuda externa que asfixia sus economías y deteriora aceleradamente la situación, el clima social, tornando inestable cualquier gobierno, la salida pasaría por ahí: por la superación de los caducos dispositivos políticos de la soberanía para adecuarse al tiempo de las tecnologías, a la temporalidad transnacional. Un tiempo en que el Estado deja de ser garante de la colectividad, de la nacionalidad en cuanto sujeto político, y se convierte en gerente de los intereses privados transnacionales. Lo que ahí está en juego es el sentido de la historicidad y esto lo demuestra la desestructuración y recomposición de las identidad colectivas que el proceso transnacionalizador ya está produciendo. Y en el que las nuevas tecnologías de comunicación no tienen un papel meramente difusor pues ellas son un dispositivo estructurante en la redefinición y remodelación del Estado conforme a una lógica paradójica: hacen fuerte a un Estado que refuerzan en sus posibilidades/tentaciones de control, mientras lo tornan débil al favorecer el movimiento que tiende a desligarlo de sus funciones públicas. Como si la superación de la crisis económica, al ligarse estrechamente a la dinámica de la privatización, revelara que la más profunda tendencia del capitalismo es la superación de la "vieja" idea de un espacio público. No podemos entonces

---
[91] Tomamos la expresión de Armand y M. Mattelart en su obra *Penser les medias*, IV parte: "Le declin des macro-sujets?" París: La Decouverte, 1986. 165 y ss.

al sur de la modernidad

extrañarnos de que, como dice Richeri ("Nuevas tecnologías 56-81), sean los medios mismos los que están perdiendo su identidad comunicativa, pues su relación con el movimiento de lo social ya no estaría en su capacidad de mediación (Martín-Barbero, *De los medios a las mediaciones* 203 y ss.) sino en su desarrollo tecnológico como nuevo espacio de reconversión industrial y nuevo tiempo de realización del capital.

Desplazamientos: del Estado al mercado

El proyecto neoconservador, que desde inicios de los setenta busca la salida a la crisis, se articula en propuestas económicas —de supresión de conquistas laborales, reprivatización y restricción del gasto público— que no pueden llevarse a cabo sin poner en marcha al mismo tiempo unas políticas de reorganización del campo de la cultura, incluida la cultura política. Efectivamente, al buscar la sustitución del Estado como agente constructor de hegemonía, las nuevas políticas conducen a que la iniciativa privada aparezca como la verdadera defensora de la libertad de creación y el único enlace entre las culturas nacionales y la cultura internacional, irremediablemente convertida en modelo y guía de la renovación. Estamos ante un desplazamiento del eje de la sociedad, de la política al mercado (Brunner, *Notas sobre cultura popular, industria cultural y modernidad*) que conlleva un profundo trastorno, una reconstitución de las identidades, esto es de los sistemas de reconocimiento y diferenciación simbólica de las clases y los grupos sociales. Es ahí que se entrelazan las transformaciones en los dispositivos de comunicación con las nuevas dinámicas de la cultura. ¿Cómo pensar la readecuación de la hegemonía que estos cambios conllevan sin substancializar sus agentes ni unidimensionalizar el proceso vaciándolo de las contradicciones que lo movilizan?

El primer paso consistirá en abandonar aquella concepción de la transnacionalización que reduce la comunicación a un conjunto de estratagemas de imposición cultural desconociendo el modo propio como opera la hegemonía, es decir mediante "la resignificación de los conocimientos y hábitos de cada pueblo, y su subordinación al complejo sistema transnacional" (García Canclini, *Cultura transnacional y culturas populares* 25). Lo que a su vez implica pensar en la interacción entre los mensajes hegemónicos y los códigos perceptivos de cada pueblo, la experiencia diferenciada que a través de fragmentaciones y desplazamientos rehace y recrea permanentemente la heterogeneidad cultural. Más que en términos de *homogeneización*, la transnacionalización tienen que ser pensada como *dislocación* de los ejes que articulan el universo de cada cultura. Y esa dislocación se efectúa mediante dispositivos que insertan la racionalidad del proyecto modernizador —secularización y especialización de los mundos simbólicos— en el movimiento de segmentación e integración de la economía mundial (Brunner, "¿Existe o no la modernidad en América Latina?").

Las fuentes de producción de cultura están siendo desplazadas de la comunidad hacia aparatos especializados, las formas de vida son poco a poco remodeladas y sustituidas por patrones de consumo separados del "núcleo creador" que constituye, según Paul Ricoeur, el fondo vivo de cada cultura ("Civilisation universelle et cultures nationales" 286-301). Ahora bien, subordinadas y entrelazadas a esos dispositivos las diferentes lógicas culturales de los pueblos dan lugar a la formación de nuevas identidades, a la reconstrucción del sentido de lo nacional y lo local. Las propuestas de la industria cultural son retomadas y reformuladas no sólo a través de esas "nacionalizaciones" que efectúan las industrias locales, y en las que lo que se pone de "propio" suele ser una mezcla de burla con resentimiento, sino también a través de "la capacidad de las comunidades para transformar lo que ven en otra cosa y para vivirlo de otra manera" (Monsiváis, "Entrevista" 76).

La modernidad no es una escena única y homogénea. Y su realización en América Latina es hoy, como lo fue en su primer impulso por los años treinta, radicalmente heterogénea. Del mismo modo que no es tampoco una la escena del pasado en que se encontraría la originaria verdad cultural de estos países. "Nuestra cultura se ha hecho todo el tiempo a mitad de camino entre residuos heterogéneos e innovaciones truncas", de ahí que "las categorías que distinguen lo culto de lo popular y ambos de lo masivo fracasen una y otra vez" (García Canclini, "Un debate entre tradición y modernidad" 44). A la hora de pensar el entramado cultural, el mestizaje incesante que dinamiza las atípicas formaciones culturales de nuestros pueblos. Como fracasan también los intentos de mantener separado lo tradicional de lo moderno en un continente donde la heterogeneidad cultural tiene menos que ver con la superposición de culturas extrañas unas a otras, que con "una suerte de posmodernismo regional *avant la lettre* que sin embargo es plenamente constitutivo de nuestra modernidad" (García Canclini, "Un debate entre tradición y modernidad" 44). *Heterogeneidad* que no es por tanto mera diversidad sino algo mucho más fuerte: el modo excéntrico, esquizoide de producción y participación de estas culturas —incluidas y excluidas al mismo tiempo— en el mercado internacional. Vivimos incorporados a una modernidad "cuyo corazón está lejos de nuestra cultura", vivimos en un mundo cultural que hace sentido pero "un sentido fuera de lugar, arrancado de contexto e injertado en una cultura otra" (Brunner, *Los debates sobre la modernidad y el futuro de América Latina* 38).

¿Qué tipo de políticas será capaz de asumir la heterogeneidad de la producción simbólica? ¿Cómo podrá responder a las nuevas demandas culturales y enfrentar sin fatalismos chauvinistas las lógicas y dinámicas de la transnacionalización? Sólo aquellas que pongan en juego una nueva idea de *lo público* que no se agote en el ámbito recortado por lo estatal, y una idea de lo nacional que no lo identifique con la simple negación del afuera. Necesitamos una concepción de *lo público* que dé entrada a todo aquello que no cabe en el patrimonio rescatable por la memoria oficial: todo aquel conjunto de producción cultural que proviene de la sociedad civil en la multiplicidad de sus instituciones, de las organizaciones comunales o barriales, donde la gente produce la narración de su historia y su vida cotidiana hecha música, danza, teatro, y también cocina, tejido, plástica y relato oral. Esto se torna cada día más estratégico en un mundo en el que el aparato comunicacional —ahondando tendencias sociales que tienen causas estructurales y no sólo tecnológicas— está reforzando la tendencia al repliegue sobre lo privado empobreciendo el tejido colectivo de la experiencia humana. Una política democrática será entonces aquélla que busque contrarrestar esa tendencia no con medidas que marginen a la colectividad del contacto con las nuevas tecnologías sino aquélla que sostenga y apoye toda actividad y práctica cultural que fortalezca el tejido social, esto es aquélla que estimule las formas de encuentro y reconocimiento comunitario.[92] Estamos necesitados, por otro lado,

---

[92] Ver a ese propósito: Manuel Castells, "El nuevo entorno tecnológico de la vida cotidiana". *El desafío tecnológico*. Madrid: Alianza, 1986; también: Richard Sennet, *Narcisismo y cultura moderna*. Barcelona: Kairos, 1980.

de una concepción de *lo nacional* que no opere *por substracción* (Schwarz, "Nacional por substracción" 15 y ss.) —sólo sería nacional lo que queda después de eliminar todo lo que no es nativo— ni por unificación centralizadora, y que nos permita reconstituir *la nación desde abajo*: una nación se integra descentralizándose, esto es poniendo a comunicar sus regiones, sus diferencias, sin pasar por el centro.

Al menos en América Latina la cuestión de las identidades culturales, y de la incidencia de los procesos y los aparatos comunicativos en su destrucción o reconstitución, se ha convertido en una cuestión decisiva en la medida misma en que "la incapacidad de las soluciones meramente económicas o políticas para controlar las contradicciones sociales, las explosiones demográficas y la degradación ecológica han llevado a políticos y científicos a preguntarse por las bases culturales de la producción y del poder" (García Canclini, *Políticas culturales en América Latina* 22). Pero como al mismo tiempo la crisis económica incita a los estados a marginar su presencia del campo cultural restringiendo el ámbito de sus operaciones y reduciendo su voz a la retórica de un discurso atrapado entre el folclorismo y el didacticismo, urge reafirmar que el sentido de la intervención de la política en la comunicación y la cultura concierne tanto o más que a la administración de unas instituciones, a la distribución de unos bienes o la regulación de unas frecuencias, al espacio de la producción del sentido en la sociedad y a los principios del reconocimiento entre los ciudadanos (Landi, *Cultura política en la transición democrática*). Se trata justamente del espacio en el que es imposible desligar las dinámicas y los bloqueos en la comunicación de los logros y los fracasos de los pueblos en la lucha por su identidad cultural.

Latinoamericana modernidad de la comunicación

También América Latina vive a su modo la ambigua pero estratégica centralidad de la comunicación como prenda de la modernidad. Durante la "perdida década" de los ochenta, la única industria en la que se hicieron grandes inversiones y que tuvo un notable desarrollo fue la de las comunicaciones. Valgan como muestra estos datos (Alfonso, *Televisión de servicio público, televisión lucrativa en América Latina*): el número de emisoras de televisión

al sur de la modernidad

pasó; entre mediados de los setenta y los ochenta, de 400 a 1500; Brasil y México se dotaron de satélites propios; la radio y la televisión abrieron enlaces mundiales vía satélite en la mayoría de estos países, se implantaron redes de datos, antenas parabólicas, redes de televisión por cable y se establecieron en varios países canales regionales de televisión. Así mismo, desde los ochenta las telecomunicaciones y la informatización se han convertido a la vez en espacio de punta de la apertura económica, en justificación del modelo neoliberal. Ello se ha hecho evidente en la prioridad otorgada a la privatización de las empresas de telecomunicaciones desde Argentina a Perú, pasando por Colombia, en la privatización de la televisión en los pocos países en los que, como México y Colombia, aún quedaban algunos canales públicos. ¿Por qué esa prioridad dada a la privatización de las empresas de comunicación sino por que ese espacio se ha tornado estratégico no sólo en el plano de la renovación tecnológica sino en el de las decisiones macroeconómicas? O dicho en otra forma: el enclave tecnológico y político de la comunicación se ha vuelto decisivo en el diseño y reorganización de la economía y de la sociedad. Lo que a su vez ha implicado —como una especie de presupuesto— la idea de que las instancias públicas serían incapaces de entender y manejar la envergadura de las apuestas y los cambios que entrañan las innovaciones tecnológicas en el campo de la comunicación. De esa manera la iniciativa en este campo es dejada al movimiento del mercado, al tiempo que ¡la intervención del Estado es vista como una intromisión lindante con propósitos de censura! La ceremonia de la confusión ha conducido a dejar sin piso aquello que por años se entendió como *servicio público* (Dragó, *Integración y comunicación*) y que ahora se ha tornado imprescindible repensar si queremos que guarde algún sentido la democracia misma.

Pensar la relación entre modernidad y comunicación en América Latina nos exige entonces soltar pesadas herencias teóricas y lastres ideológicos que nos están impidiendo analizar las industrias culturales en cuanto matrices de desorganización y reorganización de la experiencia social. Matrices que operan en el cruce de las desterritorializaciones y relocalizaciones que acarrean las migraciones sociales y las fragmentaciones de la vida urbana. Una experiencia urbana que viene a echar por tierra aquella bien

151

mantenida y legitimada separación que colocó la masificación o la industrialización de los bienes culturales en los antípodas del desarrollo social permitiéndole así a las elites adherir fascinadamente a la modernidad tecnológica mientras conservaban su rechazo y su asco a la diseminación de los centros de poder cultural y a la expansión y democratización de la creatividad. Es esa misma experiencia nueva la que nos está obligando a repensar las relaciones entre cultura y política, a conectar la cuestión de las políticas culturales con las transformaciones de la cultura política y a asumir ésta en lo que tiene de espesor comunicativo. Pues una cultura política es un modo de interpelación entre actores sociales, una trama de interpelaciones y discursos mediante la que se constituyen en sujetos (Landi, *Reconstrucciones: las nuevas formas de la cultura política*). Es por ello que las transformaciones de la modernidad nos están exigiendo pensar la comunicación no sólo como asunto de mercados y tecnologías sino como espacio decisivo en la construcción de la democracia.

¿Qué papel han jugado los medios y los modos de comunicación a lo largo de ese proceso? La modernización que atravesamos entraña un fuerte cambio con la posición que tuvieron. La idea de modernidad que sostiene el proyecto de construcción de *naciones modernas* en los treinta articula un movimiento económico —entrada de las economías nacionales a formar parte del mercado internacional— a un proyecto político: constituirlas en naciones mediante la creación de una cultura, una identidad y un *sentimiento nacional*. Proyecto que sólo será posible mediante la comunicación entre masas urbanas y Estado. Los medios, y especialmente la radio, se convertirán en voceros de la interpelación que desde el Estado convertía a las masas en pueblo y al pueblo en nación. Los caudillos populistas encontrarían en la radio el medio que les posibilitó un nuevo modo de comunicación y la emergencia de un nuevo discurso político que venía a romper con la retórica de los sermones y también con la del parlamento. Oscar Landi ha estudiado la modernidad del discurso de Peron (*Crisis y lenguajes políticos*) en el que, junto con los de la revolución mexicana, se hallan las primeras interpelaciones a los obreros y campesinos como *ciudadanos*. Un discurso nuevo que tuvo en la radio una mediación fundamental con el lenguaje "popular", con su capacidad de reelaborar la oralidad y ciertas maneras de la expresividad coloquial que enlazan lo territorial con lo

al sur de la modernidad

discursivo: el paso de la racionalidad expresivo-simbólica a la racionalidad informativo-instrumental que organiza la modernidad. El proceso que vivimos hoy no sólo es distinto sino, en buena medida, inverso: los medios de comunicación son uno de los más poderosos agentes de devaluación de lo nacional (Schwarz, "Nacional por substracción" 15 y ss.). Lo que desde ellos se configura hoy, de una manera más explícita en la percepción de los jóvenes, es la emergencia de *culturas sin memoria territorial*, o en las que lo territorial ha pasado a un plano secundario. Frente a las culturas cuyo eje es la lengua y por lo tanto el territorio, las nuevas culturas musicales y visuales rebasan aquella adscripción produciendo comunidades nuevas difícilmente comprensibles y comparables con las territoriales. Culturas que por estar ligadas a estratagemas del mercado trasnacional de la televisión, del disco o del video, no pueden ser subvaloradas en lo que ellas implican como nuevos modos de operar y percibir la identidad. Identidades de temporalidades menos "largas" más precarias, dotadas de una plasticidad que les permite amalgamar ingredientes que provienen de mundos culturales muy diversos, y por lo tanto atravesadas por discontinuidades, por no-contemporaneidades en las que conviven gestos atávicos, residuos modernistas, rupturas radicales. Qué difícil no proyectar sobre esas nuevas sensibilidades desterritorializadas la dicotomía fundante de los estados nacionales haciéndonos aún más difícil comunicar a los jóvenes el sentido y el valor que aún puede tener lo nacional. Y sin embargo los medios introducen hoy un orden otro de organización de lo cultural que no es pensable en términos de nacional/antinacional. Pues lo que ellos ponen en juego es un contradictorio movimiento de globalización y fragmentación de la cultura, de mundialización y revitalización de lo local. Tanto la prensa como la radio y aceleradamente la televisión son hoy los más interesados en *diferenciar* las culturas ya sea por regiones o por edades, y al mismo tiempo poder conectarlas a los ritmos e imágenes de lo global. De manera que la devaluación de lo nacional no proviene únicamente de la desterritorialización que efectuan los circuitos de la interconexión global de la economía y la cultura-mundo sino de la erosión interna que produce la *liberación de las diferencias*, especialmente de las regionales y las generacionales. Mirada desde la cultura planetaria, lo nacional aparece provinciana y cargada de lastres estatalistas. Mirada desde la diversidad de las culturas locales, la nacional es identificada con la homogenización centralista y el acartonamiento oficialista. Lo nacional en la cultura resulta ser un ámbito rebasado en ambas direcciones que replantea así el sentido de las *fronteras*. ¿Qué sentido guardan las fronteras geográficas en un mundo en el que los satélites pueden "fotografiar" la riqueza del subsuelo y en el que la información que pesa en las decisiones económicas circula por redes informales? Claro que sigue habiendo fronteras, pero ¿no son quizá hoy más insalvables que las nacionales las "viejas" fronteras de clase y de raza, y las nuevas fronteras tecnológicas y generacionales? Lo que no implica que lo nacional no conserve vigencia como mediación histórica de la memoria larga de los pueblos, precisamente esa que hace posible la comunicación entre generaciones; pero a condición de que esa vigencia no se confunda con la intolerancia que hoy rebrota en ciertos nacionalismos y particularismos potenciados quizá por la disolución de fronteras que vive especialmente el mundo occidental.

Pues si la libertad de opinión y de prensa constituyó una clave estratégica en la conformación de la primera modernidad, hoy es la cuestión de la *diferencia* en la cultura y el *pluralismo* en la comunicación la que se ha vuelto crucial a la hora de pensar el tejido e imaginar las figuras de la modernidad/democracia en la encrucijada del fin y comienzo de siglo. Pero ¿de qué estamos hablando cuando hablamos de *pluralismo*? ¿De una cuestión que concierne a problemas de *estructura* de la comunicación, ya sea en el plano del reconocimiento entre los pueblos, las etnias y las razas, las edades y los sexos, y en el de la flagrante desigualdad del acceso a los medios que aun padecen tanto las mayorías como las minorías? ¿O de las *levedades* posmodernas de una comunicación des-cargada, por el milagro tecnológico, de la pesadez de los conflictos y la opacidad de los actores sociales, en la que "se liberan las diferencias" y, sin necesidad de encontrarse, todos "comunican"?

Desde el centro, tanto en Europa como en los Estados Unidos, no son pocos ni de poca monta los pensadores que afirman que la cuestión de la identidad se centra hoy en la *liberación de las diferencias*, y que ésta es resultado de la acción de los medios masivos. Explicitando lo que otros intelectuales sienten quizás pudor de expresar, Gianni Vattimo afirma: "Los medios han sido determinantes para el venir a darse de la disolución de los puntos de vista centrales (...) A pesar de cualquier esfuerzo por parte de los

al sur de la modernidad

monopolios y las grandes centrales capitalistas, la radio, la televisión, los periódicos se han convertido en componentes de una explosión y multiplicación generalizada de visiones del mundo" (Vattimo, *La sociedad transparente* 78-79). Lo que conduce a Vattimo a una muy particular lectura de Walter Benjamin, según la cual los medios serían la clave del *sensorium* posmoderno: aquella pluralización que disuelve los puntos de vista unitarios y hace emerger de modo irrefrenable la palabra de las minorías de todo tipo en todo el mundo. Sería cerrar los ojos negar el estallido que hoy sufren las visiones unitarias de la historia y las concepciones totalitarias. Resulta asimismo imposible desconocer que en las sociedades latinoamericanas los medios, al posibilitar el acceso a otras visiones del mundo y a otras costumbres, han contribuido a enfriar los sectarismos políticos y religiosos, a relajar los talantes represivos y las tendencias autoritarias. Pero en estos países, la tolerancia, ese rasgo definitorio de la modernidad, que está en la base de la actual valoración del pluralismo, ha tenido un camino difícil. "Podría narrarse la historia de América Latina como una continua y recíproca 'ocupación de terreno'. Ninguna frontera física y ningún límite social otorgan seguridad. Así nace y se interioriza de generación en generación un miedo ancestral al invasor, al otro, al diferente, venga 'de arriba' o 'de abajo'" afirma Norbert Lechner (*Los patios interiores de la democracia* 99). Ese miedo tornará precario el orden colectivo generando una situación de desconfianza y rechazo de la pluralidad. Fue a partir de la crisis de los setenta cuando se puso en cuestión el modelo que exigía desconocer o disolver las identidades étnicas o de género, regionales o sectoriales, como condición indispensable de la construcción del proyecto político. La posibilidad de pensar la sociedad como un ser plural se halla ligada a la emergencia de movimientos sociales en los que empieza a ser superada una concepción puramente táctica de democracia, esto es como mera estratagema para la toma del poder. Movimientos sociales en los que son revalorizadas las mediaciones de la sociedad civil y el sentido social de los conflictos más allá de su formulación política, haciendo posible la emergencia, como sujetos sociales, de las etnias y las regiones, los sexos y las generaciones. Lo que a su vez ha implicado una destotalización de la política que no es sólo desacralización de los principios sino de la idea misma y del alcance de lo que en ella se juega: la negociación y construcción colectiva de un orden. La política ya no puede pretender llenarlo o atravesarlo todo, ha encontrado también los límites que la diferencian de la ética y la cultura. Esa nueva perspectiva política hará a su vez visible y aceptable una nueva concepción de la identidad, hecha no tanto de esencias y raíces como de relaciones e interacciones. Los medios tienen, sin duda, mucho que ver con esos cambios de sensibilidad pero en forma bien contradictoria! Pues, como ningún otro, son escenario expresivo de las contradicciones de esta época. Los medios nos exponen cotidianamente a la diversidad de los gustos y las razones, a la diferencia, pero también a la *indiferencia*, a la creciente integración de lo heterogéno de las razas, de las etnias, de los pueblos, de los géneros en el *sistema de diferencias* con el que, según Baudrillard, Occidente conjura y neutraliza, funcionaliza a los *otros*: "mientras la diferencia prolifera al infinito en la moda, en las costumbres, en la cultura, la alteridad dura, la de la raza, la locura, la miseria ha terminado o se ha convertido en un producto escaso" (*La transparencia del mal* 134). Como si sólo sometidas al *esquema estructural de diferencias*, que Occidente propone, nos fuera posible relacionarnos con las otras culturas.

¿No constituyen los medios de comunicación uno de los dispositivos más eficaces de ese esquema? Y ello mediante los procedimientos más opuestos. Así opera el dispositivo de asimilación que para *acercar* las culturas silencia o adelgaza los trazos más conflictivamente heterogéneos y desafiantes, para lo cual no habrá más remedio que estereotipar y banalizar al otro, volverlo asimilable sin necesidad de descifrarlo. ¿No es acaso con imágenes esquemáticas y banales de los indígenas, de los negros, de los marginales que la mayoría de los discursos massmediáticos, especialmente de la televisión, nos aproximan a los otros? Y de forma parecida funciona el dispositivo de distanciamiento: se exotiza al otro, se lo folcloriza en un movimiento de afirmación de la heterogeneidad que al mismo tiempo que lo vuelve "interesante", lo excluye de nuestro universo negándole la capacidad de interpelarlos y cuestionarnos.[93]

---

[93] Sobre la "diferencia excluyente", véase Sodré Muñiz, *A verdade seduzida*. Rio de Janeiro: Codecri, 1983. 42 y ss.

al sur de la modernidad

Pero que nadie busque las razones de ese *esquema* —que desde los medios tiende a neutralizar las diferencias— en alguna perversión de la sensibilidad de la que tan positivamente habla Vattimo. Pues su racionalidad no es otra que la del complementario movimiento de globalización y fragmentación que configura la *modernidad-mundo*[94] de la economía y la cultura hoy, que es la modernidad espacial y temporalmente descentrada, deslocalizada de los contextos territoriales y materializada en la movilidad de la información y la tecnología.

---

[94] Sobre la categoría de "modernidad-mundo", véase Renato Ortiz, *Mundialização e cultura*. São Paulo: Brasiliense, 1994.

4. El tejido comunicativo de la democracia

"Para mantener y fomentar la identidad y las formas de comunicación autónomas, las comunidades debían abordar, las tecnologías de comunicación de masas (...) Pero una vez más, los movimientos sociales y las fuerzas de cambio político pasaron por alto el potencial de estos medios y lo que hicieron fue desconectar la televisión o utilizarla en forma puramente doctrinaria. No se intentó vincular la vida, la experiencia, la cultura del pueblo con el mundo de las imágenes y los sonidos".

Manuel Castells

El más viejo y gastado, a la vez que el más candente y renovador de los temas, *comunicación y democracia*, nos resulta hoy especialmente difícil de abordar. Porque tanto el mapa conceptual como las referencias históricas de esa relación se han tornado ambiguos y opacos. Mientras la academia sigue esforzándose por delimitar los hechos y aclarar las ideas, los procesos de la vida social parecen finalmente empeñados en confundirlos y emborronarlos. De ahí que lo que sigue sea una reflexión más atenta a dibujar los rasgos de la situación y del clima intelectual en que nos encontramos que a pulir las categorías con que esos rasgos deben ser pensados.

Nuestra renovada preocupación por la democracia viene a producirse en un momento dominado por la envergadura sociocultural de los cambios tecnológicos, la radicalidad de un *subdesarrollo* acelerado, la desestructuración política del mundo socialista y la crisis de identidad ideológica y ética de las democracias occidentales en las que parecería desdibujarse aceleradamente el horizonte de la emancipación. Pero ¿podrá la democracia sobrevivir sin utopía, y tendrá sentido seguir hablando de *comunicación* en un mundo que, según los epígonos de la revolución tecnológica, se halla autorregulado por la información?.

Paradoja de las políticas y limitaciones de lo alternativo

El sentido del *fracaso* político ha podido ser tematizado en el empeño por comprender esa experiencia límite a que se enfrentaron los países dominados por regímenes autoritarios —Brasil, Argentina, Chile, Uruguay. Esa comprensión se efectuó primero, a la luz de lo negado, esto es, de los modos en que en la sociedad se comunica que el poder rompe las reglas mínimas de la convivencia democrática y estrangula la libertad y los derechos ciudadanos censurando, destruyendo, amordazando los medios hasta convertirlos en mera caja de resonancia a la voz del amo.[95] Ante la represión que obtura los canales normales, la gente, desde las comunidades barriales o religiosas hasta las asociaciones profesionales, redescubre la capacidad comunicativa de las prácticas cotidianas y los canales subalternos o simplemente alternos; del recado que corre de voz en voz al volante mimeografiado, al casete de audio o el video difundidos de mano en mano, hasta el aprovechamiento de los resquicios que deja el sistema oficial. En esa situación, la sociedad des-cubre que la competencia comunicativa de un medio se halla menos ligada a la potencia tecnológica del medio mismo que a la capacidad de resonancia y de convocatoria con que la carga la situación política y la representatividad social de las voces que por el medio hablan. De ahí sus fuerza y sus límites: al cambiar la situación y redefinirse los términos y el sentido de la representatividad, la eficacia del medio y del modo de comunicación cambiarán también. Es por eso que las experiencias alternativas no han aportado tanto como algunos esperaban a la hora de la transición, esto es de traducirlas en propuestas directas de transformación de la comunicación institucional. Pero esa inadaptación no puede hacernos olvidar lo que la experiencia límite sacó a flote: la reubicación del peso y el valor político de la comunicación en el espacio de la sociedad civil, de sus demandas y sus modos de organización, de su capacidad de construir la interpelación política en el intertexto de cualquier discurso —estético, religioso, científico— y del sentido estratégico que tuvo la comunicación en la reconstrucción del tejido de una socialidad democrática.

Por otro lado, la inadaptabilidad de las experiencias alternativas nos exige relacionar la cuestión comunicación/democracia con los impases de un pensamiento crítico más preocupado por la destrucción o la toma del Estado que por la transformación de la sociedad, más atento al funcionamiento de los aparatos ideológicos que a la dinámica de los actores sociales, con más herramientas para explicar la lógica de la reproducción del sistema que para

---

[95] Elizabeth Fox y Héctor Schmucler, *Comunicación y democracia en América Latina*. Lima: Desco/Clacso, 1982; H. Mouraro, "La comunicación masiva durante la dictadura militar y la transición a la democracia en la Argentina". *Medios, transformación y cultura política*. Buenos Aires: Legasa, 1987.

al sur de la modernidad

comprender la significación de las contradicciones, de los movimientos sociales y la creación cultural. No es extraño entonces que más que como cuestión de democracia, esto es referida a la *forma de la sociedad* —de la que forman parte Estado y mercado, partidos y movimientos, instituciones y vida cotidiana— la comunicación que recortan y focalizan las políticas nacionales se agotó en el ámbito de lo democratizable y pensable desde la institucionalidad estatal. Las limitaciones y tentaciones marginalistas que cercan lo alternativo tienen que ver, por su lado, con las enormes dificultades que aún experimentan las izquierdas para incluir la cuestión de la comunicación como algo decisivo en la construcción de la política, no sólo en lo que concierne a la propaganda y a las imágenes electorales sino a las profundas transformaciones que está sufriendo la representación misma y el espacio de lo político.

Enfriamiento de la política y erosión de la socialidad

Una idea nueva de democracia se abre camino en la América Latina desde fines de los años ochenta. No sólo como reacción a lo vivido en el tiempo de las dictaduras sino como cambio en la comprensión misma de la sociedad: reconocimiento del sentido social de los conflictos por encima de su formulación y sintetización políticas, revalorización de las mediaciones y articulaciones de la sociedad civil, afirmación de las experiencias colectivas al margen de las formas partidarias (Casullo, "Cultura popular y política desde una reflexión sobre el intelectual"). De la sospecha con la que despectivamente fuera tachada de burguesa y formal, la democracia ha pasado a constituirse en condición preliminar de la solución de los problemas tanto en el ámbito de lo económico como de los derechos humanos. Pero ese reconocimiento y esa revalorización se ven acompañadas de un profundo desencanto, de un "enfriamiento de la política" (Lechner, "La democratización en el contexto de la cultura postmoderna") que, especialmente en las izquierdas, expresa el surgimiento de una nueva sensibilidad marcada por el abandono de las totalizaciones ideológicas, la desacralización de los principios políticos y la resignificación de la utopía en términos de la negociación como forma de construcción colectiva del orden. La secularización de la política significa entonces el predominio de su dimensión *contractual* (Marramao, *Metapolítica: más allá de los esquemas binarios acción/sistema y comunicación/estrategica*) sobre la comunitaria, con la consiguiente focalización de la atención sobre la diferenciación y especificidad de su espacio y el predominio de la racionalidad instrumental, de las capacidades de gestión. Será de ese *enfriamiento*, y del vacío que él crea, de donde emerjan los *nuevos* movimientos sociales: constituidos a un mismo tiempo desde la experiencia cotidiana del desencuentro entre demandas sociales e instituciones políticas, y de la defensa de las identidades colectivas y sus formas propias de comunicación (Castells, *La ciudad y las masas*). A su manera, los movimientos sociales, étnicos, regionales, feministas, ecológicos, juveniles, de consumidores, de homosexuales, dan forma a todo aquello que una racionalidad política, que se creyó omni-comprensiva de la conflictividad social, no es capaz de representar. Al movilizar identidades, subjetividades e imaginarios colectivos en formación, o al superar oposiciones basadas en dicotomías barridas por los procesos de transnacionalización y desterritorialización económica y cultural, esos movimientos desafían la lógica de la política. Pero al no encontrar formas de expresión en el sistema político, esto es, al no lograr articulaciones que les permitan superar la fragmentación, esos movimientos, especialmente en América Latina, pueden llegar a convertirse en amenazas y erosión de nuestras precarias instituciones democráticas.

Paradojas de este extraño tiempo en que vivimos: la secularización de la política le resta la pretensión de lo absoluto a las ideologías y desactiva las intolerancias abriendo el camino a nuevas formas de convivencia y construcción de la vida social, pero al mismo tiempo reduce el espacio público de la deliberación *privatizando unos temas*, restringiéndolos al dominio exclusivo de los saberes técnicos y legitimando así un estrechamiento de la participación democrática en la toma de decisiones. Por otro lado, la dinámica de renovación de la vida política que los movimientos sociales activan, al destotalizar la reapropiación de la sociedad e introducir la pluralidad de dimensiones y demandas, puede sin embargo horadar seriamente las bases del consenso y debilitar así las formas primordiales de la negociación y el necesario carácter integrador de las propuestas de transformación social.

Pero en su radical ambigüedad, la secularización de la política nos habla de otra cosa: de que los cambios están calando hasta las

al sur de la modernidad

formas mismas de la *socialidad*. En el origen de esos cambios se halla la erosión progresiva de la legitimidad del Estado y el distanciamiento creciente entre tecnoestructura y ciudadano, por la autonomización de la esfera científico-técnica respecto al conjunto de la sociedad, a su capacidad de decisión. El movimiento de conjunción y sumisión a la racionalidad administrativa de los dos polos en que se apoyó la construcción de la modernidad –estado y mercado– produce su independización y alejamiento de los *mundos de vida* (Habermas, "Dialéctica de la racionalización"). Y como no existe una "producción administrativa del sentido" lo que estaríamos viviendo sería la *implosión de lo social* (Baudrillard, *A la sombra de las mayorías silenciosas*): la sociedad se vacía de sentido al ritmo en que se llena de información, se convierte en algo cuya existencia es ya sólo estadística y cuya expresión última se hallaría en la simulación que la masa efectúa de lo social. La información no sería sino aquello con lo que la administración busca liberar la energía de la masa para *hacer con ella algo social*.

La peligrosa recaída en la totalización, a que conduce el desencanto político y ético, versión Baudrillard, no le quita fuerza a la radicalidad con que debe ser analizada la relación entre hegemonía de la racionalidad tecnológica y disgregación de lo social. Porque esa relación no tiene nada de abstracta, *ella es visible* en los cambios que las tecnologías de la información están produciendo en el entorno y la materialidad de la vida cotidiana. Esto empieza por el desfase generacional y la esquizofrenia cultural que origina la rapidez con que el cambio tecnológico afecta la esfera educativa y laboral. Afectados por la obsolescencia de sus capacidades y destrezas, por su dificultad para adaptarse a los nuevos escenarios y procesos productivos, los adultos miran las nuevas tecnologías como una poderosa amenaza, mientras los jóvenes, familiarizados desde temprano con el nuevo entorno tecnológico y con su imaginario, ven en ellas la fuente de una nueva legitimidad. Al ahondar viejas divisiones, reordenar el mapa de las diferenciaciones, y desterritorializar las identidades, las nuevas tecnologías fragmentan el hábitat cultural (Richeri, *La televisión: entre servicio público y negocio*), disuelven el horizonte común a una sociedad, el tejido de símbolos que cohesiona su representación compartida a nivel colectivo.

163

Por efecto convergente de aquella deslegitimación de lo político y de esta fragmentación de lo social, la gente busca nuevas modalidades de juntarse, de agruparse en *socialidades tribales* que, derivadas del propio desarrollo tecnológico y marginales a la racionalidad institucional, retoman viejas pulsiones de lo comunitario. Son agrupaciones precarias y viscosas, generadas por la comunicación —puesta en común— de gestos y de gustos, de miedos y expectativas, fuertemente marcadas por la "lógica de la identificación" sexual, generacional, profesional, etc. Frente a esta fragmentación y reorganización de la socialidad, los mediadores tradicionales se hallan tanto política como culturalmente desconcertados. En su lucha contra los tecnócratas, los intelectuales se erigen en "guardianes de la moralidad" (Gouldner, *El futuro de los intelectuales y el ascenso de la nueva clase*) en que se sostiene su hegemonía, pero sólo al precio de fragmentar, ellos también, la racionalidad de lo social y poder así descalificar moralmente la eficiencia instrumental. Por su parte los comunicadores, al obtener su legitimación del lugar estratégico que la mediación tecnológica ocupa en la reordenación de la cultura y la política, experimentan grandes dificultades para comprender y valorar el tiempo largo en que se producen los cambios de la socialidad, viéndose así atrapados en una "actualidad" devorada por el presente inmediato y la rentabilidad informacional. La democracia se halla pues desgarrada, en un nivel menos visible pero no menos vital, entre el apego fundamentalista a unas instituciones en las que lo social se congela pero sin las cuales la sociedad estallaría, y el experimentalismo de socialidades y sensibilidades centradas en lo próximo y lo íntimo, en lo cotidiano y lo local; desgarrada también entre el pesimismo iluminado de los moralistas y el pragmatismo cínico de los tecnólogos.

Comunicación y espectáculo

La percepción compartida por estudiosos de la comunicación y analistas de la política es que en el funcionamiento de los medios masivos, y en particular de la televisión, toma forma una especial disolución de lo político. De modo cada día más intenso y excluyente lo público se identifica con lo que es escenificado en los medios masivos. Pero no sólo por parte de los televidentes, también entre los políticos crece la asimilación del discurso político a los modelos

al sur de la modernidad

de comunicación que propone la televisión. La espectacularización no sería entonces únicamente el efecto del medio sobre el mensaje sino la forma misma del discurso de la política en un tiempo en el que "progresivamente separados del tejido social de referencia los partidos se reducen a sujetos de un evento espectacular lo mismo que los otros" (Riecheri).[96] La comprensión de lo que la *espectacularización* de la política pone en juego exigirá un replantamiento tanto del marco del análisis político como del modelo de comunicación.

Desde el análisis político el debate sobre la modernidad está sirviendo para desplazar el centro de gravedad de las cuestiones del orden y el conflicto hacia "el tema de la pluridimensionalidad del tiempo histórico, de la persistencia de estratos profundos de la memoria y la mentalidad colectiva coexistentes con la modernización" (Marramao, *Metapolítica: más allá de los esquemas binarios acción/sistema y comunicación/estrategia*). Pues sólo desde esa temporalidad se hacen descifrables las redes simbólicas en que se producen las nuevas interacciones conflictivas. Y si la política es dimensión constitutiva de las *colectividades identificantes*, lo es en la medida en que ella misma se halla constituida por componentes simbólicos de solidaridad, de ritualidad y teatralidad. De eso trata de dar cuenta la atención, hoy creciente en América Latina, a la cultura política, esto es a "las formas de intervención de los lenguajes y las culturas en la constitución de los actores y el sistema político" (Landi, *Crisis y lenguaje políticos*). Emerge así al primer plano la cuestión de los modos de interpelación y reconocimiento, de comunicación, en que los actores políticos se constituyen. Pues en la base de la concepción instrumental que de la democracia han tendido las izquierdas se hallaba una concepción sustancialista de los sujetos sociales y una visión puramente reproductiva de los procesos de comunicación. Ante entidades que reposan sobre sí mismas (las clases) o en las que lo representarle se halla definido antes y por fuera del ejercicio de la representación (los partidos), la política acababa como un juego truncado y un espacio improductivo. Tomar en serio la democracia significará asumir a fondo la trama cultural y comunicativa de la política: por una parte, que la productividad social de la política no

---

[96] Véase Guiseppe Richeri "Crisis de la sociedad y crisis de la televisión". *Contratexto* 4 (Lima, 1989).

165

es separable de las batallas que se libran en el terreno simbólico, pues lo que la política pone en juego es en último término "la producción del sentido en la sociedad y los principios del reconocimiento mutuo"; y por otra, que el carácter participativo de la democracia se halla cada día más ligado a los modos en que se produce la comunicación. Ese camino por hacer desde la política exige un replantamiento similar en el campo de la comunicación. Un campo que se halla todavía dominado por la polarización entre un modelo pura y duramente instrumental de los conocimientos pertinentes a ese campo, y otro denunciatorio y voluntarista, incapaz de articular en la práctica una teoría social crítica al análisis de la dinámica propia de los procesos comunicativos. Los avances más significativos en este campo son los que están permitiendo desplazar el modelo informacional, a cuya hegemonía ha contribuido no sólo el perfecto ajuste entre proyecto difusionista y paradigma conductista sino la complicidad que aquél halló en una teoría crítica dominada por la lógica de la reproducción social y una concepción instrumental de los medios que los reducía a aparatos ideológicos. La superación del modelo informacional —que identifica la comunicación con el proceso de transmisión de significados ya dados, esto es anteriores al proceso mismo de la comunicación— pasa por colocar como eje el carácter productivo de las mediaciones y los actores del proceso comunicativo entero, esto es la naturaleza transaccional y negociada de toda comunicación. Sólo desde esa nueva perspectiva se hace posible articular el análisis de las *formas institucionales* que reviste la comunicación con el de las lógicas que rigen la *organización de la producción cultural* y la dinámica específica de los *usos sociales* de los medios y los productos comunicativos. Se hacen así pensables las *asimetrías* constitutivas de la comunicación colectiva, esto es "la diversidad de las competencias comunicativas del emisor y el receptor y la articulación diferenciada de los criterios de pertinencia y significancia de los textos masivos" (Van Dijik, *La ciencia del texto*). Lo que vendrá a colocar en el centro del análisis el espacio de la recepción: la especificidad de los modos de reconocimiento y apropiación. En América Latina esto ha implicado una particular atención a las discontinuidades y destiempos culturales que cubre una modernidad *heterogénea*, no sólo en el sentido de la diversidad sino en el modo excéntrico, esquizoide, de participación de nuestras

al sur de la modernidad

culturas en el mercado internacional (Brunner, "Notas sobre la modernidad y lo postmoderno en la cultura latinoamericana") y también a la vigencia de unas culturas populares que si han servido frecuentemente de sustento a los estatismos populistas y a los chovinismos románticos, siguen siendo hoy el espacio de nuevos mestizajes y de algunas de las dinámicas culturales más nuestras. Sobre esa perspectiva converge el análisis de la "sociedad receptora" (Fuenzalida y Hermosilla, *Visiones y ambiciones del televidente*) en cuanto espacio de resemantización y apropiación de los televidentes, considerados no como individuos aislados sino como colectividades en cuyos diferentes modos de ver se expresan demandas de comunicación y exigencias de participación en la formulación de una televisión democrática.

Desde ese doble replanteamiento del contenido de la política y del sentido de la comunicación se vislumbran algunos rasgos de una perspectiva nueva sobre las relaciones entre comunicación y democracia. El primero de esos rasgos acentúa el carácter *sustitutivo* de la mediación comunicativa y podría plantearse así: la desproporción del espacio social ocupado por los medios de comunicación en países con carencias estructurales como los de América Latina —en términos de la importancia económica de sus empresas y de la importancia política que adquiere lo que en los medios aparece— es proporcional a la ausencia de espacios adecuados a la expresión y negociación de unos conflictos que desbordan lo institucionalmente representable, esto es a la no representación en el discurso de la política y de la cultura de dimensiones clave de la vida y de los modos de sentir de las mayorías. Es la realidad de unos países con muy débil sociedad civil y una profunda esquizofrenia cultural la que recarga cotidianamente la capacidad de representación que han adquirido los medios. Se trata de una capacidad de interpelación que no puede ser confundida con los *raitings* de audiencia. No sólo porque esos *raitings* de lo que nos hablan —en el caso de la televisión— es apenas de los aparatos encendidos y de cuánta gente está mirándolos pero no de quiénes y de cómo los ven, sino porque el verdadero poder de la televisión reside en configurar y proyectar imaginarios colectivos: esa mezcla de representaciones e imágenes desde las que vivimos y soñamos, nos agrupamos y nos identificamos. Y eso va mucho más allá de lo medible en horas que pasamos frente al televisor y de los programas que efectivamente vemos. No se trata de que la cantidad de tiempo dedicado o los programas más frecuentados no cuente, lo que planteamos es que el peso político y cultural de la televisión –como el de cualquier otro medio– sólo puede ser evaluado en términos de la *mediación social que logran sus imágenes*. Y esa capacidad de mediación proviene menos del desarrollo tecnológico del medio o de la modernización de sus formatos que del modo cómo la sociedad se mira en ese medio: de lo que de él espera y de lo que le pide.

El segundo rasgo recupera para la mediación comunicativa su carácter *constitutivo*. Pues aunque sometidos a la lógica del mercado los medios de comunicación operan, y cada día con más fuerza, como espacios de *reconocimiento social*. De ahí que la espectacularización de la política en la televisión hable a la vez del vaciado político que producen las *imágenes* pero también del modo en que la mediación televisiva complejiza y densifica las dimensiones rituales y teatrales de la política. El medio no se limita a recoger representaciones políticas preexistentes y traducirlas a su lenguaje, el medio no se limita a sustituir sino que ha entrado a *constituir una escena fundamental de construcción de la vida política* (Sunkel, "Imágenes de la política en televisión"). La televisión exige a la política negociar las formas de su mediación: es la condición que le pone a cambio de darle acceso al eje de la mirada (Verón, "La palabra adversativa. Observaciones sobre la enunciación política") desde el que la política puede penetrar el espacio cotidiano reelaborando su discurso para volverse arte de la corporeidad, la gestualidad y teatralidad del mundo cotidiano, que es donde se juega, tanto como en las instituciones parlamentarias, la transformación de nuestras culturas políticas y las posibilidades de renovación y profundización de la democracia.

Medios de comunicación y cultura democrática

La relación democracia/medios nos está exigiendo pensar la cultura como mediación ya que la tendencia dominante a la hora de pensar políticamente los medios es aquella que los desvincula de los *procesos sociales de comunicación*. La concepción imperante tanto en los ámbitos políticos como empresariales es la instrumental, que identifica comunicación con aparatos, tecnologías y efectos, sin atender a la naturaleza comunicativa de la cultura y al espesor cultural

al sur de la modernidad

de la comunicación. Colocar en el foco esa mediación equivale a propugnar de entrada una nueva concepción que posibilite comprender que algunas de las transformaciones sociales más decisivas que vivimos hoy pasan por los cambios en el entramado cultural de la comunicación. Pues no se trata únicamente de cambios en los contenidos o en los formatos de la cultura sino de cambios en los modos de percibir, construir y expresar las identidades, de cambios en la sensibilidad, en el tejido social de la percepción.

La primera consecuencia de lo anterior consiste en enfrentarnos a que la cultura cotidiana de las mayorías se halla cada día más moldeada por las propuestas, las ofertas y los modelos culturales de los medios masivos. Por más escandaloso que parezca, es ya un hecho que las mayorías en América Latina se incorporan a y se apropian de la modernidad no de la mano del libro, no siguiendo el proyecto ilustrado, sino desde los formatos y los géneros de las industrias culturales del audiovisual. El reto que esa transformación cultural implica deja obsoletos tanto los ilustrados como los populistas modos de analizar y valorar. Pero será cada día más dificl seguir tachando de inculta y premoderna una sensibilidad que desafía nuestras *viejas* nociones de cultura y de modernidad.

En un segundo plano, los medios aparecen como agentes de reorganización del campo cultural: espacios de punta en la industrialización y comercialización de la cultura, en el desplazamiento de las tradicionales fuentes de producción por instituciones y empresas especializadas que responden a dispositivos tecnológicos e intereses económicos cada día más enganchados a las lógicas transnacionales del mercado mundial. Es hora, por lo tanto, de pensar la homogeneización por fuera de su acostumbrada vaguedad desagregando las operaciones que entraña. En su sentido fuerte —transnacional— la acción de los medios se inserta en el proceso de desvalorización y neutralización tanto de lo propio como de lo otro, esto es de pérdida del sentido del intercambio entre las diferentes culturas por imposiciones y refuncionalizaciones que las integran desintegrándolas y las subordinan indiferenciándolas. Pero homogeneización significa también desterritorialización, emergencia de culturas y subculturas sin referencia o memoria territorial. Para quienes venimos de una idea de cultura ligada indisolublemente a la lengua, y por tanto a un territorio, las nuevas culturas de la música y el video aparecen como amenazas y disoluciones de lo nacional.

Pero en la nueva percepción de los jóvenes no necesariamente la sensibilidad *no territorial* es una sensibilidad antinacional. La desterritorialización cultural está exigiendo repensar los modos en que se producen y perciben las identidades para que dejemos de cargar de negatividad fatalista lo que en la ambigüedad del presente es desafío a las inercias del pensar. También ligada a la acción de los medios masivos se halla la desestructuración de las temporalidades. Me refiero a la mezcla de tiempos y ruptura de las continuidades, al saqueo descontextualizador de las tradiciones y a la mezcla del pasado histórico con el futuro mítico de la ciencia ficción. Desestructuración cuyas imágenes en los medios son a su vez resultado de la reorganización y revoltura cultural que producen las migraciones y los flujos poblacionales en las grandes ciudades. Pensada desde ahí la estética de la discontinuidad que da forma al video musical, su estallido del tiempo y el espacio iconográficos habla de aquellos cambios en la sensibilidad que son producidos por los nuevos modos de comunicación que impone una ciudad cada día más hecha de flujos y de circulación, una ciudad que para funcionar hace estallar las viejas formas de comunidad e identidad.

Colocados en esta perspectiva se hacen evidentes las contradicciones que genera la separación vigente entre quienes hacen las políticas culturales y quienes elaboran las reglas de juego para los medios de comunicación. Resulta injustificable que el Estado piense y regule la radio y la televisión, el cable o las antenas parabólicas sólo pensando en sus efectos económicos o políticos y no en sus dimensiones culturales. No se puede pensar en cambiar la relación del Estado con la cultura sin integrar una política cultural que tome en serio lo que los medios de comunicación tienen de y hacen con la cultura de la gente. Ello implicará la reelaboración del concepto de lo público, tanto a la luz de la experiencia histórica de su disolución en lo estatal como de la tentación actual de subsumirlo en el espacio del mercado. Necesitamos rescatar el sentido actual de lo público de su pertinaz confusión con lo estatal pero también de la amenaza de su sustitución por el mercado. Pues sólo desde esa redefinición podrá esclarecerse el sentido estratégico que hoy tienen, para el fortalecimiento de una cultura democrática, el derecho a la presencia en los medios de diferentes modos de titularidad y propiedad que den forma a los diversos modos de participación de las colectividades en los procesos de comunicación en que se ven

al sur de la modernidad

insertas, el derecho a la expresión de la diversidad cultural tanto de aquella que la conforma como nación —etnias, clases, regiones— como de aquella otra diversidad que produce la heterogeneidad cultural del mundo y que hoy se ve negada por un manejo exclusivamente comercial de la comunicación, el derecho a la diferencia que tienen todas las minorías étnicas o sexuales, no sólo a que no se las ridiculice y degrade sino a ver emitida su propia producción.

¿Cómo desligar el sentimiento de inseguridad ciudadana —casi siempre vinculado únicamente al crecimiento de la agresividad y la violencia urbana— de la pérdida del sentido de la calle o el barrio como ámbitos de comunicación? ¿Cómo entender los cambios en la comunicación cotidiana, y por tanto el papel de los medios en ella, sin comprender la reconfiguración de las relaciones entre lo privado y lo público que produce la reorganización de los espacios y los tiempos del trabajar y el habitar? La concepción hegemónica que define la comunicación como transmisión/circulación no se queda en "teoría", pues ella orienta también la política de conversión de los espacios públicos de la ciudad en lugares de paso, de fluida circulación, aunque se presente como mera e inevitable respuesta a la congestión. No es extraño entonces que los nuevos movimientos sociales asuman como una dimensión fundamental de su lucha la cuestión cultural, y que ésta se halle formulada en términos de comunicación: a una comunicación hecha de meros flujos informativos y a una cultura sin formas espaciales los movimientos sociales oponen "la localización de redes de comunicación basadas en comunidades culturales y redes sociales enraizadas en el territorio" (Verón, "La palabra adversativa. Observaciones sobre la enunciación política"). ¿Pueden llamarse entonces *políticas de comunicación* aquellas limitadas a reglamentar los medios y controlar sus efectos sin que nada en ellas apunte a enfrentar la atomización ciudadana, a contrarrestar la desagregación y el empobrecimiento del tejido social, a estimular las experiencias colectivas? ¿Y podrán llamarse *políticas culturales* a aquellas que se limitan a contrarrestar el pernicioso influjo de los medios masivos con la difusión de obras de la "auténtica" cultura sin que nada en esas políticas active la experiencia creativa de las comunidades, o lo que es lo mismo su reconocimiento como sujetos sociales?

5. Secularización, desencanto y reencantamiento massmediático

¿Qué convoca hoy a la gente a juntarse, y qué sabemos de las modalidades de ese estar juntos?. Esas preguntas remiten a los procesos de comunicación en cuanto espacios y dispositivos de constitución de las identidades y a la formación de nuevas comunidades, incluidas las "virtuales", esto es a los procesos de comunicación en cuanto escenarios de reconstitución de los sujetos y los actores sociales. He ahí la perspectiva desde la que es posible establecer la relación entre modernidad, secularización y medios.

Una modernidad desencantada

La modernidad ha incumplido muchas de sus promesas, tanto en el campo de la liberación social como en el de la democratización política o la participación cultural. Pero una promesa sí ha cumplido, y con creces, la de desencantarnos el mundo. Al *racionalizarlo* la modernidad ha dejado al mundo sin magia, sin misterio. En su experiencia cotidiana hoy la gente joven del mundo occidental está viviendo profundamente eso que Weber entendió por *desencantamiento*. Nos resulta imposible comprender lo que significa el vértigo de la velocidad para un joven de hoy, o el éxtasis de la droga, si no lo relacionamos con el desencanto de la existencia humana en este planeta y en este tiempo. Desde la hegemonía de la razón científica hasta el crecimiento imparable de la contaminación ambiental, pasando por el empobrecimiento de la experiencia, el desencantamiento del mundo despliega sus formas y sus efectos dejando una huella muy fuerte en las vidas de todos nosotros, y en especial de la gente joven. Sin embargo, la gente no se acostumbra a vivir sin encanto, sin misterio, sin mitos y sin ritos, siguen necesitando reencantar el mundo, devolverle magia. Desde Estados Unidos, Daniel Bell ("La Europa del siglo XXI"), ese lúcido sociólogo que, para Habermas, ejemplifica las tendencias conservadoras, ha escrito hace poco: "el problema real de la modernidad es la creencia, es una crisis espiritual pues los nuevos asideros se han mostrado ilusorios y los viejos han quedado sumergidos". Y desde América Latina, Beatriz Sarlo, una de las más claras representantes del pensamiento crítico, reconoce en uno de sus últimos artículos: "Desde hace unas décadas donde estaba la política aparecieron los movimientos sociales, y hoy avanzan las neorreligiones" (*Escenas de la vida posmoderna).* Y a la experiencia de desencanto, tanto en su sentido objetivo de racionalización del mundo, como en el sentido de decepción subjetiva, de *malestar* de los sujetos en/con la modernidad, hay que ligar la *reacción* de los fundamentalismos y nuevos sectarismos, tribalismos e integrismos que estan repoblando este planeta. Desde los fundamentalismos nacionalistas de Yugoslavia a los racismos brutales de los *skin heads* que se sienten con derecho a asesinar turcos en Alemania.

Plantear la relación entre modernidad y secularización, así sea de manera esquemática, resulta una tarea nada fácil en países de tradición católica en los que hemos vivido un integrismo y una polarización ideológica extrema, que ha colmado el tema de malentendidos y ha propiciado una posición esquizofrénica. De un lado, la modernidad aparece como sinónimo del triunfo de la razón contra el oscurantismo del dogma, de la igualdad frente a la sociedad estamentaria y excluyente, de la participación democrática frente al autoritarismo, en suma la modernidad es el *progreso*. Y para los que así piensan, la religión es el pasado, lo irracional, la supervivencia de las supersticiones en la atrasada sociedad rural, y en el peor de los sentidos "una cosa de mujeres". Para los que miran desde el otro lado, y desde que Pío IX identificó modernidad con ateísmo, la sociedad moderna es aquella que, abandonada a las fuerzas disolutorias de la evolución natural, es presa de los determinismos que destruyen los valores de la tradición, del humanismo, en suma de todo aquello que hacia posible una comunidad. En ese desgarramiento, en esa polarización maniquea, que oponía ser modernos a creyentes, hemos vivido hasta hace bien poco en América Latina. Qué distinto a lo sucedido en Estados Unidos donde ser creyente, como recientemente lo ha recordado Robert Bellah, ha sido elemento constitutivo, fundante de su forma de ser modernos. De ahí la importancia de elucidar mínimamente el concepto de secularización a partir de su explicitación weberiana.

Para Weber un mundo secular, esto es moderno, no es tanto un mundo sin dioses sino un mundo *racionalizado:* lo que significa un mundo en el que la racionalidad científica viene a dejar sin piso las dimensiones mágico-misteriosas de la existencia humana. El mundo secular es aquel en que la realidad ha quedado privada de sentido último: ya no hay un sentido a realizar sino un orden regido por la racionalidad instrumental, esa que en una metáfora bien expresiva llamó Weber "la jaula de hierro".[97] Racionalización significa finalmente la fractura, el resquebrajamiento de las "viejas" certidumbres y lazos en que se apoyaba la integración comunitaria de la sociedad. Ernest Gellner ha hecho hace poco una lúcida actualización del pensamiento de Weber al escribir: "Esto es desencanto: la adquisición fáustica de poder cognitivo, de poder tecnológico y de poder administrativo, la adquisición de ese poder a cambio de entregar nuestro mundo lleno de sentido,humanamente sensible, aunque a menudo también azaroso y amenazante. Hemos abandonado ese mundo por otro mucho más predecible, mucho más manejable pero fríamente indiferente e insípido" (Gellner, "La jaula de goma: desencanto con el desencanto").

A esa matriz del concepto de secularización habría que añadirle, desde el ámbito de la sociología de la religión, otros dos elementos. Uno que tiene su horizonte filosófico en Hegel: un mundo secular es un mundo-proyección del hombre, producto de la objetivación de su conciencia y su creatividad. El otro, más propiamente sociológico es el que afirma el mundo secular como aquel en que el Estado, la sociedad y la cultura se han independizado, autonomizado, de las religiones y su poder social. Se trata de un mundo que conquista progresivamente su autonomía cultural, cognitiva, ideológica de los credos y las instituciones *religiosas* de cualquier tipo. Una sociedad moderna es pues secular en la medida en que es plural, compleja y no unívoca en su evolución, y que por tanto no ofrece un sustrato idóneo a su confusión con cualquier tipo de iglesia o de religión.

El contenido latinoamericano de la secularización

¿Cómo se ha pensado la secularización desde América Latina? Desde dos concepciones que voy a denominar "historicista" la una y populista la otra. La *historicista* está representada ejemplarmente por los trabajos del sociólogo chileno Pedro Morande, en los que lo específico de la modernidad en Latinoamérica, en cuanto secularidad, residiría en la *politización de la fe* (*Cultura y modernidad en América Latina*). Ello significa la identificación de la historia de estos pueblos con la historia de los Estados nacionales. En América Latina no hay en los textos de historia, afirma Morande, otro principio de unidad,

---

[97] Véase Max Weber, *Economía y sociedad*. México: F.C.E., 1983; *Ética protestante y espíritu del capitalismo*. México: Premiá, 1979.

de comprensión de su proyecto y su trayecto que no sea el Estado nacional. De esa manera se ha identificado la historia de los pueblos con la historia de los Estados, olvidando y ocultando que ha habido otros núcleos, otras síntesis, otros mediadores a través de los cuales los pueblos de América Latina han expresado la riqueza y la tragedia de su propia historia. Ése sería el caso de la Iglesia por el papel decisivo que ella ha jugado como espacio de encuentro social y de síntesis cultural: ese *barroco latinoamericano* que es la síntesis, según Morande, más lograda y espléndida.

La otra cara de la secularización en América Latina reside, para la concepción historicista, en la tendencia a disolver la religiosidad popular en la *racionalidad formal de las instituciones eclesiásticas*. Tendencia que aunque no han sido hegemónica ha devualuado la religiosidad popular cuando sería ella la que en Latinoamérica constituye el eslabón más fuerte de continuidad cultural que poseen estos países. Ese eslabón es justamente en el que se expresa la *diferencia*, la particularidad de lo latinoamericano frente al universalismo abstracto de la racionalidad moderna, de la racionalidad funcional. De manera que es en la religiosidad popular donde estos países viven, según Morande, y a pesar de todas sus contradicciones, lo específico de su diferencia culrural.

La concepción de la secularización en América Latina que he denominado *populista* se halla presente en buena parte del discurso teológico de los últimos años. Sirvan de ejemplo los textos de Manuel Díaz Álvarez, en los que la secularización, caracterizada como *profanidad atea*, racionalidad que niega todo sentido a la religiosidad, sería algo que sólo ha afectado a las minorías, a las elites de las clases dominantes, mientras las masas populares se han conservado al margen y se han constituido en reserva moral de estos países (*Pastoral y secularización en América Latina*). Según esta versión, la secularización en América Latina es un fenómeno de minorías, de grupos minoritarios de las clases hegemónicas, que no ha permeado los sectores populares, en los que la religiosidad ha seguido siendo una fuente clave de sentido para la vida y una reserva de entereza moral. No obstante, Díaz Álvarez admite que en la religiosidad popular hay una clara presencia de elementos fatalistas, ritualistas, devocionistas, que en alguna forma vienen a empañar la pureza de esas creencias. E incluso se admite que en los últimos años sectores muy significativos del mundo social latinoamericano se han vuelto

al sur de la modernidad

sensibles a la mentalidad secular, como los intelectuales, los educadores, y sobre todo —algo que preocupa mucho— los jóvenes. Preocupa a los teólogos que en la indiferencia juvenil converjan indicios de una presencia "tardía" de la secularización con la incapacidad manifiesta de las iglesias históricas para hacerse cargo del mundo de los jóvenes. Resulta significativo que ambas, tanto la concepción historicista como la populista, dejen de lado, escamoteen esa otra dimensión fundamental de la secularización que es la autonomía del mundo social y cultural en relación a las iglesias como poder. Justamente ese aspecto decisivo en la historia de la modernidad latinoamericana es desvalorizado a favor de una idea de la secularización que identifica la razón crítica con un racionalismo ateo trasnochado. Y así, para la mayoría de los autores que desde el ámbito de la sociología o la teología se plantean el proceso de secularización, aparece una gran dificultad para superar una idea de *racionalismo* cláramente anacrónico, y tras de cuya crítica se oculta lo que la secularización tiene de más vigente hoy frente a los integrismos que conservan las iglesias en la mayoría de nuestros países: la conquista de la autonomía del Estado, de la cultura, de la sexualidad. Hay todavía demasiados países donde el Estado se encuentra fuertemente amarrado a la Iglesia porque ésta se siente con derecho a imponer normas, a manipular el campo de la educación, a chantajear al campo de la cultura.

Resumiendo lo que hoy significa secularización, Alain Touraine ha afirmado que una sociedad más moderna no es hoy una sociedad más indiferente a la religión, no es una sociedad más liberada de lo sagrado, sino "una sociedad que defiende la separación entre lo temporal y lo espiritual, aquella que desarrolla conjuntamente la afirmación del sujeto personal y las resistencias a la destrucción de las identidades colectivas" (*Critique de la modernité*).

La conversión de las religiones a los medios: formas *leves* de reencantamiento

La pregunta por cómo está siendo reencantado el mundo nos remite a otra: *¿qué queda de rito en el espectáculo?*. Y en especial, ¿qué queda rito en la multiplicidad de los espectáculos

177

massmediáticos?. Pues como afirma Marc Augé, más que una redefinición del rito, lo que necesitamos es "discernir los ragos que, en nuestra cultura, dan a ciertos actos muy diferentes por su contenido y su contexto, un mismo 'aire de familia' que los hace asemejarse a ritos" (*Hacia una antropología de los mundos contemporáneos*). Esto es lo que sucede con ciertas dimensiones y usos de los medios de comunicación, en la medida que, más allá de su estructura comercial o ideológica, actúan como dispositivos culturales a través de los cuales pasa, para mucha gente, la significación del mundo de la vida, del arte, del sexo o la felicidad, de la violencia o la belleza. La pregunta que intento formular es de raigambre decididamente antropológica: ¿qué queda de rito, esto es de celebración comunitaria, en los nuevos modos massmediáticos de juntarse la gente, en los *shows* religiosos, en los juegos olímpicos de la televisión, en los megaconciertos de rock?.

Pienso que esa pregunta nos permite entender el fenómeno de la *iglesia electrónica*. Ese fenómeno religioso de masas que se inició en Estados Unidos y se ha extendido por América Latina, principalmente a través de las iglesias pentecostales, hasta constituirse en una "revolución cultural", ya que eso significa el paso de miles y hasta millones de católicos a las iglesias y sectas protestantes, evangélicas y especialmente a las más fundamentalistas como las pentecostales. Y ello tanto en el mundo indígena mexicano —como lo atestiguan los estudios de Gilberto Jiménez sobre la presencia de iglesias evangélicas en el mundo indígena de Chiapas ("Nuevas dimensiones e la cultura popular: las sectas religiosas en México")— como en el mundo urbano de Brasil y Argentina que analizan Hugo Assman (*La iglesia electrónica y su impacto en América Latina*) y Pablo Semán.

El fenómeno de la *Iglesia electrónica* no se agota en el mayor uso de medios electrónicos por parte de unas iglesias que se limitan a utilizar los medios para hacer más amplia la audiencia de sus sermones y más ancho el espectro del público al que llegan sus ceremonias. Iglesias eletrónicas son aquellas que se *han convertido a la radio, la televisión y el video* haciendo de esos medios una *mediación fundamental de la experiencia religiosa*. Pues el medio no es simplemente una ayuda que amplifica la voz sino un dispositivo importante del contacto religioso, de la comunicación y de la celebración religiosa. Así describe Pablo Semán una ceremonia pentecostal en Buenos Aires: "'Hoy vamos a hacer un escándalo santo' proclama el pastor ante treinta mil personas en medio de un culto que duró ocho horas. Una voz femenina hace de fondo sosteniéndose en la batería que suena profunda y en la guitarra declinante. El pastor sumido en el crescendo de su imprecación contrasta aseverando: 'ustedes son las esposas del Señor'. El lenguaje en que todo se dice está poblado de modismos en los que la figura del animador televisivo se sobreimprime a la figura del pastor. La canción ahora tiene letra: 'Levántame Señor, quebrántame Señor, consúmeme Señor'. 'Ahí viene' exclaman las tribunas temblando, cayendo, apaciguándose. La escena puede encontrar actores más o menos enfáticos. Pero para todos el Espíritu Santo y su llegada en el trance son parte de la cotidianidad. También en la misma escena hay rock evangélico, baile intenso, colectivo e individual, cámaras de video que la iglesia y los propios fieles utilizan para perpetuar en algo su experiencia, decenas de consejeros con *walkie talkies*, un pastor que danza frenético, una pantalla gigante en la que se proyectan las letras de las canciones. Nada de eso es complementario. Los cuerpos requeridos para la producción del éxtasis responden a la experiencia cultural urbana que el dispositivo del culto sabiamente ha tomado en cuenta" (Semán, "Pentecostales: un cristianismo inesperado").

La iglesia electrónica es aquella que está devolviéndole *magia* a unas religiones intelectualizadas, desencantadas. Es la que echa mano de las tecnologías de la imagen y del sentimiento para captar la expectación y la exaltación mesiánica y apocalíptica de este fin de siglo, a la vez que da rostro a las nuevas *tribus*, a las nuevas sectas, a las nuevas maneras de hacer comunidad. Unas comunidades que tienen mucho más de rito y de moral que de credo y doctrina. Frente al enfriamiento intelectualizado que han sufrido las iglesias históricas, las carismáticas y milenaristas convergen en hacer del *rito*, de la *celebración*, el eje fundamental de la experiencia religiosa. Y es como dispositivos de ese rito celebratorio que se insertan y cargan de sentido los medios electrónicos.

En América Latina, la presencia de la iglesia electrónica es aún principalmente un fenómeno radial, especialmente en FM y onda corta. Cada día hay más emisoras religiosas o que alquilan espacios en los que prologan la experiencia evangélica o pentecostal que se vive en los templos o en los estadios. Pero no se trata únicamente

179

de expandir el culto sino de dar continuidad, de hacer a toda hora y en todo espacio presente a la comunidad intensificando la experiencia religiosa. Si las iglesias fundamentalistas han acogido los medios como mediación del rito religioso —que les está permitiendo una sintonía con los sectores populares y con la juventud que ha perdido en gran parte la iglesia católica— es porque esas iglesias han comprendido que por los medios de comunicación pasan formas de reencantar el mundo, de devolverle magia a la experiencia cotidiana. No es el momento para hacer un análisis de lo que significó la aparición del cine, de su magia y la del *star system* como mediación de reencantamiento de la vida cotidiana. Los que han visto *La rosa púrpura del Cairo* de Woody Allen entienden perfectamente a lo que estoy aludiendo: como una mujer pobre puede vivir una profunda experiencia de encantamiento de su vida a través de su relación con la pantalla cinematográfica. O aquella "experiencia absoluta de la carne" de que habla Roland Barthes a propósito de los primeros planos del rostro de Greta Garbo (*Mitologías*). Magia que actualizan las nuevas tecnologías al permitirnos ver los primeros pasos del hombre en la luna o las hazañas de los héroes en los juegos olímpicos, o "participar" en un concierto de rock al otro lado del mundo. Magia que devaluada para los intelectuales, para los que el mundo de la imagen electrónica es de "segunda mano", significa y mucho, porque conmueve, excita y encanta a la inmensa mayoría de la gente para la que esas tecnologías median no poco de misterio: el de la desaparición de la distancia y el del alargamiento o la condensación del tiempo.

Los medios se cargan, y se encargan, en alguna manera de lo sagrado, diluyendo su distancia de lo profano, desplazándolo, metiéndolo donde antes sólo había profanidad, al mismo tiempo que profanan, espectacularizándolos o rutinizándolos, los lugares y tiempos de lo sagrado. Vivimos en un mundo en el que lo sagrado es trivializado en las estratagemas con que se busca acercarlo a las esferas de lo cotidiano. Un exponente de lo que estoy diciendo es la publicidad en cuyos discursos la magia tecnológica busca devolverle encanto a las tareas más rutinarias de la vida como el limpiar, lavar, cocinar. Lo que se transparenta en el dispositivo tecnológico es la posibilidad de transformar lo más humilde y opaco de la vida en momento poético, capaz de transfigurar y reencantar lo banal y

al sur de la modernidad

repetitivo. En el film *Los dioses deben estar locos* hay una glosa irónica a la magia que "carga" la botella de Coca Cola y a las consecuencias de su transgresión. Por su parte, la televisión es hoy día el lugar estratégico de visibilización de los mitos comunes, esto es de los que nos juntan, nos protegen, nos quitan el miedo, nos salvan. De los mitos que dan sentido a la mayoría de nuestras vidas. Y de los símbolos que integran, que cohesionan la sociedad. ¿Cuáles son los símbolos integradores de Colombia hoy sino sus futbolistas, sus ciclistas y sus orquestas de salsa?. Y dónde es que la gente vive la experiencia de relación cotidiana con sus *ídolos*, con sus *estrellas* sino es la televisión? Por más triviales y pasajeros que sean esos símbolos, la gente encuentra en ellos mediadores a su necesidad de ser "alguien", de identificarse y proyectar sobre alguien sus miedos. Y ese proceso lo cataliza en buena medida la televisión.

Para quienes hace años hemos venido auscultando el *fenómeno* de las telenovelas, hay una pregunta que se cruza con lo que estamos planteando: por qué tanta dramatización en la televisión latinoamericana?, ¿por qué siguen aumentando las horas de telenovela? ¿Será sólo por lo baratas y rentables o habrá también otro nivel otra razón? ¿No será porque el drama es una *forma básica de lo ritual*? Y en el drama la gente accedería a la ritualización de sus rutinas, de sus miedos y sus esperanzas? No será que más allá de las malas actuaciones, de la pobreza estética y lo reaccionario de sus visiones del mundo hay en la dramatización telenovelesca un escalofrío poético que le permite a la gente romper la inercia de la jornada y reencantar su vida cotidiana?

Si los medios y las religiones convergen en hacerse mediaciones de la necesidad que las gentes sienten de devolverle encanto y seducción al mundo, nos encontraríamos, observa E. Gil Calvo, ante un cambio de rumbo: en lugar de una modernidad que le quita piso a la religión nos hallaríamos ante una religión que se apropia de la modernidad, que la fagocita hasta transformarla en elemento de su propio proyecto.[98] Y en lugar de un enfrentamiento entre religiosidad y modernidad asistiríamos a una "puesta en moderno de las

---

[98] Véase E. Gil Calvo, "Rituales modernos de salvación". *Claves de razón práctica* 38 (Madrid, 1992); una ampliación de ese texto en: "El retorno del carisma". *El destino. Progreso, albur y albedrío.* Barcelona: Paidós, 1995.

181

religiones", moderno que estaría especialmente ligado a los medios y las tecnologías comunicativas, lo cual se revertiría sobre nuestros estudios, exigiéndonos darle mucho más campo y más peso a lo que de producción simbólica está en juego en los procesos de comunicación.

III. DESTIEMPOS LATINOAMERICANOS

"La idea del paso lineal de las tradiciones a la modernidad es sustituida por la afirmación de que la modernidad se define por la diversidad y multiplicación de las alternativas, la capacidad de asociar pasado y porvenir. Hay un cambio total de perspectiva: se consideraba que el mundo moderno estaba unificado mientras la sociedad tradicional estaba fragmentada; hoy, por el contrario, la modernización parece llevarnos de lo homogéneo a lo heterogéneo".

Alain Touraine

"En nuestras barriadas populares urbanas tenemos camadas enteras de jóvenes cuyas cabezas dan cabida a la magia y a la hechicería, a las culpas cristianas y a la intolerancia piadosa, lo mismo que a utópicos sueños de igualdad y libertad, indiscutibles y legítimos, así como a sensaciones de vacío, ausencia de ideologías totalizadoras, fragmentación de la vida y tiranía de la imagen fugaz y el sonido musical como lenguaje único de fondo".

Fernando Cruz Kronfly

1. Multiculturalidad: la hibridez de lo contemporáneo

La *cuestión cultural* emerge hoy como clave insoslayable de comprensión de las involuciones que sufre el desarrollo en los países del llamado Tercer Mundo y de lo mentiroso de las pasividades atribuidas a las colectividades por los salvadores de turno. Cuestión crucial, pues o las construcciones identitarias son asumidas como dimensiones constitutivas de los modelos y procesos del desarrollo de los pueblos o las identidades culturales tenderán a atrincherarse colocándose en una posición de antimodernidad a ultranza, con el consiguiente reflotamiento de los particularismos, los fundamentalismos étnicos y raciales. Pues si lo que constituye la fuerza del desarrollo es la capacidad de las sociedades de actuar sobre sí mismas y de modificar el curso de los acontecimientos y los procesos, la forma globalizada que hoy asume la modernización choca y exacerba las identidades generando tendencias fundamentalistas frente a las cuales es necesaria una nueva conciencia de identidad cultural "no estática ni dogmática, que asuma su continua transformación y su historicidad como parte de la construcción de una modernidad sustantiva" (Calderón, *Esa esquiva modernidad* 34), esto es de una nueva concepción de modernidad que supere su identificación con la racionalidad puramente instrumental a la vez que revalorice su impulso hacia la universalidad como contrapeso a los particularismos y los guetos culturales.

Hasta no hace muchos años el mapa cultural de nuestros países era el de miles de comunidades culturalmente homogéneas, fuertemente homogéneas pero aisladas, dispersas, casi incomunicadas entre sí y muy débilmente vinculadas a la nación. Hoy el mapa es otro: América Latina vive un desplazamiento del peso poblacional del campo a la ciudad que no es meramente cuantitativo —en menos de cuarenta años el 70% de la población que antes habitaba el campo está hoy en ciudades— sino el indicio de la aparición de una trama cultural urbana heterogénea, esto es formada por una densa multiculturalidad que es heterogeneidad de formas de vivir y de pensar, de estructuras del sentir y del narrar, pero muy fuertemente comunicada, al menos en el sentido de la exposición de cada cultura a todas las demás. Se trata de una multiculturalidad que desafía nuestras nociones de cultura y de nación, los marcos de referencia y comprensión forjados sobre la base de identidades nítidas, de arraigos fuertes y deslindes claros.

Pues nuestros países son hoy el ambiguo y opaco escenario de algo no representable ni desde la diferencia excluyente y excluida de lo étnico-autóctono, ni desde la inclusión uniformante y disolvente de lo moderno.[99] Hoy es tanto la idea como la experiencia social de *identidad* la que desborda los marcos maniqueos de una antropología de lo tradicional-autóctono y una sociología de lo moderno-universal. La identidad no puede entonces seguir siendo pensada como expresión de una sola cultura homogénea perfectamente distinguible y coherente. El monolingüismo y la uniterritorialidad, que la primera modernización reasumió de la colonia, escondieron la densa multiculturalidad de que está hecho lo latinoamericano y lo arbitrario de las demarcaciones que trazaron las fonteras de lo nacional. Hoy nuestras identidades —incluidas las de los indígenas— son cada día más multilingüísticas y transterritoriales (García Canclini, "Suburbios posnacionales" 107-67) y se constituyen no sólo de las diferencias entre culturas desarrolladas separadamente sino mediante las desiguales apropiaciones y combinaciones que los diversos grupos hacen de elementos de distintas sociedades y de la suya propia.

Las fronteras ya no son sólo borrosas sino móviles, pues desplazan el sentido de las identidades culturales —étnicas, raciales, de género— tanto como el de las ideológicas y políticas, lo cual no debería ser leído ni en la clave *optimista* de la desaparición de las fronteras y el surgimiento (¡al fin!) de una comunidad universal, ni en la clave catastrófica de una sociedad en la que la "liberación de las diferencias" acarrearía la muerte del tejido societario, de las formas elementales de la convivencia social. Como lo ha señalado J. Keane existe ya una *esfera pública internacional* ("Structural Transformations of the Public Sphere" 1-22) que moviliza formas de *ciudadanía mundial*, como lo muestran las organizaciones internacionales de defensa de los derechos humanos y las ONG (Organizaciones no gubernamentales) que, desde cada país, median entre lo internacional y lo local. Pero también estan ahí los fundamentalismos que, transvestidos de políticas modernizadoras de la economía o de

---

[99] Véase Rubens Bayardo y Mónica Lacarrieu (comp.). *Globalización e identidad cultural*. Buenos Aires: Ciccus, 1997; Candido Mendes (coord.). *Cultural Pluralism, Identity, and Globalization*. Rio de Janeiro: UNESCO/ISSC/EDU, 1996.

al sur de la modernidad

derechos laborales de los nativos frente a los emigrantes, refuerzan la exclusión social y cultural; sin olvidar las perversiones de lo excluido: comunidades y minorías étnicas que se atrincheran en una perversa reconversión del racismo. Desde esa perspectiva, la *diferencia* en América Latina ha dejado de significar la búsqueda de aquella autenticidad en que se conserva una forma de ser en su pureza original, para convertirse en la indagación del modo *des-viado* y *des-centrado* (Brunner, *América Latina: cultura y modernidad* 73 y ss.) de nuestra inclusión en la modernidad: el de una diferencia que no puede ser digerida ni expulsada, alteridad que resiste desde dentro al proyecto mismo de universalidad que entraña la modernidad. A esa doble tarea están contribuyendo sociólogos y antropólogos que han colocado en el eje del análisis el doble *des-centramiento* que sufre la modernidad en América Latina: su tener que ver menos con las doctrinas ilustradas y las estéticas letradas que con la masificación de la escuela y la expansión de las industrias culturales, y por lo tanto con la conformación de un mercado cultural, en el que las fuentes de producción de la cultura pasan de la dinámica de las comunidades, o la autoridad de la Iglesia, a la lógica de la industria y los aparatos especializados, que *sustituyen* las formas tradicionales de vivir por los estilos de vida conformados desde la publicidad y el consumo, *secularizan* e *internacionalizan* los mundos simbólicos y *segmentan* al pueblo en públicos construidos por el mercado.

Por otro lado, la moderna diferenciación y autonomización de la cultura sufre un segundo des-centramiento: esa autonomía se produce en Latinoamérica cuando el Estado no puede ya ordenar ni movilizar el campo cultural, y debe limitarse a asegurar la libertad de sus actores y las oportunidades de acceso a los diversos grupos sociales, dejándole al mercado la coordinación y dinamización de ese campo; y cuando las experiencias culturales han dejado de corresponder lineal y excluyentemente a los ámbitos y repertorios de las etnias o las clases sociales. La experiencia colectiva de las mayorías latinoamericanas da cuenta de la complejidad de hibridaciones entre lo culto y lo popular, entre lo autóctono y lo extranjero, al tiempo que esas categorías y demarcaciones se vuelven incapaces de dar cuenta del ambiguo y complejo movimiento que dinamiza el mundo cultural en unas sociedades en las que "la modernización reubica el arte y el folclor, el saber académico y la cultura industrializada bajo condiciones relativamente semejantes. El trabajo del artista y del artesano se aproximan cuando cada uno experimenta que el orden simbólico específico en que se nutría es redefinido por el mercado, y cada vez pueden sustraerse menos a la información y la iconografia modernas, al desencantamiento de sus mundos autocentrados y al reencantamiento que propicia el espectáculo de los medios" (García Canclini, *Culturas híbridas* 18).

Vigencia y reconfiguración de las comunidades tradicionales

> "Al disecar la imagen del indígena aparece el rostro del mestizo, pues los indios de las fotografías no sólo nos miran como ciegos también están mudos. Aunque vivimos rodeados de imaginería prehispánica nuestra cultura no tiene oídos para lenguas aborígenes. (...) Nos hemos ido acostumbrando a que nos paseen por una galería de curiosidades, y cada vez nos divertimos más observando desde nuestra cámara oscura platónica las sombras que proyecta el pensamiento occidental en las paredes del museo".
>
> Roger Bartra

Hubo un tiempo en el que creíamos saber con certeza de qué estábamos hablando cuando nombrábamos dicotómicamente *lo rural* y *lo urbano*, pues lo urbano era *lo contrario* de lo rural. Hoy esa dicotomía se está viendo disuelta no sólo en el discurso del análisis sino en la experiencia social misma por los procesos de desterritorialización e hibridaciones que ella atraviesa. Lo urbano no se identifica ya hoy únicamente con lo que atañe a la ciudad (Monguin, *Vers la tristéme ville?* 43 y ss.) sino que permea con mayor o menor intensidad el mundo campesino pues *urbano es el movimiento que inserta lo local en lo global*, ya sea por acción de la economía o de los medios masivos de comunicación. Aun las culturas más fuertemente locales atraviesan cambios que afectan los modos de experimentar la pertenencia al territorio y las formas de vivir la identidad. Hay una trama que enlaza los movimientos que desplazan las antiguas fronteras entre lo tradicional y lo moderno, las de lo popular y lo masivo, las de lo local y lo global. Esos cambios y movimientos resultan hoy cruciales para comprender cómo sobreviven y se recrean las identidades en las comunidades tradicionales. Al hablar de comunidades tradicionales en América Latina nos estamos refiriendo normalmente a las culturas prehispánicas de los pueblos indígenas. Con esa denominación se abarca también a las culturas negras y las campesinas, aunque en este texto nos referiremos en especial a las indígenas. Éstas fueron vistas durante mucho tiempo, y especialmente en la mirada de los indigenistas, como "el hecho natural de este continente, el reino de lo sin historia, el punto de partida inmóvil desde el que se mide la modernidad" (Mirko Lauer, *Crítica de la artesanía* 112 y ss.).[100] En los años setenta esa mirada parecía haber sido superada por una concepción no lineal del tiempo y del desarrollo, pero hoy nos encontramos, de un lado, con que el proceso de globalización está reflotando y agudizando una mentalidad desarrollista para la cual modernidad y tradición vuelven a aparecer como irreconciliables, hasta el punto de que para poder mirar al futuro hay que dejar de mirar al pasado. Por otro lado, el discurso posmoderno idealiza la *diferencia étnica* como mundo intocable, dotado de una autenticidad y verdad intrínseca que lo separa del resto y lo encierra sobre sí mismo. Mientras, otro discurso "post" hace de la *hibridación* la categoría que nos permitiría nombrar una indolora desaparición de los conflictos que subyacen a la *resistencia* cultural.

Pero es sólo en la dinámica histórica como lo indígena puede ser comprendido en su complejidad cultural: tanto en su diversidad temporal —lo indígena que vive en ciertas etnias nómadas de las selvas amazónicas, lo indígena conquistado y colonizado, los diversos modos y calados de su modernización— como en los movimientos y formas de mestizaje e hibridaciones: desde lo prehispánico recreado —el valor social del trabajo, la virtual ausencia de la noción de individuo, la profunda unidad entre hombre y naturaleza, la reprocidad expandida— hasta las figuras que hoy componen la trama de modernidad y discontinuidades culturales, de memorias e imaginarios que revuelven lo indígena con lo rural y el folclor con lo popular urbano,

---

[100] Ver también J. M. Valenzuela (coord.), *Decadencia y auge de las identidades*. Tijuana: El colegio de la F.N., 1992.

lo masivo. Los pueblos indígenas renuevan día a día sus modos de afirmación cultural y política. Son los prejucios de un etnocentrismo solapado, que permea con frecuencia incluso el discurso antropológico, los que nos incapacitan para percibir los diversos sentidos del desarrollo en esas comunidades étnicas. El cambio en las identidades pasa eminentemente por los procesos de *apropiación* que se materializan especialmente en los cambios que presentan las fiestas o las artesanías, y a través de los cuales las comunidades se apropian de una economía que les agrede o de una jurisprudencia que les estandariza para seguir trazando puentes entre sus memorias y sus utopías. Así lo demuestran la diversificación y desarrollo de la producción artesanal en una abierta interacción con el diseño moderno y hasta con ciertas lógicas de las industrias culturales (Néstor García Canclini, *Las culturas populares en el capitalismo* 104),[101] el desarrollo de un derecho consuetudinario indígena cada día más abiertamente reconocido por la normatividad nacional e internacional (Sánchez Botero, *Justicia y pueblos indígenas de Colombia*), la existencia creciente de emisoras de radio y televisión programadas y gestionadas por las propias comunidades (Alfaro Moreno, *Redes solidarias, culturas y multimedialidad*) y hasta la palabra del comandante Marcos haciendo circular por la transterritorialidad de Internet los derechos del movimiento indígena zapatista a una utopía que no se quiere sólo alternativa en lo local sino reconfiguración del sentido de los movimientos actuales de democratización en México (Rojo Arias, "La historia, la memoria y la identidad en los comunicados del EZLN").

La actual reconfiguración de esas culturas —indígenas, campesinas, negras— responde no sólo a la evolución de los dispositivos de dominación que entraña la globalización, sino también a un efecto derivado de ésta: *la intensificación de la comunicación e interacción de esas comunidades con las otras culturas de cada país y del mundo.*[102] Desde dentro de las comunidades esos procesos

---

[101] Véase del mismo autor: "Las identidades como espectáculo multimedia". *Consumidores y ciudadanos.* México: Grijalbo, 1995 (107 y ss.); ver también: A. G. Quintero Rivera, *Salsa, sabor y control.* México: Siglo XXI, 1998.
[102] Véase Rubens Bayardo y Mónica Lacarrieu (comp.). *Globalización e identidad cultural.* Buenos Aires: Ciccus, 1997; D. Mato y otros, *América Latina en tiempos de globalización: procesos culturales y transformaciones sociopolíticas.* Caracas: UNESCO/U.C.V., 1996.

al sur de la modernidad

de comunicación son percibidos a la vez como otra forma de amenaza a la supervivencia de sus culturas —la larga y densa experiencia de las trampas a través de las cuales han sido dominadas carga de recelo cualquier exposición al otro— pero al mismo tiempo *la comunicación es vivida como una posibilidad de romper la exclusión*, como experiencia de interacción que si comporta riesgos también abre nuevas figuras de futuro. Ello está posibilitando que la dinámica de las propias comunidades tradicionales desborde los marcos de comprensión elaborados por los folcloristas: hay en esas comunidades menos complacencia nostálgica con las tradiciones y una mayor conciencia de la indispensable reelaboración simbólica que exige la construcción del futuro.

Las culturas tradicionales cobran hoy, para la sociedades modernas de estos países, una vigencia estratégica en la medida en que nos ayudan a enfrentar el trasplante puramente mecánico de culturas, al mismo tiempo que, en su diversidad, ellas representan un reto fundamental a la pretendida universalidad deshistorizada de la modernización y su presión homogenizadora. Pero para eso necesitamos —especialmente en el trazado de políticas culturales que en lugar de conservarlas, de mantenerlas *en conserva*, estimule en esas culturas su propia capacidad de desarrollarse y recrearse— comprender en profundidad todo lo que en esas comunidades nos reta descolocando y subvirtiendo nuestro hegemónico sentido del tiempo. Un tiempo absorbido por un presente autista, que pretende bastarse a sí mismo. Lo que sólo puede provenir del *debilitamiento del pasado*, de la conciencia histórica, que es el tiempo fabricado por los medios y últimamente reforzado por las velocidades cibernéticas. Y sin pasado, o con un pasado separado de la *memoria*, convertido en *cita* —un adorno con el que colorear el presente siguiendo las "modas de la nostalgia" (Jameson, *El posmodernismo o la lógica cultural del capitalismo avanzado* 45)— nuestras sociedades se *hunden* en un presente sin fondo y sin horizonte. Para enfrentar esa inercia que nos arroja a un futuro convertido en mera repetición, la lúcida y desconcertante concepción de tiempo que nos propuso Walter Benjamin ("Tesis de filosofía de la historia" 177-94) puede ser decisiva. Pues en ella el pasado está abierto ya que no todo en él ha sido realizado. Y es que el pasado no está configurado sólo por los hechos, es decir por "lo ya hecho" sino también por lo que queda por hacer, por virtualidades a realizar, por semillas

191

dispersas que en su época no encontraron el terreno adecuado. Hay un *futuro olvidado en el pasado* que es necesario rescatar, redimir y movilizar. Lo que implica que el presente sea entendido por Walter Benjamin como el "tiempo-ahora" (191): *la chispa que conecta el pasado con el futuro*, que es todo lo contrario de nuestra pasajera y aletargada actualidad. El presente es ese ahora desde el que es posible des-atar el pasado amarrado por la pseudo-continuidad de la historia y desde él construir el futuro. Frente al historicismo que cree posible resucitar la tradición, Walter Benjamin piensa la tradición como una herencia, pero no acumulable ni patrimonial (*Paris, capitale du xix siécle. Le livre des passages* 477) sino radicalmente ambigua en su valor y en permanente disputa por su apropiación, reinterpretada y reinterpretable, atravesada y sacudida por los cambios y en conflicto permanente con las inercias de cada época. La memoria que se hace cargo de la tradición no es la que nos traslada a un tiempo inmóvil sino la que hace presente un pasado que nos desestabiliza.

Des-ubicaciones de la cultura nacional

> "Pese a las abundantes discusiones, la identidad nacional no está en riesgo. Es una identidad cambiante, enriquecida de continuo con el habla de los marginales, las aportaciones de los mass-media, las renovaciones académicas, las discusiones ideológicas, la americanización y la resistencia a la ampliación de la miseria, y que se debilita al reducirse la capacidad de los centros de enseñanza y al institucionalizarse la resignación ante la ausencia de estímulos culturales".
>
> *Carlos Monsiváis*

Allí donde el orden colectivo es precario a la vez que idealizado como algo preconstituido ontológicamente y no construido política y cotidianamente, la pluralidad es percibida como disgregación y ruptura del orden, la diferencia es asociada a la rebelión y la heterogeneidad es sentida como fuente de contaminación y deformación de las purezas culturales. De ahí la tendencia a hacer del Estado-nación la figura que contrarreste en forma vertical y centralista las debilidades societales y las fuerzas de la dispersión. Definido por los populismos en términos de lo telúrico y lo racial, de lo auténtico y lo ancestral, lo nacional ha significado la permanente sustitución del pueblo por el Estado y el protagonismo de éste en detrimento de la sociedad civil.[103] La preservación de la identidad nacional se confunde con la preservación del Estado, y la defensa de los "intereses nacionales" puesta por encima de las demandas sociales acabará justificando —como lo hizo en los años setenta la "doctrina de la seguridad nacional"— la suspensión/supresión de la democracia. Los países de América Latina tienen una larga experiencia de esa inversión de sentido mediante la cual la identidad nacional es puesta al servicio de un chovinismo que racionaliza y oculta la crisis del Estado-Nación como sujeto capaz de hacer real aquella unidad que articularía las demandas y representaría los diversos intereses que cobija su idea. Crisis disfrazada por los populismos y los desarrollismos pero operante en la medida en que las naciones se hicieron no asumiendo las diferencias sino subordinándolas a un Estado que más que integrar lo que supo hacer fue centralizar.

La historia de las desposesiones y exclusiones que han marcado la formación y desarrollo de los Estados-nación en Latinoamérica tiene en la cultura uno de sus ámbitos menos estudiados por las ciencias sociales. Ha sido a partir de mediados de los años ochenta cuando los llamados "estudios culturales" han comenzado a investigar las relaciones entre nación y narración,[104] esto es los relatos fundacionales de lo nacional. Así como desde las sucesivas constituciones, también desde los "parnasos y museos fundacionales los letrados pretendieron darle cuerpo de letra a un sentimiento, construir un imaginario de nación" en el que lo que ha estado en juego es "el discurso de la memoria que se realiza desde el poder", un poder que se constituye en "la violencia misma de la representación

---

[103] A. Flifisch y otros, *Problemas de la democracia y la política democrática en América Latina*. Santiago: Flacso, 1984; Norbert Lechner (ed.), *Estado y política en América Latina*. México: Siglo XXI, 1981.
[104] A ese propósito véase el libro inaugural: Homi Bhabha (ed.), *Nation and Narration*. Londres: Routledge, 1990, donde ya aparecen algunos textos sobre esta temática en América Latina. Ver también: Susana Rotker (dir.), *Siglo XIX: Fundación y fronteras de la ciudadanía*. Revista Iberoamericana 178-179 (1997); también: Beatriz González Stephan, Javier Lasarte, Graciela Montaldo y María Julia Daroqui (comps.), *Esplendores y miserias del siglo XIX. Cultura y sociedad en América Latina*. Caracas: Monte Ávila, 1995.

que configura una nación blanca y masculina, en el mejor de los casos mestiza" (Achugar, "Parnasos fundancionales, letra, nación y Estado en el siglo XIX" 13-31). Fuera de esa nación representada quedarán los indígenas, los negros, las mujeres, todos aquellos cuya diferencia dificultaba y erosionaba la construcción de un sujeto nacional homogéneo. De ahí todo lo que las representaciones fundacionales tuvieron de *simulacro*: de representación sin realidad representada, de imágenes deformadas y espejos deformantes en las que las mayorías no podían reconocerse. El olvido que excluye y la representación que mutila están en el origen mismo de las narraciones que fundaron estas naciones.

Ahora bien, constituidas en naciones al ritmo de su transformación en "países modernos", no es extraño que una de las dimensiones más contradictorias de la modernidad latinoamericana se halle en los proyectos de y los desajustes con lo nacional. Desde los años veinte en que lo nacional se propone como síntesis de la particularidad cultural y la generalidad política, que "transforma la multiplicidad de deseos de las diversas culturas en un único deseo de participar (formar parte) del sentimiento nacional" (Novaes, *A nacional e o popular na cultura brasileira* 10), a los cincuenta en que el nacionalismo se transmuta en populismos y desarrollismos que consagran el protagonismo del Estado en detrimento de la sociedad civil, un protagonismo que es racionalizado como modernizador tanto en la ideología de las izquierdas como en la política de las derechas, hasta los ochenta en que la afirmación de la modernidad, al identificarse con la sustitución del Estado por el mercado como agente constructor de hegemonía, acabará convirtiéndose en profunda devaluación de lo nacional (Schwarz, *Nacional por sustracción*).

Lo que desde el proyecto moderno habría estado minando, vaciando de significación, la relación Estado/Nación en América Latina ha sido la imposibilidad de pensar lo nacional por fuera de la unidad centralizada que impone lo estatal. Norbert Lechner atribuye ese centralismo estructural a la inseguridad interiorizada por los latinoamericanos por el *miedo al otro*, al diferente. Ese miedo se expresa aun en la tendencia, generalizada entre los políticos, a percibir la diferencia como disgregación y ruptura del orden, y entre los intelectuales a ver en la heterogeneidad una fuente de contaminación y deformación de las purezas culturales. El autoritarismo no sería entonces en nuestros países una tendencia

al sur de la modernidad

perversa de sus militares o sus políticos sino una respuesta a la precariedad del orden social, a la debilidad de la sociedad civil y a la complejidad de mestizajes que contiene. Hasta hace muy poco la idea de lo nacional era incompatible, tanto para la derecha como la izquierda, con la de diferencia: el pueblo era uno e indivisible, la sociedad un sujeto sin texturas ni articulaciones internas. Hasta hace muy poco el debate político y cultural se movía en Latinoamérica "entre esencias nacionales e identidades de clase".[105]

Carlos Monsiváis, nos ha recordado constantemente la necesidad de desplazar la mirada sobre la configuración de lo nacional, para otearla desde lo popular en su carácter de sujeto y actor en la construción de una nación que creían haber construido solos los políticos y los intelectuales. De parte del *populacho*, la nación "ha implicado la voluntad de asimilar y rehacer las 'concesiones' transformándolas en vida cotidiana, la voluntad de adaptar el esfuerzo secularizador de los liberales a las necesidades de la superstición y el hacinamiento, el gusto con que el fervor guadalupano utiliza las nuevas conquistas tecnológicas. Una cosa por la otra: la Nación arrogante no aceptó a los parias y ellos la hicieron suya a trasmano" ("Notas sobre el Estado, la cultura nacional y las culturas populares" 38). Pero el pueblo de que habla Monsiváis es el que va de las soldaderas de la revolución a las masas urbanas de hoy, y lo que ahí se trata de comprender es ante todo la capacidad popular de *convertir en identidad* lo que viene tanto de sus memorias como de las expropiaciones que hacen de las culturas modernas. Lo nacional no enfrentado a lo internacional sino rehecho permanentemente en su mezcla de realidades y mitologías, computadoras y cultura oral, televisión y corridos. Una identidad que tiene menos de contenido que de *método* para interiorizar lo que viene de "fuera" sin graves lesiones en lo psíquico, lo cultural o lo moral. Lo que, produciendo no poco desconcierto y hasta escándalo, le ha permitido a Monsiváis afirmar: "El mexicano no es ya un problema existencial o cultural, y pese a las abundantes discusiones, la identidad nacional no está en riesgo. Es una identidad cambiante, enriquecida de continuo con el habla de los marginales, las aportaciones de los massmedia, las

---

[105] Véase Hilda Sábato, "Pluralismo y nación". *Punto de vista* 34 (1989) 2; también: H. Schmucler, "Los rostros familiares del totalitarismo: nación, nacionalismo y pluralidad". *Punto de vista* 33 (1988).

renovaciones académicas, las discusiones ideológicas, la americanización y la resistencia a la ampliación de la miseria" ("De la cultura mexicana en vísperas del tratado de libre comercio" 192). El contradictorio movimiento de globalización y fragmentación de la cultura, lo es a la vez de mundialización y revitalización de lo local. De manera que la devaluación de lo nacional no proviene únicamente de la desterritorialización que efectúan los circuitos de la interconexión global de la economía y la cultura-mundo sino de la erosión interna que produce la *liberación de las diferencias*, especialmente de las regionales y las generacionales. Mirada desde la cultura planetaria, la nacional aparece provinciana y cargada de lastres estatalistas. Mirada desde la diversidad de las culturas locales, la nacional es identificada con la homogenización centralista y el acartonamiento oficialista. Lo nacional en la cultura resulta siendo un ámbito rebasado en ambas direcciones replanteando así el sentido de las *fronteras*. ¿Qué sentido guardan las fronteras geográficas en un mundo en el que los satélites pueden "fotografiar" la riqueza del subsuelo y en el que la información que pesa en las decisiones económicas circula por redes informales? Claro que sigue habiendo fronteras, pero ¿no son quizá hoy más insalvables que las nacionales las "viejas" fronteras de clase y de raza, y las nuevas fronteras tecnológicas y generacionales? Lo que no implica que lo nacional no conserve vigencia como mediación histórica de la memoria larga de los pueblos, esa precisamente que hace posible la comunicación entre generaciones. Pero a condición de que esa vigencia no se confunda con la intolerancia que hoy rebrota en ciertos nacionalismos y particularismos potenciados quizá por la disolución de fronteras que vive especialmente el mundo occidental.

Nuevas comunas en la ciudad virtual

"Nuestro pensamiento nos ata todavía al pasado, al mundo tal como existía en la época de nuestra infancia y juventud. Nacidos y criados antes de la revolución electrónica, la mayoría de nosotros no entiende lo que ésta significa. Los jóvenes de la nueva generación, en cambio, se asemejan a los miembros de la primera generación nacida en un país nuevo. Debemos entonces *reubicar el futuro*. Para construir una cultura en la que el

al sur de la modernidad

pasado sea útil y no coactivo, debemos ubicar el futuro entre nosotros, como algo que está aquí, listo para que lo ayudemos y protejamos antes de que nazca, porque de lo contrario sería demasiado tarde".

Margaret Mead

Al hablar de *nuevas comunas urbanas* estamos nombrando especialmente movimientos que responden a procesos de urbanización salvajemente acelerados y estrechamente ligados con los imaginarios de una modernidad identificada con la velocidad de los tráficos y con la fragmentariedad de los lenguajes de la información. Vivimos en unas ciudades desbordadas no sólo por el crecimiento de los flujos informáticos sino por esos otros flujos que sigue produciendo la pauperización de los campesinos. Las contradicciones de la urbanización están bien a la vista: mientras ella permea la vida campesina, nuestras ciudades sufren de una *des-urbanización* manifiesta en dos hechos: uno, que cada día más gente —perdidos los referentes culturales— insegura y desconfiada usa menos ciudad, restringe los espacios en que se mueve, los territorios en que se reconoce. Otro, que ante el desempleo brutalmente creciente más gente sobrevive *informalmente* en la ciudad, esto es en base a saberes y destrezas que trajo del campo. Y es en estas ciudades donde descubrimos que además de las culturas étnicas, raciales y de género, en nuestras sociedades conviven hoy "indígenas" de dos abigarradas y desconcertantes culturas: los indígenas de la cultura *oral*, que constituyen el mundo urbano popular y la de los indígenas de la cultura *audiovisual e informática*, conformado especialmente por jóvenes.

Cuando hablamos de cultura oral nos referimos a algo que no puede ser en modo alguno confundido con el analfabetismo pues constituye el idioma de una cultura otra, la de la oralidad *secundaria* (Ong, *Oralidad y escritura*) desde la que se configura el *mundo urbano popular*, y en la que se hibridan tres universos de relatos de identidad: el de los cuentos y leyendas que desde el campo se han desplazado a la ciudad —el de la narración, el chiste y el refrán— el universo de los relatos en la radio, el cine y la televisión, y el mundo de la música popular que va del vallenato al *rock* pasando por el *rap*. El mundo popular se inserta en la dinámica urbana a través de las transformaciones de la vida laboral, de la identificación de las ofertas culturales con los medios masivos y del progreso con los servicios públicos. También desde su incierta relación con el Estado y su distancia del desarrollo tecnológico, de la persistencia de elementos que vienen de la cultura oral y del mantenimiento de las formas populares de trasmisión del saber, así como de la refuncionalización del machismo como clave de supervivencia y de los usos "prácticos" de la religión. Estamos ante un mapa cultural bien diferente de aquel al que nos tiene acostumbrados la maniquea retórica del desarrollismo. Pues se trata de un mapa hecho de continuidades y destiempos, de secretas vecindades e intercambios entre modernidad y tradiciones. Barrios que son el ámbito donde sobrevien entremezclados autoritarismos feudales con la horizontalidad tejida en el rebusque y la informalidad urbanos, cuya centralidad aún está asociada a la religión mientras vive cambios que afectan no sólo el mundo del trabajo o la vivienda sino la subjetividad, la afectividad y la sensualidad. El suburbio —nuestros desmesurados barrios de invasión, favelas o callampas— se ha convertido en lugar estratégico del *reciclaje cultural*: de la formación de una *cultura del rebusque*[106] como arte de supervivencia urbana en la que se mezclan la complicidad delincuencial con solidaridades vecinales y lealtades a toda prueba, una trama de intercambios y exclusiones que hablan de las transacciones morales sin las cuales resulta imposible sobrevivir en la ciudad, del mestizaje entre la violencia que se sufre y aquella otra desde la que se resiste, de las hibidaciones entre las sonoridades étnicas y los ritmos urbanos del rock o del rap.

Retomando a E. P. Thompson podemos hablar de la memoria de una "economía moral" (*Tradición, revuelta y conciencia de clase*) que desde el mundo popular atraviesa la modernización y se hace visible en un *sentido de la fiesta* que, de la celebración familiar del bautismo o la muerte al festival del barrio, integra sabores culturales y saberes de clase, transacciones con la industria cultural y afirmaciones étnicas. O esa otra vivencia del trabajo, que subyace a la llamada "economía informal" en la que se revuelve el *rebusque* como estrategia de supervivencia marginal, incentivada o consentida desde la propia política económica neoliberal, —con lo que en los

---

[106] Véase Yezid Campos e Ismael Ortiz (comps.), *La ciudad observada: violencia, cultura y política*. Bogotá: Tercer Mundo, 1998; Néstor García Canclini (coord.), *Cultura y comunicación en la ciudad de México*. México: Grijalbo, 1998.

al sur de la modernidad

sectores populares aún queda de rechazo a una organización del trabajo incompatible con cierta percepción del tiempo, cierto sentido de la libertad y del valor de lo familiar—, como economía otra que habla de que no todo destiempo por relación a la modernidad es pura anacronía, puede ser también *residuo* no integrado de una aun empecinada utopía. Otro tanto ocurre con el *chisme* y el *chiste*, en muchos casos modos de comunicación que sirven de vehículo de contrainformación,[107] a un mismo tiempo vulnerables a las manipulaciones massmediáticas y manifestaciones de las potencialidades de la cultura oral. También el *centro* de nuestras ciudades es con frecuencia un lugar popular de choques y negociaciones culturales "entre el tiempo homogéneo y monótono de la modernidad y el de otros calendarios, los estacionales, los de las cosechas, los religiosos" (Echevarría Carvajal, *Itinerarios y metáforas: agorazein* 34). En el centro se pueden descubrir los tiempos de las cosechas de las frutas, mientras los velones, los ramos o las estampas anuncian la semana santa, el mes de los difuntos o las fiestas de los santos patronos.

En lo que concierne al *mundo de los jóvenes*, adonde apuntan los cambios es a una reorganización profunda de los modelos de socialización: ni los padres constituyen ya el patrón de las conductas, ni la escuela es el único lugar legitimado del saber, ni el libro es ya el eje que articula la cultura. Una doble caracterización opositiva nos ayudará a visibilizar las comunidades juveniles urbanas. Primera, frente a las culturas cuyo eje es la lengua y por lo tanto el territorio, las nuevas culturas audiovisuales y electrónicas rebasan esa adscripción produciendo nuevas *tribus*[108] que, aunque ligadas con frecuencia a estratagemas del mercado transnacional de la televisión, del disco o del video, no pueden ser subvaloradas en lo que ellas implican de nuevos modos de percibir y de narrar la identidad. Identidades de temporalidades menos "largas" más precarias, dotadas de una plasticidad que les permite amalgamar ingredientes que provienen de mundos culturales muy diversos y por lo tanto

---

[107] Véase P. Riaño, *Prácticas culturales y culturas populares*. Bogotá: Cinep, 1986; también V. Villa Mejía, *Polisinfonías*. Medellín: Caribe, 1993.
[108] Véase Michel Maffesoli, *El tiempo de las tribus: el declive del individualismo en la sociedad de masas*. Barcelona: Icaria, 1990; J. M. Pérez Tornero y otros, *Tribus urbanas*. Barcelona: Gedisa, 1996.

atravesadas por discontinuidades en las que conviven gestos atávicos, residuos modernistas, rupturas radicales. Segunda, frente a la distancia y prevención con que gran parte de los adultos resienten y resisten esa nueva cultura —que desvaloriza y vuelve obsoletos muchos de sus saberes y destrezas— los jóvenes experimentan una *empatía cognitiva* con las tecnologías audiovisuales e informáticas, y una *complicidad expresiva* con sus relatos e imágenes, sus sonoridades, fragmentaciones y velocidades en los que ellos encuentran su idioma y su ritmo. Un idioma en que se dice la más profunda brecha generacional y algunas de las transformaciones más profundas que está sufriendo una socialidad urbana atravesada por la conciencia dura de la descomposición social, de la faltade salida laboral, la desazón moral y la exasperación de la agresividad y la inseguridad.

En la *sociedad-red* (Castells, *La sociedad red*), los *nudos* vienen a ser esas *tribus,* nuevas grupalidades que, particularmente entre las generaciones jóvenes, viven en el cruce de la homogenización inevitable del vestido, de la comida, de la vivienda, con una profunda pulsión de diferenciación. Nuevas *maneras de estar juntos* cuya ligazón no proviene ni de un territorio fijo ni de un consenso racional y duradero sino de la edad y del género, de los repertorios estéticos y los gustos sexuales, de los estilos de vida y las exclusiones sociales. Y que frente a los tiempos largos, pero también a la rigidez de la identidades tradicionales, amalgaman referentes locales con símbolos vestimentarios o lingüísticos desterritorializados en un replanteamiento de las fronteras políticas y culturales que saca a flote la arbitraria artificiosidad de unas demarcaciones que han ido perdiendo la capacidad de hacernos *sentir juntos.* Es lo que nos des-cubren a lo largo y ancho de América Latina las investigaciones sobre las tribus de la noche en Buenos Aires, los chavos-banda en Guadalajara o las pandillas juveniles de las comunas nororientales de Medellín.[109] Lo que está conduciendo a la sociología a retomar la idea weberiana de la "comunidad emocional" —que remite a un cierto

---

[109] Véase Mario Margulis y otros, *La cultura de la noche. Vida nocturna de los jóvenes en Buenos Aires.* Buenos Aires: Espasa Hoy, 1994; Roxana Reguillo, *En la calle otra vez. Las bandas: identidad urbana y usos de la comunicación.* Guadalajara: Iteso, 1991; A. Salazar, *No nacimos pa'semilla. La cultura de las bandas juveniles en Medellín.* Bogotá: Cinep, 1990.

al sur de la modernidad

retorno de la *comunidad* abolida por la moderna *sociedad*, de que hablara Tonnies— para dar cuenta de las hondas transformaciones que atraviesa el *nosotros*, y la necesidad entonces de reintroducir lo sensible, y no sólo lo mensurable, en el análisis, de "estudiar lo que pasa en el nivel carnal y perceptible de la vida social (Sansot, *Les frmes sensibles de la vie sociale* 31).

En la ciudad actual, afirmará machaconamente Baudrillard,[110] toda experiencia es mero *simulacro*, simulación de un *imposible real*. Sin dejarse atrapar por esa extrema negación de todo anclaje referencial lo que se advierte es la aparición de un nuevo *espacio comunicacional*, tejido ya no de encuentros y muchedumbres sino de *conexiones y flujos*, en el que emergen nuevas sensibilidades, otros dispositivos de percepción, que aparecieron mediados en un primer momento por la televisión, después por el computador y ahora ya por la imbricación entre televisión e informática en una acelerada alianza entre velocidades audiovisuales e informacionales. Atravesando y reconfigurando hasta las relaciones con nuestro cuerpo, la ciudad ya no requiere cuerpos reunidos, los quiere interconectados.

Y junto con las relaciones ciudadanas, lo que en los últimos años ha entrado en crisis son las instituciones y las "fuentes de significado" de lo colectivo, de la sociedad (Beck, *La sociedad del riesgo: hacia una nueva modernidad*): el trabajo, la política, la familia, esto es "el sistema nervioso del orden social cotidiano", las bases mismas de la vida en común. Lo que queda afectado por ese desconcierto es el mundo interior, la intimidad misma de las personas, el ámbito de la subjetidad y la identidad. Y donde ese malestar de la subjetividad aparece en forma más desconcertante es entre la gente joven. Lo que se evidencia, de un lado, en el rechazo a la sociedad y su refugio en el olvido extático —con "x" de éxtasis— y, por otro lado, en la fusión neotribal: millones de jóvenes a lo largo del mundo juntándose, no para hablar, sino para estar juntos, en silencio, oyendo el *metal* más duro, fundiéndose en la furia y la rabia que cocina y proyecta mucha de la música actual, indicándonos de qué contradictoria mezcla de pasividad y agresividad está hecho el "nosotros" que experimentan los más jóvenes.

---

[110] Véase Jean Baudrillard, *Simulacres et simulation*. París: Galilée, 1981; *Les estrategies fatales*. París: Grasset, 1984; *Le crime parfait*. París: Galilée, 1994.

2. Señas narrativas de identidad: anacronías y modernidades

Comencemos por poner esto en claro: al estudiar relatos populares lo que estamos investigando, o mejor el "lugar" desde el que investigamos, no es la literatura, sino *la cultura*. Y esto no por una arbitraria opción del investigador sino por exigencias del objeto. Es otro el funcionamiento popular del relato, mucho más cerca de la vida que del arte, o de un arte sí, pero transitivo, en continuidad con la vida, ya que se trata del discurso que articula la memoria del grupo y en el que se dicen las prácticas. Un modo de decir que no sólo habla-de sino que materializa ciertas maneras de hacer (Certeau, *L'invention du quotidien* 150-67). Vamos pues a estudiar algunos rasgos claves de los modos de narrar en la cultura *no letrada*. Y esa denominación en negativo, que después explicitaremos también en positivo, señala la imposibilidad de definir esa cultura por fuera de los conflictos desde los que construye su identidad. Lo cual no debe ser confundido con la tendencia a negarle a las clases populares una identidad cultural pues, como advierte Bourdieu, "la tentación de prestar la coherencia de una estética sistemática a las tomas de posición estéticas de las clases populares no es menos peligrosa que la inclinación a dejarse imponer, sin darse cuenta, la representación estrictamente negativa de la visión popular que está en el fondo de toda estética culta" (Bourdieu, *La distinction-critique social du jugement* 33). No letrada significa entonces una cultura cuyos relatos no viven en, ni del libro, viven en la canción y en el refrán, en las historias que se cuentan de boca en boca, en los cuentos y en los chistes, en el albur y en los proverbios. De manera que incluso cuando esos relatos son puestos por escrito no gozan nunca del estatus social del libro. Las coplas de ciego, los pliegos de cordel, el folletín y la novela por entregas materializaban tanto en su forma de impresión, como en la de circulación y consumo, ese otro modo de existencia del relato popular: algo toscamente impreso y en papel periódico, que no se adquiere en las librerías sino en la calle o en el mercado —o como llegaban los almanaques y los librillos de devoción o de recetas medicinales durante siglos a los pueblos: en la bolsa del buhonero en la que iban también los cordones y las agujas, los ungüentos y ciertos aperos de trabajo— y que una vez leído sirve para otros usos cotidianos. Aún hoy cuando las clases populares compran libros no lo hacen nunca en librerías sino en los quioscos de la calle o en las tiendas de barrio. Y el modo de adquisición tiene mucho que ver con las formas de uso.

Inserta en esa narrativa popular, afirmándola y negándola a la vez, los medios de comunicacción producen hoy una serie de *relatos de género*, entre los que, en América Latina, sobresale el *melodrama*. Su larga historia lo entronca con el tiempo de transformación de la canalla, del populacho, en pueblo, y de su escenografía: la de la revolución francesa. Es la entrada del pueblo en escena: la exaltada imaginación y la sensibilidad del pueblo que al fin puede darse el gusto de poner en escena sus emociones, sus fuertes emociones. Y para que ellas puedan desplegarse, el escenario se llenará de cárceles, y de ajusticiamientos, de desgracias inmensas sufridas por inocentes víctimas, y de traidores que al fin pagarán caro sus traiciones. ¿No es esa acaso la moraleja de la revolución?. De ahí que la participación del público esté tejida de una particular complicidad y que en ninguna otra producción cultural sea tan visible, es decir observable y analizable, la "inversión de sentido" que está en el origen de la cultura de masa, de su gestarse minando desde dentro los dispositivos de enunciación de la cultura popular. Pero atención, porque si el melodrama es un terreno especialmente apto para estudiar el nacimiento y desarrollo de "lo masivo", esto sólo es cierto si el melodrama es estudiado en su funcionamiento social, es decir en su capacidad de adaptación a los diferentes formatos tecnológicos. Y en su eficacia ideológica: la *homogeneización* borrando las huellas de la diferencia, de la pluralidad de origen, de la diversidad en la procedencia cultural de los relatos y obstruyendo su permeabilidad a los contextos; y la *estilización* transformando al pueblo en público a través de la constitución de una lengua y un discurso en el que puedan reconocerse todos, o sea el hombre-medio, o sea la masa, intentando borrar las diferencias sociales de los espectadores.

Narrativa popular: regímenes de la oralidad

> "No venir de la tradición oral (ni ir a ella) es lo que aparta a la novela de todas las otras formas restantes de literatura en prosa —fábula, leyenda, incluso narraciones cortas. Pero la aparta sobre todo de lo que es narrar. El narrador toma lo que narra de la experiencia, de la propia

o de la que le han relatado. Y a su vez la convierte en experiencia de los que escuchan su historia. El novelista en cambio se mantiene aparte". *Walter Benjamin*

Mirada desde sus modos de narrar, la cultura popular sigue siendo la de aquellos que apenas saben leer, que leen muy poco, y que no saben escribir. Pregunten a un campesino por el mundo en que hace su vida y podrán constatar no sólo la riqueza y la precisión de su vocabulario sino la expresividad de su *saber contar*. Pero pídanle que lo escriba y verán su mudez. Lo cual nos plantea, en positivo, la otra cara, la de la persistencia de los dispositivos de la *cultura oral* en cuanto dispositivos de enunciación de lo popular y ello tanto en los modos de narrar como de leer.

Otros modos de narrar

Mirado desde la crítica culta el relato popular es reducido a su "fórmula", a su agotamiento en el esquematismo, la repetición y la transparencia de las convenciones. Del otro lado los estudiosos del folclor nos tienden otra trampa: la del descubrimiento de lo primitivo y la pureza de las formas, lo popular como lo aún no corrompido. Frente a esas dos posiciones la pista que trabajo surge de la convergencia de dos propuestas muy distintas: la de un investigador de la cultura de masas en los años cincuenta, Richard Hoggart, quien estudiando la canción popular define las *convenciones* como "lo que permite la relación de la experiencia con los arquetipos" (*The Uses of Literacy* 161), y la de Mijail Bajtin descubriendo en la fiesta popular las señas de otro modo de comunicación (*La cultura popular en la Edad media y en el Renacimiento* 177 y ss.). Desde esa convergencia, analizar relatos es estudiar procesos de comunicación que no se agotan en los dispositivos tecnológicos porque remiten desde ahí mismo a la economía del imaginario colectivo.

La primera oposición que permite caracterizar el relato popular es la indicada por Walter Benjamin: frente a la novela y su textualidad intransitiva, la narración popular es siempre un *contar a*. Recitado o leído en voz alta, el relato popular se realiza siempre en un acto de comunicación, en la puesta en común de una memoria que fusiona experiencia y modo de contarla. Porque no se trata sólo de una memoria de los hechos sino también de los gestos. Al igual que un chiste no está hecho sólo de palabras sino de tonos y de gestos, de pausas y de complicidad, y cuya posibilidad de ser asumido por el auditorio, y vuelto a contar, es que se deje memorizar. Pero hoy está en baja la memoria, desvalorizada por los profesores, la incesante innovación de noticias y de objetos la hace imposible y la cibernetización que nos acosa parece hacerla definitivamente innecesaria. Y ello torna más difícil comprender ese funcionamiento paradójico de la narración popular en la que la calidad de la comunicación está en proporción inversa a la cantidad de información. Y es que la dialéctica de la memoria se resiste a dejarse pensar por las categorías de la informática o del análisis literario. La repetición convive aquí con la innovación ya que ésta es dada siempre por la situación desde la que se cuenta la historia, de forma que el relato vive de sus transformaciones y su fidelidad, no a las palabras siempre porosas al contexto, sino al sentido y su moral.

La otra oposición fundamental es la que traza el relato "de género" frente al "de autor". He ahí una categoría básica para investigar lo popular y lo que de popular queda aún en lo masivo.[111] No me estoy refiriendo a la categoría literaria de género, sino a un concepto a situar en la antropología o la sociología de la cultura, es decir al funcionamiento social de los relatos, funcionamiento diferencial y diferenciador, cultural y socialmente discriminatorio, que atraviesa tanto las condiciones de producción como las de consumo. Los *géneros* son un dispositivo por excelencia de lo popular ya que no son sólo modos de escritura sino también de lectura: un "lugar" desde el que se lee y se mira, se descifra y comprende el sentido de un relato. Por ahí pasa una demarcación cultural importante, porque mientras el discurso culto estalla los géneros, es en el popular-masivo donde éstos siguen viviendo y cumpliendo su rol, articular la cotidianidad con los arquetipos. Decir relatos "de género" es estarse planteando como objeto preciso de estudio la pluridimensionalidad de los dispositivos, esto es las mediaciones materiales y expresivas a través de las cuales los procesos de reconocimiento se insertan en los de producción inscribiendo su huella en la estructura misma del narrar. Así, la velocidad de la intriga —la cantidad desmesurada

---

[111] Sobre el concepto de "género" como unidad de análisis en la cultura de masas, ver: P. Fabbri, "Le comunicazioni di massa in Italia; sguardo semiotico e melocchio della sociologia". *Versus* 5/2 (1973). Sobre los "géneros" en las culturas populares, ver el número 19 de la revista *Poetique* (1974) monográfico.

al sur de la modernidad

de aventuras— en su relación a la prioridad de la acción sobre lo psicológico, la repetición en su relación a la constitución de la memoria del grupo, el esquematismo y el ritmo en su relación a los arquetipos y los procesos de identificación.

Otros modos de leer
Plantearse la existencia de diferentes modos de leer choca hoy con dificultades de base. Está aún por hacerse la historia social de la lectura que imbrique historia de las formas de leer y tipología de los públicos.[112] Y necesitaríamos además replantear por completo las teorías de la recepción, tanto la funcionalista como la crítico-negativa. Porque ambas prolongan, cada cual a su manera, una larga y pertinaz tradición que arranca de la concepción "ilustrada" del proceso educativo y según la cual ese proceso discurre de un *polo activo*, que detenta el saber —la elite, el intelectual— hacia un *polo pasivo* e ignorante: el pueblo, la masa. Con la consiguiente división tajante e inapelable entre la esfera de la producción, que es la de la creatividad y la actividad por un lado, y la del consumo que es la de la pasividad y el conformismo por el otro. Las mutaciones que han posibilitado pasar de la vieja "escuela" a los modernos medios no han cuestionado en absoluto el postulado de la pasividad del consumo. Una vez más la posibilidad de romper con la lógica de esa concepción implica desplazarse del espacio teórico-político en que se origina. Ese desplazamiento nos permite por el momento vislumbrar al menos tres rasgos diferenciales de la lectura popular.

En primer lugar lectura *colectiva*. Cuando los historiadores se han acercado al hecho de la lectura popular se sienten casi siempre desconcertados: ¿cómo es posible hablar de lectores en las clases populares del siglo XVIII o XIX si sólo una minoría pequeñísima sabía leer, es decir ... firmar, y si los salarios de una semana apenas daban para un pliego de cordel? (Salomón, "Algunos problemas de sociología de las literaturas de lengua española" 15-40). La pregunta expone claramente los prejuicios: confundir lectura con escritura, y sobre todo pensar la lectura desde la imagen del individuo encerrado

---

[112] Algunos intentos en esa dirección son los realizados por: N. Rubin, *La lectura. Hacia una sociología del hecho literario.* R. Escarpit y otros (221-242). J. J. Darmon, "Lecture rurale et lecture urbaine". *Le roman Feulleton.* París: Revue Europe, 1974.

con su libro, ignorando que desde los testimonios de Don Quijote —"porque cuando es tiempo de la siega, se recogen aquí las fiestas muchos segadores, y siempre hay alguno que sabe leer, el cual coge uno de estos libros en las manos, y rodeámonos del más de treinta, estámosle escuchando con tanto gusto que nos quita mil canas" dice el ventero a propósito de las novelas de caballería en el capítulo XXII de la primera parte—, y la institución popular por antonomasia de las veladas en las culturas campesinas, hasta los labriegos anarquistas que en la Andalucía de mediados del XIX compraban el periódico aun sin saber leer para que alguien se lo leyera a su familia, la lectura en las clases populares ha sido siempre predominantemente colectiva, esto es, en voz alta y en la que la lectura tiene el ritmo que le marca el grupo. En la que lo leído funciona no como punto de llegada y de cierre del sentido sino al contrario como punto de partida, de reconocimiento y puesta en marcha de la memoria colectiva que acaba reescribiendo el texto, reinventándolo al utilizarlo para hablar y festejar otras cosas distintas a aquéllas de que hablaba, o de las mismas pero en sentidos profundamente diferentes. Y conste que no estoy haciendo teoría sino transcribiendo el recuerdo de una experiencia, la de la lectura de los relatos de la guerra en las veladas de invierno de un pueblito castellano.

En segundo lugar: lectura *expresiva*. Esto es una lectura que implica a los lectores en cuanto sujetos que no tienen vergüenza de expresar las emociones que suscita la lectura, su exaltación o su aburrimiento. Leer para los habitantes de la cultura oral —no letrada— es escuchar, pero esa escucha es sonora. Como la de los públicos populares en el teatro y aún hoy en los cines de barrio, con sus aplausos y sus silbidos, sus sollozos y sus carcajadas que tanto disgustan al público culto y educado tan cuidadoso de controlar-ocultar sus emociones. Digamos una vez que esa expresividad revela, manifiesta, aun a pesar de todos los peligros de la identificación denunciados por Brecht, la marca más fuertemente diferenciadora de la estética popular frente a la culta, frente a su *seguridad* y su *negación al goce* en el que todas las estéticas aristocráticas han visto siempre algo sospechoso. Es más, para Adorno y demás compañeros de la Escuela de Frankfurt, la verdadera lectura empieza allí donde termina el goce.[113] Quizá esa *negatividad*

---

[113] Véase a este propósito: H. R. Jauss, "Pequeña apología de la experiencia

tenga no poco que ver con su pesimismo apocalíptico y su incapacidad para atisbar las contradicciones que atraviesa la cultura de masas.

Y en tercer lugar: *lectura oblicua, desviada*. Lectura cuya gramática es muchas veces otra, diferente a la gramática de producción. Si la autonomía del texto es ilusoria mirada desde las condiciones de producción lo es igualmente desde las condiciones de lectura. Sólo prejuicios de clase pueden negarle a los códigos populares de percepción la capacidad de apropiarse de lo que leen. Así por ejemplo la lectura que las clases populares francesas hicieron de *Los misterios de París*, transformando el folletín de Sue en agente de una toma de conciencia mediante la activación de las señas de reconocimiento que allí había.[114] O la lectura que los campesinos andaluces o sicilianos del XIX hacían del relato de las acciones de los bandoleros, lectura performativa que obligó más de una vez a bandoleros a sueldo de los patronos a ponerse del lado de los campesinos pobres (Hobsbawn, *Rebeldes primitivos* 27-55) o la lectura que las masas nordestinas en el Brasil hacen de los "relatos de milagros" al resemantizarlos desde la no coincidencia del hecho y del sentido y por tanto como irrupción de lo imposible-posible frente al chato realismo de los periódicos (Certeau, "Un 'art'bresilien' 56-60). O la lectura, en fin, que las clases populares hacen hoy de lo que les ofrece la radio o la televisión dando lugar a una multitud de formas de reapropiación.

La cotidianidad construida en la radio

> "Realidad contradictoria y desafiante la de una sociedad de masa que, en la lógica perversa de un capitalismo salvaje, hace coexistir y juntarse, de modo paradójicamente natural, la sofisticación de los medios de comunicación de masa con masas de sentimientos vehiculados por la cultura más tradicionalmente popular".
>
> Marlyse Meyer

---

estética". *ECO* 224 (Bogotá, junio, 1980): 217-256. Ver también, M. Dufrenne, "L'art de masse existe-t-il?". *L'art de masse n'existe pas* (9-50).
[114] Dos estudios que tienen en cuenta esa lectura: Umberto Eco, *Socialismo y consolación*. Barcelona, 1974; Jean Louis Bory, *Eugene Sue, dandy mais socialiste*, París, 1973.

Marginada casi por completo de las investigaciones críticas de los años setenta,[115] la radio es hoy revalorizada como objeto de estudio justamente a partir del desplazamiento operado por los investigadores sobre el lugar desde el que se formulan las preguntas que vertebran el análisis. Cuatro investigaciones —coincidencial pero también sintomáticamente todas ellas llevadas a cabo o dirigidas por mujeres— han venido a mostrar la validez y el alcance de la nueva perspectiva: la radio como mediadora entre Estado y masas, entre lo rural y lo urbano, entre tradiciones y modernidad.

Patricia Terrero ha puesto las bases para una historia de la radio que —teniendo como eje el papel jugado por el radioteatro— centra la investigación en el análisis de "los espacios de continuidad" entre tradiciones populares y cultura de masa, esto es "la proximidad de ciertas expresiones del imaginario nacional y popular, la relación de algunas de ellas con procesos de mitificación y creencias populares o con la formación de la identidad social y cultural de los sectores populares" (*El radioteatro* 5). Desde la tradición de los payadores o copleros, pasando por el folletín gauchesco y el circo criollo (Rivera, *Medios de comunicación y cultura popular*) la radio recoge y se nutre de un largo proceso de sedimentación cultural que desemboca en el *discurso populista* en cuanto modo de apelación a unas masas que serán constituidas en sujeto político justamente a partir de la idea de nación (De Ipola, *Ideología y discurso populista*), ya que ellas son el contenido de ese nuevo sujeto de lo social que es lo nacional. Giselle Munizaga y Paulina Gutiérrez indagan la especial capacidad de la radio para hacer el enlace de la racionalidad expresivo-simbólica popular con la modernizadora racionalidad informativo-instrumental. A través de la sonoridad —voz, música, efectos— que posibilita la superposición de tiempos y tareas y la "explotación" de la expresividad coloquial, la radio "no sólo encauza sino que desencadena o impulsa un despliegue de subjetividad que no encuentra cabida en una actividad política muy formalizada, y la desplaza hacia el mercado

---

[115] Una de las pocas y honrosas excepciones a esa marginación lo constituye el estudio de Miguel de Moragas: "Perspectiva semiótica de la comunicación radiofónica". *Semiótica y comunicación de masas*. Barcelona, 1976. Sobre las razones tanto teóricas como socioculturales del olvido de la radio en la investigación de esos años: María Cristina Mata, *Radios, públicos populares e identidades sociales*, mimeo, Córdoba, Argentina, 1987.

cultural" (*Radio y cultura popular de masas* 21). Desplazamiento que cuestiona seriamente aquella posición que maldiciendo la ideología dominante se ahorró el esfuerzo por indagar cómo y por qué en la radio el obrero aprendió a moverse en la ciudad, el emigrado encontró modos de mantenerse unido a su terruño, y el ama de casa un acceso a las emociones que le estaban vedadas. Hablando "su" idioma la radio está sirviendo de puente hacia la otra racionalidad, la de los informativos y los programas de opinión, convirtiéndose así en un medio "que está historizando la vida y llenando el vacío que dejan los aparatos tradicionales en la construcción del sentido" (22).

Los trabajos de Rosa María Alfaro trazan un mapa detallado de los modos en que la radio "capta" la densidad y la diversidad de condiciones de existencia de lo popular. Yendo de los géneros radiales a las matrices culturales se explicitan los dispositivos de enlace de lo territorial con lo discursivo, de las diferentes formas y temporalidades del *nosotros* con la memoria y sus lugares de anclaje. El mapa se halla configurado por tres modalidades. Las emisoras *locales* que, funcionando sobre un criterio territorial, hacen que una programación netamente comercial se vea atravesada por la presencia de necesidades de la zona y por llamadas a la participación colectiva en acciones de apoyo a las demandas populares. Apoyándose en el discurso vecinal, este tipo de emisora representa el alcance y los límites de un "uso democrático" de la radio que busca compaginar la libertad de intereses con el bien común, su "encuentro en el mercado. La emisora *popular urbana* en la que lo popular tiene un espacio propio pero bajo la dirección populista de otros sectores que lo cautelan desde fuera. El mundo popular se hace ahí presente bajo la identidad unificante de lo criollo. Hay mucho concurso en que se escenifica la pobreza y las ingeniosidades de la gente, un lenguaje que busca llevar a la radio la fonética, el vocabulario y la sintaxis de la calle y una presencia grande de la música en que se plasma hoy el mestizaje urbano en Lima: la "chicha". A través de todo ello la emisora interpela un nosotros popular que, aunque construido con voces populistas convoca y activa dimensiones de la vida cultural del país desconocidas o negadas por las emisoras de corte transnacional. Y por último, la emisora *andina-provinciana* que funcionando en horas fuera de la programación normal y en base a música de la región, de felicitaciones de cumpleaños, propaganda de los productos elaborados por gente de la colectividad e información sobre fiestas y sucesos de la comunidad, sin locutores especializados pero con música en vivo y lenguaje coloquial, sirve a miles de inmigrantes que usan esa radio para darse un espacio de identificación que no es sólo evocación de una memoria común sino producción de una experiencia de solidaridad. Con grandes diferencias y contradicciones que atraviesan cada uno de los formatos en su modulación de lo popular algo se hace visible en el conjunto: "cómo los procesos de reproducción cultural e ideológica recuperan discursos de liberación y son susceptibles a su vez de ser subvertidos en el campo mismo del consumo" (Alfaro, Modelos radiales y procesos de popularización de la radio 71).

En una perspectiva que recoge y avanza sobre lo logrado en esas investigaciones, María Cristina Mata realiza actualmente un trabajo de análisis en profundidad de la cotidianidad construida desde el discurso radiofónico (Radios y públicos populares). Análisis de los dispositivos con que se construye "sobre la fragmentariedad de espacios específicos y la diversidad de programas la idea de continuidad". Continuidad primero de la jornada, lograda mediante el enlace de los asuntos y los relevos de unas voces que "leen" para su audiencia el acontecer diario en un "discurso que progresa a través del recuerdo y la promesa, un discurso convertido en totalidad de la cual el oyente pueda entrar y salir sin sentirse extrañado porque es un continuum en cuyo progreso vuelve sobre sí mismo". En segundo lugar, continuidad en el tiempo porque tanto los locutores como los oyentes se tratan en un encuentro que viene de lejos y se prolonga en la memoria más allá de las jubilaciones y de los cambios de nombre de los programas. "Apegada a la vida de sus oyentes y productores la radio se historiza y es propuesta como parte y testigo de esa historia común". Y apoyados en esa continuidad operan esos otros mecanismos que conectan las cotidianidades particulares con las relaciones sociales a diversos niveles: el de vecinos interpelados por la radio como integrantes de una comunidad barrial, contribuyendo así a la construcción; el de usuarios y demandantes de unos servicios y unas instituciones públicas de las que necesitan pero ante las que se sienten indefensos. Activando la demanda, la "lógica del petitorio", las emisoras de radio median entre el vecindario y el estado "insinuando la imagen de un mercado donde los bienes se transmutan en servicios" y reforzando el sentido ciudadano, su pertenencia y su apropiación de la ciudad.

Relatos y formatos en televisión

Medio de punta en los procesos de innovación tecnológica y transformación de los comportamientos, la televisión le plantea a la investigación de comunicación un desafío bien particular: el de comprender aquello que en su "funcionamiento" le permite articular el discurso de la modernización a la explotación de unos dispositivos de narración y reconocimiento descaradamente anacrónicos. Anacronía —no contemporaneidad— que en el caso de América Latina empata con aquellos destiempos que forman parte constitutiva de la dinámica cultural de estos pueblos. Y de los géneros que hacen el tejido, el texto de la televisión, en ninguno se hace tan visible la trama de modernidad y anacronía como en la telenovela: esa modalidad latinoamericana de melodrama en la que se resuelven y mestizan la narrativa popular y la serialidad televisiva.[116] Huellas e indicadores de aquella narratividad en la telenovela son, de una parte, sus relaciones con la cultura de los cuentos y leyendas del miedo y misterio en los que está en juego el enigma del nacimiento o de los hermanos gemelos, tan presente en la narración que recoge la "literatura de cordel" brasileña, las crónicas de los corridos mexicanos o los vallenatos colombianos (Pires Ferreira, *A cavalaria en cordel*). Dominada por la estructura del *contar a* —con lo que ello implica de presencia constante del narrado estableciendo día tras día la continuidad dramática— la telenovela conserva la *apertura* del relato en el tiempo —se sabe cuando empieza pero no cuando acabará— y su porosidad a la actualidad de lo que sucede mientras dura el relato, apertura a las condiciones mismas de efectuación que lo son de producción pero también de reconocimiento. Porque la telenovela es un texto *dialógico* o, según una propuesta brasileña que ahonda en la bajtiana, un texto *carnavalesco* "donde actor, lector y personajes intercambian constantemente sus posiciones" (Mata, *A casa e a rua: cidadania, mulher e morte no Brasil* 96). Intercambio que es confusión

---

[116] "Avances de una investigación de telenovela en varios países de América Latina". *Estudios sobre Culturas Contemporáneas* 4-5 (Colima, 1988). Una detallada presentación del proyecto para Colombia: Jesús Martín-Barbero, "Televisión, melodrama y vida cotidiana". *Dia-logos de la Comunicación* 17 (Lima, 1987). Sobre la telenovela brasileña ver: Renato Ortiz y otros, *A telenovela brasileira: historia e produção*. São Paulo: Brasiliense, 1987; Armand y M. Mattelart, *Le carnaval de la images*. París, 1987.

entre lo que vive el personaje y lo que siente el espectador, seña de identidad de esa otra experiencia estética que cuenta con y se mantiene "abierta" a las expectativas y reacciones del público. No en el sentido de transplantar al relato las cosas de la vida, pues "no es la representación de los datos concretos y particulares lo que produce en la ficción el sentido de realidad sino una cierta generalidad que mira para ambos lados y le da consistencia tanto a los datos particulares de lo real como al mundo ficticio" (Cantor Magnani, *Festa no pedaço: cultura popular e lazer na cidade* 175). Que en esa apertura y confusión se halla imbricada la lógica mercantil y sus estratagemas de seducción es algo fácilmente constatable. Pero reconocer esa lógica no puede hacernos soslayar el entrecruzamiento en ella de otras lógicas que nos remiten a las ambiguas pero innegables formas de presencia del pueblo en la masa. Paradójico funcionamiento el de un relato que, producido según las reglas más exigentes de la industria televisiva e incorporando algunas de las artimañas tecnológicas más avanzadas, responde sin embargo a una lógica arcaica e incluso inversa a la que rige el sistema general ¡la calidad de la comunicación establecida no tiene nada que ver con la cantidad de información que proporciona!

Después de tanta lectura ideológica, pero también de los revivales para intelectuales, los investigadores han comenzado a preguntarse si lo que hace el sentido y el placer popular que procuran esos relatos no remitirá, a través y más allá de las estratagemas de la ideología y la inercia de los formatos, a la cultura, esto es la dinámica profunda de la memoria y los imaginarios. Lo que activa esa memoria y la hace permeable a los imaginarios urbanos/modernos no es el orden de los contenidos, ni siquiera de los códigos, es del orden de las matrices culturales. De ahí los límites de la semiótica a la hora de abordar su relación al tiempo, o mejor la imbricación de tiempos y destiempos de los que está tejida la narración telenovelesca.[117] Y los límites también de una antropología que al pensar los nexos tiene tendencia a disolver los conflictos y al reconstruir las diferencias tiende a aislarlas del movimiento que las da vida (Véase: Durham, *A pesquisa antropológica con populações urbanas: problemas e*

---

[117] Sobre la articulación del "tiempo largo" de la historia narrada y el tiempo "corto" y fragmentado del discurso televisivo, ver la obra citada de M. y A. Mattelart, pp. 55 y ss.

perspectivas). Pues hablar de matrices no es evocar lo arcaico sino hacer explícito lo que carga hoy, para indagar no lo que sobrevive del tiempo aquel en que los relatos o los gesto populares eran auténticos sino lo que hace que ciertas matrices narrativas o escenográficas sigan vivas, esto es sigan secretamente conectando con la vida, los miedos y las esperanzas de la gente.

Mirar desde ahí la televisión implica proponer un análisis que no tiene como eje ni al medio ni al texto sino las *mediaciones* en que se materializan las constricciones que vienen de la lógica económica e industrial como articuladoras no sólo de intereses mercantiles sino también de demandas sociales y de diferentes modos de ver. La investigación crítica ha tenido serias dificultades para aceptar "la presencia en la industria cultural de demandas simbólicas que no coinciden del todo con el arbitrario cultural dominante" (Miceli 210). Y esas dificultades provienen de una lectura que, al desconocer y despreciar el sistema de representaciones e imágenes desde el que las clases populares decodifican los productos simbólicos, acaba por asumir como única la representación que la cultura dominante ofrece de la clase hegemónica y de las subalternas. Lectura que colocó como presupuesto lo que tenía precisamente que investigar: cuál es la posición efectiva que la industria cultural ocupa en el campo simbólico de estos países. Y lo que se ha avanzado en esa dirección muestra que la cultura masiva no ocupa una sola y la misma posición en el sistema de las clases sociales pues en su interior subsisten y coexisten matrices culturales en conflicto (García Canclini, *Cultura y poder: ¿dónde está la investigación?*).

La pregunta-eje de la nueva lectura será entonces: en qué medida y en qué formas lo que pasa en el mercado simbólico remite no solo a la lógica de los intereses dominantes sino también a la complejidad y las dinámicas del universo popular. Meter esa pregunta en la investigación de la televisión va a exigir una especial atención en el funcionamiento de los géneros: a aquella *asimetría comunicativa* cuyo análisis requiere involucrar el estudio tanto de las "estrategias de anticipación" del emisor (Wolf, *Teorie delle communicazioni di massa* 131 y ss.) como de la "carnavalesca confusión entre relato y vida" (Mata, *A casa e a rua: cidadania, mulher e morte no Brasil* 91 y ss.) operada en la recepción. Entendemos entonces por *géneros* un específico lugar de ósmosis entre matrices culturales y formatos comerciales. En términos de análisis se trata menos de estructuras de significación que de *práctica de enunciación* de unos sujetos y de formatos de sedimentación de unos saberes narrativos, expresivos, técnicos. Por último, los géneros son el espacio de configuración de determinados efectos de sentido que hablan de la diversidad de modos de escritura y lectura, de producción y de fruición presentes en nuestra sociedad.

El estudio de los géneros remite así al de los *usos sociales y la recepción*. Esto es, a la diversidad de *habitus* que marcan la relación de la televisión con la organización del espacio y el tiempo cotidianos: ¿qué lugar ocupa la televisión en los espacios y tiempos de la casa, central o marginal?, ¿y qué clase de demandas le hacen a la televisión los diferentes sectores sociales?. Pero en los usos no habla solamente la clase social, hablan también las diversas *competencias culturales* que atraviesan las clases por vía de la educación formal en sus diferentes modalidades, y hablan sobre todo los saberes de las etnias y las regiones, los "dialectos" locales y los mestizajes urbanos realizados con ellos. Nos referimos a los haberes, saberes y gramáticas que, constituidos en la *memoria*, median la lectura de los diferentes grupos, y a los *imaginarios* desde los que proyectan su identidad los hombres y las mujeres, los adultos y los jóvenes, los indígenas y los negros, los campesinos, los de ciudad. ¿De qué tejido de gramáticas y desviaciones está hecha esa competencia narrativa que les permite, hasta a los menos "letrados", saber dónde un relato ha sido interrumpido y cómo completarlo, resumirlo, titularlo, clasificarlo? Es en los relatos de las gente donde se halla el acceso hacia esas competencias, de manera que investigar los usos sociales de la televisión pasa ineludiblemente por la activación de esos relatos en que aparecen "citados" los diferentes "textos" a que remiten las diversas lecturas. El trayecto metodológico es entonces aquel que va del ver-con-la gente al darle a la gente la posibilidad de contar lo visto. La única forma de acceso a la *experiencia de su ver* pasa por la activación de las diferentes competencias narrativas desde las que nos hablan los diversos pueblos que contienen —en su doble sentido— el público de la televisión.

La posibilidad entonces de comprender la densidad cultural de los conflictos que moviliza hoy la relación entre televisión y narrativas populares pasa entonces por la reconstrucción de una *crítica capaz de distinguir* la necesaria denuncia de la complicidad de ese medio con las manipulaciones del poder y los intereses mercantiles, del

al sur de la modernidad

lugar estratégico que la televisión ocupa en las dinámicas de la cultura cotidiana de las mayorías, en la transformación de las memorias y las sensibilidades y en la construcción de imaginarios colectivos desde los que las gentes se reconocen y representan lo que tienen derecho a esperar y desear. Pues nos encante o nos repugne, la televisión constituye hoy, a la vez, el más sofisticado dispositivo de moldeamiento y cooptación de las sensibilidades y los gustos populares, y uno de los más vastos conjuntos de mediaciones históricas de las matrices narrativas, gestuales, escenográficas del mundo popular, en cuanto ámbito de hibridación de ciertas formas de enunciación, ciertos saberes narrativos, ciertos géneros dramáticos y novelescos de las mestizas culturas de nuestros países.

3. Topografías de la memoria, trayectos del imaginario[118]

Más que sobre procesos alternativos de comunicación aquí se habla sobre la *comunicación otra*[119] que implican en sí mismas, y revelan, ciertas prácticas cotidianas de los sectores populares, esa otra forma en que se comunican tanto los grupos como los individuos en los sectores pobres. Por otra parte, es más de cultura por tanto que de comunicación de lo que aquí se va a tratar. O si se prefiere, es de comunicación, pero de la que tiene lugar por fuera de lo que la mitología mass-mediática define como tal, sin canales ni medios oficialmente reconocidos y sin tecnología importada. Vamos a hacer el relato de ciertas prácticas que materializan y hacen visible la *memoria popular*, o mejor vamos a hacer el relato de lo popular como memoria de otra matriz cultural amordazada, deformada, dominada. Pero no puede nombrarse esa cultura otra —dominada, negada— sin nombrar también aquella que la niega y frente a la que se afirma a través de una lucha desigual y con frecuencia ambigua.

Se trata de una lucha que remite al conflicto de las clases sociales pero sin agotarse en él, ya que remite también, y desde más lejos, a la conflictiva convivencia en nuestra sociedad de dos economías: la de la abstracción mercantil y la del intercambio simbólico. La primera es aquélla en que la significación de cada objeto depende de su "valor", en que el sentido de un objeto se produce a partir de su relación con todos los demás objetos, esto es a partir de su valor abstracto de mercancía —valor "abstraído", separado del trabajo— y de su inscripción en la lógica de la equivalencia según la cual cada objeto vale por, puede ser intercambiado por, cualquier otro. La segunda es aquélla en que los objetos significan y valen por relación a los sujetos que los intercambian, aquélla en que el objeto es un lugar de encuentro y de constitución de los sujetos: inscripción por tanto en otra lógica, la de la ambivalencia y el deseo.

---

[118] Este texto recoge mi primera investigación en el campo de la comunicación, llevada a cabo con alumnos de los cursos de semiología en la Facultad de Comunicación Social de la Universidad Tadeo Lozano de Bogotá (1973-74) y del Departamento de Ciencias de la Comunicación de la Universidad del Valle, en Cali (1975 -77).
[119] Véase Jean Baudrillard, *Pour une critique de l'economie politique du signe* (63-66 y 212-223); del mismo autor, *L'échanges symbolique et la mort* (7-13).

No estamos idealizando situaciones sino proponiendo una clave de lectura para las prácticas que vamos a narrar, ya que éstas no se inscriben en una diferencia interior al discurso burgués —como las estudiadas por Eliseo Verón en su investigación sobre el doble discurso y en conflicto con él.[120] Porque en las plazas de mercado y en los cementerios tradicionales lo popular no es sólo asunto de consumo, de "recepción", sino de positiva emisión, más aún de producción. La plaza de mercado y el cementerio son para las masas populares un espacio fundamental de actividad, de producción de discurso propio, de prácticas en las que estalla un cierto imaginario —el mercantil— y la memoria popular se hace sujeto constituido desde otro imaginario y otra lengua.

Polisemia cultural de las plazas de mercado

El objeto de nuestro análisis es *la plaza de mercado urbano*, situada a medio camino entre la plaza de mercado campesino —a la que remiten como paradigma muchas de sus prácticas— y el *supermercado*, hacia el que tiende en algunos aspectos su organización. Inserta en la estructura y el paisaje urbano la plaza de mercado es, sin embargo, un "lugar" aún no homogeneizado ni funcionalizado completamente, aún no digerido por la maquinaria mercantil, pero cuya especificidad no es rescatable más que por oposición a ese otro "lugar" de la funcionalidad y el fetiche del objeto que es el supermercado. Nuestra investigación se inicia en la ciudad de Bogotá teniendo como eje la plaza de "Paloquemao" y el supermercado "Carulla", y se continúa en la ciudad de Cali comparando la plaza de "Santa Helena" con el supermercado "Ley".

Figuras topográficas

Llamo *topografía* al espacio configurado por las *señales* de dos matrices culturales, señales que al ser rastreadas se convierten en *señas de identidad* de las dos economías apuntadas. La primera

---

[120] Eliseo Verón véase su trabajo: "Comunicación de masas y producción de ideología: acerca de la constitución del discurso burgués en la prensa semanal" en revista *Chasqui* 4 y 5 (1975). Pero aun cuando se trata de otra diferencia y en la medida en que la investigada por Verón remite a las condiciones de producción del discurso, no pocas de sus constataciones sobre lo popular coinciden con las que se presentan en lo que sigue.

diferencia es la topografía de los nombres: la *plaza* y el *supermercado* remiten a dos contextos culturales bien distintos, a dos imaginarios y a dos universos de sentido bien distantes. Distancia que se ahonda al contraponer las denominaciones que reciben las plazas y los supermercados. "Carulla" y "Ley" —las dos grandes cadenas nacionales de supermercados— hablan del apellido de la familia propietaria: los *Carulla* directamente, los almacenes *Ley* a través de la sigla cuyo desglose es *Luis Eduardo Yepes*. En su pseudoconcreción el apellido no nombra más que una abstracción la de una serie, la de la cadena de almacenes. Frente a ese nombre privado, las plazas de mercado nombran lugares con historia, fechas memorables, figuras religiosas. Así en Bogotá las plazas nombran un lugar, *"Paloquemao"*, o los barrios en que se hallan ubicadas y que remiten a fechas de la historia de la independencia del país: *"Siete de agosto", "Doce de octubre", "Veinte de julio"*. En Cali encontramos *"La alameda", "Siloe", "Santa Helena", "Santa Isabel"*. Los nombres de los supermercados denominan, a través de la marca privada, la abstracción mercantil. Los de las plazas trabajan sobre referencia única con clave histórica, geográfica o religiosa. Y esas dos formas de trabajar la significación nos dan la pista para leer los dos modos de comercialización en que se inscribe el trabajo. En *la plaza* cada vendedor es independiente y como tal arrienda un "puesto". El vendedor es el dueño de los productos que vende, y a veces incluso el productor, ya que los productos provienen —como en el caso de los alimentos y las artesanías— de la cosecha y lo trabajado por la propia familia. Es lo que sucede normalmente en la plaza de mercado campesino en que es el productor mismo, o alguien de la familia, el que lleva los productos al mercado. La comercialización y la producción no están separadas, sino bien cerca la de una de la otra. Y en esta economía las relaciones familiares son fundamentales y se hacen visibles directamente en el puesto mismo de trabajo: el vendedor no es el individuo sino la familia entera, el marido, la esposa y los hijos son los que cargan los productos, los organizan, los publicitan los reponen y venden. En el supermercado, la relación constitutiva es otra, la inversa: un solo dueño —invisible— y todos los demás trabajadores asalariados. Lo cual define tanto la relación anónima y abstracta del trabajador con la empresa como también la del vendedor con el comprador, como veremos después.

Y a la relación salarial le corresponde lógicamente la superespecializada división del trabajo y la jerarquización rígida de las tareas, la uniformación y funcionalización máxima de los sujetos. Vamos de fuera a dentro. El *entorno* de la plaza de mercado es un montón de negocios no sólo de venta sino de juegos de azar, prostíbulos, casas de empeño, cafetines, etc. Y esa heterogeneidad complementaria ubica las relaciones de la plaza no sólo con su exterior físico sino sobre todo en su rol de lugar articulador de prácticas que en la cultura burguesa se producen *separadas*, pero que en la cultura popular están siempre juntas, revueltas, atravesadas unas por otras. La plaza de mercado no es el recinto acotado por unas paredes sino la muchedumbre y el ruido, los desperdicios amontonados o dispersos, todo lo que se siente, se ve, se huele desde mucho antes de entrar en ella. La *plaza* está en la calle. Afectando el tráfico tanto de vehículos como de peatones: los andenes están llenos de gente que vocea loterías, que hace y vende fritanga, que vende afiches eróticos o estampas religiosas. Vista desde el entorno la plaza es desorden y barullo, abigarramiento y heterogeneidad, trabajo y a la vez no poco de fiesta. El entorno del supermercado es complementario también, pero sólo en cuanto sistema: hay otros almacenes cuya diferencia con el supermercado es que son especializados. Complementariedad por tanto uniformada: en el orden, la funcionalidad, la seguridad y la publicidad. Y en esa masa de carros particulares que circunda y envuelve el supermercado como un cinturón de exclusión. El supermercado también le sale a uno al encuentro pero no en la calle sino en la casa: en el mensaje publicitario que nos acosa desde el televisor, la radio y los periódicos. Su entorno verdadero no es por tanto el que lo rodea sino aquel desde el que nos atrae: el imaginario mercantil con el que nos moldea la publicidad. Esa es su forma de "fiesta", el espectáculo: algo que se da no a vivir sino a ver.

Para *el adentro* sigamos con el supermercado. Y encontraremos un espacio cerrado, centrado y articulado. Un espacio sin ventanas y por lo tanto, iluminado artificialmente tanto de noche como de día. Un espacio que es así separado simbólicamente y no sólo por razones de seguridad. Centrado pero no con un solo centro sino con varios que se articulan en diferentes niveles, complejamente. Organización de los productos por secciones y subsecciones: alimentos, vestidos, salud, belleza, higiene, juguetes, libros, etc. Y al interior de cada

al sur de la modernidad

una: subsecciones. Así, en la de alimentos: carnes, pescados, verduras, sopas, alimentos infantiles, postres, etc. Y al interior de cada subsección: tipos, marcas, tamaños. Una perfecta organización tanto paradigmática como sintagmática. Y como en cada sintagma pueden hallarse elementos que pertenecen a paradigmas diferentes encontraremos entonces que en la sección de alimentos para niños una señal nos guía hacia la pasta dentífrica infantil y de ésta a los nuevos lápices de colores y de allí a los guayos[121] de moda, etc. Una perfecta red de "marcas" remite todo a todo desde cada sitio. *Disposición funcional de los objetos que permite el reenvío de unos a otros como en un inmenso juego de espejos.* El comprador no tiene más que dejarse llevar. Y para que nada perturbe el silencio y la concentración, una música suave, y funcional también, viene a envolverlo todo apagando los pocos ruidos que puedan producirse, una música que integra y unifica, que homogeniza objetos y sujetos, espacio y tiempo. El espacio sonoro viene a densificar y reforzar la magia del espacio visual. Y en ese espacio la decoración no es algo que se añada sino aquello que verdaderamente configura el supermercado en su potente narcisismo: la decoración-publicidad que envuelve los vegetales o las frutas en la frescura de un rocío artificial, dibuja los títulos de las secciones o es empaque de todos y cada uno de los productos. Porque todos los productos se presentan empacados, esto es rediseñados y embellecidos, ocultados y exhibidos. El comprador no tiene acceso más que al empaque. Ya sea pan o perfume, leche o champú el empaque viene a mediar, a remultiplicar las mediaciones. El empaque es cada objeto hablando de todos los demás, autonombrándose pero a través del lenguaje de mercancía.

El adentro de la plaza de mercado es otro. Aun en aquéllas en las que no se venden más que alimentos o artesanías la organización-separación de los tipos de productos es violada permanentemente por la práctica. La plaza es un espacio acotado pero abierto, descentrado y disperso: antifuncional. Los productos se amontonan y se mezclan tanto en la relación de unos puestos a otros como en el interior de cada puesto. No hay articulación sino amontonamiento y redundancia. Ni la disposición de los productos ni la decoración

---

[121] Zapatos para jugar fútbol.

remiten de uno a otro. Sólo están juntos, el uno al lado del otro, y así todos. Aquí es el comprador el que debe ir y buscarlos. Los productos están desnudos, a la vista y la mano, sin empaques. Y sin más publicidad que la del grito de su vendedor o esos carteles hechos a mano también por él con su tosca grafía y su sintaxis. Voz o carteles que dicten el lugar de origen del producto porque el "origen" es garantía de bondad. El espacio sonoro aquí también corresponde plenamente al visual: ninguna unidad, ninguna uniformación sino un montón de ruidos —de adentro y de afuera— de voces, de música salidas del radiotransistor de cada puesto y de cada persona, músicas estridentes, canciones melodramáticas, antifuncionales también.

La plaza termina siendo un conjunto de puestos, de ahí que sea el adentro de cada puesto el que se hace interesante de observar. El espacio del puesto es un espacio expresivo. Cada vendedor lleva allí su vida —trabaja, come, reza, ama— gran parte de su existencia. Y la expresa en la disposición que le da al puesto, en su decoración, en las formas de comunicación que establece. Es "su" puesto y esa relación no asalariada con su trabajo le permite adecuar el espacio a su gusto, tener allí sus cosas, sus chécheres, disponerlo a su acomodo. Frente a la uniformización y el anonimato que domina tanto el espacio como el trabajo en el supermercado, los puestos de la plaza hablan con voz propia, tienen rostro. Están hechos de un entramado simbólico mezcla de imágenes y ritos. Junto a la imagen de la mujer desnuda, una virgen del Carmen y al lado del campeón de boxeo una cruz de madera pintada de purpurina. Y ritos como la vieja que pasa temprano rezando los puestos para mejorar las ventas, y el yerbatero que a media mañana reparte las "yerbas" contra la competencia.

En una investigación paralela sobre las vitrinas de los almacenes del barrio popular y del barrio burgués pudimos constatar las mismas diferencias de "lenguaje". En la vitrina del almacén "burgués" encontramos una perfecta sintaxis articulando todos los objetos a partir de paradigmas culturales que se asemejan grandemente a aquellos que articulan los semanarios estudiados por Verón. Allí encontramos el paradigma de las *estaciones* —invierno, primavera, verano, otoño— aunque sea un país que no tiene esas estaciones como es el caso de Colombia. El de los *espacios*: "la calle", "la casa", "la ciudad", "el campo". O el de los roles: "el ejecutivo", "el deportista", etc. De esta forma entre todos los objetos de la vitrina que encuadran el "titular" de ejecutivo —el vestido, la revista, el reloj, el disco, el sillón y la lámpara— se establece una malla de reenvíos que controla la heterogeneidad de los objetos proponiendo una sola lectura de todos ellos. Y esos reenvíos no se reducen al marco de la vitrina sino que articulan unas vitrinas con otras y todas con el almacén, del que vienen a ser la portada, la tapa. La vitrina organiza así y guía la lectura-visita de todo el almacén. Nada de eso ocurre en la vitrina del almacén popular. Sólo acumulación y amalgama, o todo revuelto, objetos de cualquier tipo y uso. Los paradigmas no van más allá de los tamaños y los colores de los objetos. Y cuando la vitrina del almacén popular se resiste a imitar a la otra ... la traducción explicita aún mejor las diferencias de "clase".

Topología: de las señales a las señas
Llamo *topología* a la lectura de las señales, lectura que hará explícito el discurso de las dos economías, ahora ya como discurso de los sujetos. Pues vender o comprar en la plaza de mercado es algo más que una operación comercial. Aunque deformado por la prisa y la impersonalidad de las relaciones urbanas, el puesto de la plaza recuerda, sin embargo, esas tiendas de los pueblos en las que el tendero no sólo vende cosas sino que presta una buena cantidad de servicios a la comunidad. La tienda de pueblo es un lugar de verdadera comunicación, de encuentro, donde se dejan razones, recados, cartas, dinero, y donde la gente se da cita para hablar, para contarse la vida; donde las relaciones están personalizadas; donde el prestigio no lo ponen las marcas de los productos sino la fiabilidad del tendero; donde aún existe el trueque; y donde el crédito no tiene más garantía que la palabra del cliente. A su manera, el puesto de la plaza es memoria de esa otra economía. Porque allí también comprar es enredarse en una relación que exige hablar, comunicarse. Allí mientras el hombre vende, la mujer a su lado amamanta al hijo y, si el comprador le deja, el vendedor le contará lo malo que fue el parto del último niño. La comunicación que el vendedor de la plaza de mercado establece arranca de la expresividad del espacio, a través de la cual el vendedor nos habla ya de su vida, y llega hasta el "regateo" en cuanto posibilidad y exigencia de diálogo.

En el supermercado usted puede hacer todas sus compras y pasar horas sin hablar con nadie, sin pronunciar una sola palabra, sin ser interpelado por nadie, sin salir del narcisismo especular que lo lleva y lo trae de unos objetos a otros. En la plaza usted se ve obligado a pasar por las personas, por los sujtos, a encontrarse con ellos, a gritar para ser entendido, a dejarse interpelar. En el supermercado no hay comunicación, sólo hay información. No hay ni siquiera, propiamente hablando, vendedores sino sólo personas que trasmiten la información que no fue capaz de darle el empaque del producto o la publicidad. Los sujetos en el supermercado no tienen la más mínima posibilidad de asumir una palabra propia sin quebrar la magia del ambiente y su funcionalidad. Alce la voz y verá la extrañeza y el rechazo de que sería rodeado. Los trabajadores no son más que su rol: administrador, supervisor, vigilante, cobrador o modelo, y cuanto más anónimamente lo ejecute tanto más eficaz. En la plaza, por el contrario, vendedor y comprador están expuestos el uno al otro y a todos los demás. Y en esa forma la comunicación no ha podido ser reducida a mera, anónima, unidireccional transmisión de información.

Todo lo relatado nos muestra —y demuestra también— que es otra la economía que subyace y se materializa en la plaza de mercado, al menos como memoria de eso que M. Mauss llama "hecho social total" y en el que "se expresan a la vez y de golpe todo tipo de instituciones: las religiosas, jurídicas, morales —tanto las políticas como las familiares— y económicas, las cuales adoptan formas especiales de prestación y de distribución, y a las cuales hay que añadir las formas estéticas a que estos hechos dan lugar, así como los fenómenos morfológicos que estas instituciones producen" (*Sociología y antropología* 157). Otra economía en la que hay intercambio no sólo de objetos sino de sujetos también, intercambio permanente entre lo económico y lo simbólico.

En otra investigación sobre *el domingo* campesino-popular y el urbano-burgués encontramos que mientras en el primero se trata del día de la máxima socialización, en el segundo se trata, por el contrario, del día en que la privatización de la vida adquiere su carácter más completo, y sus expresiones más exasperadas, como esas largas filas de automóviles detenidas por problemas de tráfico y en las que ni siquiera la desesperación saca a las gentes de sus carros y los compele a comunicarse. El mercado campesino tiene lugar precisamente el domingo, que es el día de la fiesta religiosa pero también de otras nada religiosas, el día en que se lucen los vestidos y la capacidad de derroche, el día en que se dirimen los pleitos, el día en que hay teatro o cine o toros, el día en que los políticos hacen sus arengas, el día en que se revuelve todo. Estamos ante otra economía o al menos su memoria, de la que las plazas de mercado nos muestran algunas señas de identidad.

La nueva ecología de los cementerios

El estudio de los cementerios se realizó teniendo como eje la oposición entre el cementerio "Central" y el llamado "Jardines del recuerdo", ambos en la ciudad de Bogotá. El primero es el viejo cementerio que se halla, como indica su nombre, en el centro de la ciudad y es propiedad del municipio, el otro se encuentra en las afueras-norte de la ciudad, que es el espacio urbano reservado para sí misma por la burguesía, y su propietario es una empresa privada, transnacional.

Figuras topográficas

A semejanza de la plaza de mercado el cementerio "Central" desborda sus tapias invadiendo los alrededores. El entorno forma parte integrante de su dinámica, y en él hallamos otro montón de negocios: ventas de lápidas, de flores, de cirios, de objetos religiosos, pero también de loterías, de horóscopos, de fritangas, de libros y objetos de magia como el coral y la pata de mico, el pico de pájaro negro, etc. La misma muchedumbre de mendigos, de gamines, de raponeros; el mismo abigarramiento, la misma heterogeneidad. Y como la plaza de mercado, también su "adentro" está configurado por el desorden y el amontonamiento, por la multiplicidad de formas y su mezcla: tumbas y nichos, tumbas de todos los tamaños y formas, desde la cruz de palo clavada en la tierra hasta los grandes monumentos de piedra, de bronce o mármol. No hay secciones, ni divisiones, sólo nombres, nombres propios en su mayoría que son los que atraen y aglutinan a la gente en los lugares en que se practican los ritos: el lugar de "las almas olvidadas", la tumba-mausoleo de Leo Siegfred Kopp, la tumbal del padre Almanza, de Merceditas Molano, de Inesita Cubillos ... Al cementerio Central se va todos los días pero hay un día especial en la semana, un día de ritual popular: *el lunes*. Ese día se puede apreciar mejor la multiplicidad de prácticas y su sentido.

Nada más cruzar la puerta de entrada, el comercio de lo religioso se hace visible. A treinta metros un "puesto" de responsos con tres clérigos que —cada cual por su lado— recitan a un peso el responso y a dos la salve: la tarifa da derecho a mencionar el nombre del difunto al que va dirigida la oración o por quien se reza. Y como ese puesto hay otros más, estratégicamente ubicados en los lugares por los que el tráfico de gentes es mayor. Hay además otros puestos donde se encargan las misas que se celebran en la capilla. Varían las tarifas según los tipos de misas. Y no hay crédito, aquí todo se paga por adelantado.

Pero junto a esos ritos oficiales la gente practica otro tipo de ritos mucho más populares y expresivos. Más que a rezar a sus familiares, el lunes la gente viene a buscar soluciones, ayuda para necesidades y problemas bien concretos y cotidianos: necesidades económicas, de salud, de amor, etc. Y para lograr eso, se visita no la tumba privada de la familia, sino la de aquellos difuntos que tienen algún poder. Así, por ejemplo, el "abogado" de los que tienen dificultades económicas es Leo Siegfred Kopp, quien en vida no fue un santo sino uno de los hombres más ricos del país, el fundador de la empresa más grande de cerveza. Su tumba-monumento está cercada de barrotes de hierro que las gentes saltan para subirse a la estatua y poniendo los labios en su oído contarle sus problemas. Y como la gente que quiere contarle sus penas es mucha y hay que pelearse para subir, el rito se desdobla: los que no pueden subir hasta el oído le colocan flores entre los brazos, o le hablan en silencio, con la vista fija en la estatua mientras dejan que los cirios se consuman hasta quemarse los dedos. En el lugar de "las almas olvidadas" —que es la fosa común— muchas mujeres, especialmente prostitutas, queman entre lo incinerado monedas que deben pertenecer al otro sexo. La moneda quemada se guarda, y se trae siete lunes consecutivos para alcanzar la buena suerte en el amor. Y en la tumba del padre Almanza, el ritual consiste en golpear la tumba mientras se formulan deseos y se rezan oraciones. Se acaricia después la tumba y se va pasando luego la misma mano por el propio cuerpo para implorar la salud.

Frente a toda esa heterogeneidad expresiva del cementerio popular, el cementerio "Jardines del recuerdo" ofrece una topografía bien distinta. En primer lugar, se halla ubicado muy lejos, fuera de la ciudad, aislado, completamente aparte. Sin entorno que lo señale fuera de las vallas publicitarias. Las razones, ¿sanitarias?, ¿de higiene?, no pueden ocultar en todo caso la proyección simbólica de esa separación, y esa falta de entorno encuentra su verdadera razón dentro. Un adentro uniformado y simétrico: diseñado en secciones todas ellas presididas por una estatua similar y con un nombre abstracto como "jardín de la paz", "jardín de la eternidad", etc. Dentro de cada sección hay un número exacto de tumbas, todas iguales, de 3 metros por 1.80 dispuestas simétricamente, a una distancia exacta, con una lápida del mismo tamaño y un florero de bronce.

Al "Jardín" se viene sólo los domingos y los días feriados. Se viene de paseo, a hacer turismo. Es un agradable lugar para pasar la tarde del domingo. El trazado de vías asfaltadas que recorren el interior facilita el tránsito, y la privatización del recuerdo o del descanso. En la capilla, las misas sólo se celebran los domingos o feriados que son los mismos días que está abierta la oficina de información sobre la compra de lotes. Más que un lugar de creencia y de oración, los "Jardines" son un espacio para la afirmación del estatus y la expansión privada. Los domingos, la familia pasa un momento por la tumba familiar, reza brevemente en silencio, y después "se tumba" en el césped a disfrutar del aire, del sol y del paisaje. La tumba familiar acaba siendo muchas de las veces un mero pretexto. De ahí que el nombre esté tan bien puesto: "jardines" en los que cultivar "recuerdos", porque el pasado aquí no tiene nada que ver con el presente. Otra vez, la separación. La misma clave que oculta el comercio de lo religioso: los dueños del cementerio privado tienen las oficinas lejos de él, en el centro de la ciudad.

Lecturas topológicas

Comencemos por la pista que nos muestra la última indicación. En el cementerio popular, el comercio de lo religioso, el intercambio de lo económico y lo simbólico está a la vista, es palpable, no se disimula, forma parte constitutiva del ritual. La imbricación de lo económico en lo religioso se ofrece al desnudo, sin disfraces, sin retórica. Como en ese ritual en que el dinero, las monedas son quemadas, porque son ellas, quemadas, y así puestas en contacto con la muerte, las que simbolizan la materialización de la creencia. Y es que al cementerio popular, la gente no va a cumplir una obligación convencional, la gente va porque cree en la relación de su vida con la "otra vida", y esa fe es algo fundamental en su vivir.

No algo aislado, separable, sino algo que tiene que ver con todo: con el sexo, el dinero, la salud. No hay compartimentos ni separaciones sino juntura y atravesamiento de unas dimensiones por las otras. Cómo se torna entonces de significativo el hechode que el día escogido para los ritos populares, para que las masas expresen sus creencias y sus relaciones con el "más allá", sea precisamente *un día de trabajo*. Porque la muerte no es para ellas un asunto de mero recuerdo sino el referente cotidiano de la vida. La creencia está integrada al vivir como el lunes en la semana de trabajo y el espacio del cementerio en el espacio profano de la ciudad. En el cementerio burgués el comercio de lo religioso es dejado fuera. Ese comercio se produce en la separación que oculta la mascarada mercantil. Porque mientras el Cementerio Central es propiedad comunal y de servicio, como lo son los cementerios de los pueblos, los "Jardines del recuerdo" son propiedad de una empresa privada cuyo único objetivo es el lucro, una empresa que hace negocio con la muerte como otras lo hacen con aviones de guerra o pelucas de señora. Y es precisamente en el cementerio cuyo objetivo no es otro que el negocio, donde éste es ocultado, disfrazado, retorizado. El adentro viene a tapar un afuera del que vive, pero del que se presenta separado, una separación que viene a ocultar las condiciones de producción de lo simbólico: esas mismas que se ofrecen sin pudor alguno a la vista y el oído de todos en el cementerio popular.

Otra señal que es necesario leer en las prácticas del cementerio popular es la ambigüedad radical, la irracionalidad de que están hechas y desde la que hablan esas prácticas, y el control de esa ambigüedad por la univocidad y la racionalidad que gobiernan tanto la configuración del espacio como las prácticas en el cementerio "burgués". Ni la muerte, ese lugar del sujeto, que en todas las culturas constituye la matriz más irreductible de lo simbólico, ha podido escapar a la racionalización y al imaginario mercantil. Una investigación sobre el funcionamiento actual de las loterías nos mostró cómo la racionalidad capitalista ha logrado digerir, recuperar y funcionalizar ese otro reducto de la ambigüedad que era la suerte, el azar. Y bien, las loterías no sólo se han convertido en "gancho" para atraer clientes a cualquier negocio sino que, por ejemplo, en los bancos, al cliente se le regalan mensualmente billetes de lotería en número proporcional a la cantidad de sus ahorros. La lotería que

al sur de la modernidad

antes era sinónimo de juego, y en cuanto tal se situaba socialmente en el polo opuesto al del trabajo productivo, la lotería como algo perteneciente al orden del riesgo, de la fiesta, de lo extraordinario, ha sido convertida en un elemento cotidiano de la acumulación de capital.

Por otra parte la conversión del cementerio en *jardín* no es, como pudiera aparecer a primera vista, una profanación, o profanización de lo sagrado. Es más bien todo lo contrario: es una de las cotas más altas de la sacralización del sistema mercantil. Y ello mediante la producción de un *simulacro*, mediante la simulación de los ritos de muerte, de su parodia, porque la muerte no es un hecho "privado". Todos los pueblos han visto y celebrado en la muerte un enclave fundamental de lo social, de emergencia y expresión de las relaciones que anudan a unos hombres con otros incluso más allá de la tumba. Y eso es lo que es negado en el moderno cementerio, en el que todo lleva y presupone la privatización de la muerte, una muerte convertida en asunto de "familia", pero de familia-unidad de propiedad. Mientras los ritos funerarios, y aún hoy las prácticas populares en el cementerio, son la celebración de un intercambio en el que los objetos —las ofrendas— no son más que un lugar de encuentro y afirmación de los sujetos, en el otro cementerio la racionalidad que domina y modela es la que viene del orden de los objetos, la de la simetría y la equivalencia.

Miradas "desde arriba", desde la alta cultura burguesa, las prácticas populares sean de trabajo o de comunicación, religiosas o estéticas, son vistas casi siempre como un fenómeno de "mal gusto" —lo chabacano, lo vulgar— o como un arcaísmo a superar; y la forma más elegante de superarlas es folclorizarlas. Miradas desde una izquierda que enmascara frecuentemente sus gustos de clase tras de etiquetas políticas, esas mismas prácticas son vistas, demasiado *a priori*, como alienantes y reaccionarias. Y, como ha escrito Lombardi Satriani, la realidad cultural de las clases populares es así mutilada, y el discurso que trata de acercarse a ellas es considerado evasivo "según la óptica deformada por la cual es político —y por lo tanto digno de interés— solamente aquello que se presenta como inmediatamente político" (*Apropiación y destrucción de la cultura de las clases subalternas* 19). Frente a esos *a priori*, lo que hemos intentado con nuestro relato es acercarnos a esas prácticas y mirarlas de cerca. No para plantear lo popular como lugar de la verdad, ni como algo rescatable sin más. La hora del buen salvaje pasó hace tiempo, y los diversos populismos han mostrado suficientemente la trampa y el chantaje de que se alimentan, además de la negación profunda que ellos acaban haciendo de lo popular. Nuestro relato, y la lectura que de él proponemos, apuntan en otra dirección: la de poner al descubierto el empobrecimiento radical que en el plano de la comunicación cotidiana y vital trae consigo la mercantil modernización y funcionalización de la existencia social. Empobrecimiento al que estamos tan habituados ya, y que hemos interiorizado tan profundamente, que nos es imposible reconocer. Sólo la comunicación popular con su contraste escandaloso puede ayudarnos a verlo, a sentirlo.

Dicho de otra manera, más que una alternativa en sí misma lo que las prácticas populares nos muestran es hacia dónde deben apuntar las propuestas de una comunicación que se quiera realmente alternativa. En otras palabras, una comunicación que no quiera tapar con ruido tecnológico y consignas populistas el empobrecimiento y la miseria comunicativa que paradójicamente la comunicación popular hace visible. Y que no quiera seguir utilizando lo popular sino que se proponga partir de su dinámica: no llevarle comunicación a las masas sino potenciar y descubrir todas las formas que están siendo amordazadas, censuradas, dominadas, hechas imposibles con la imposición de la comunicación masiva ya sea en forma de "Medios" o de supermercados, o de "jardines del recuerdo". Vidal Beneito lo ha planteado bien lúcidamente: "lo alternativo es popular o se degrada en juguete y/o máquina de dominio. Y popular quiere decir que hace posible la expresión de las aspiraciones y expectativas colectivas producidas por y desde los grupos sociales de base. Tanto mayoritarios como minoritarios, tanto a nivel patente como latente" (*Alternativas populares a la comunicaciones de masa* xxxix).

4. Esa excéntrica y móvil identidad joven

> "La emergencia de la juventud se está traduciendo en una redefinición de la ciudad. La acción de los jóvenes sirve para redescubrir territorios urbanos olvidados o marginales, y para dotar de nuevos significados a diversas zonas de la ciudad. A través de la fiesta, de las rutas de ocio, pero también del graffiti, los jóvenes cuestionan los discursos dominantes sobre la ciudad".
>
> *Carles Feixa*

De los jóvenes como amenaza a la juventud como actor social

A mediados de los años ochenta, dos adolescentes montados en una moto asesinaron al Ministro de Justicia, Lara Bonilla, y aquel día Colombia pareció darse cuenta de la presencia entre nosotros de un nuevo actor social, la juventud. Los jóvenes comenzaron a ser protagonistas en titulares y editoriales de periódicos, en dramatizados[122] y otros programas de televisión, e incluso se convirtieron en *objeto* de investigación. Pero el estigma del inicio ha estado marcando fuertemente la preocupación y la mirada de los investigadores sociales: a la dificultad para definir los contornos de ese *nuevo objeto* de conocimiento que serían los jóvenes —un objeto nómada, de contornos difusos— se le añade el malentendido que asocia juventud con amenaza social, desviación y violencia. El creciente interés de la sociedad colombiana por el mundo de los jóvenes *carga* así su mirada con una doble miopía: la que viene de la *costumbre* acerca de lo que siempre se ha creído sobre los jóvenes, los diversos pero convergentes lastres ideológicos que impiden acercarse a lo que actualmente son y representan, y la que viene de la ausencia de la dimensión cultural en la investigación social.

La primera tiene mucho que ver con la convergencia entre lo que, desde tiempos remotos, dicta el sentido común —la juventud es una etapa/puente, sin espesor ni identidad— con la vulgata de un marxismo para el que la clase media no existe, pues las únicas clases con existencia social son la burguesía y el proletariado: así también, los jóvenes resultan impensables en su *identidad social*, y reducidos a mera transición entre los dos grupos de edad cuya existencia es reconocida socialmente, es decir los niños y los adultos.

---

[122] Un dramatizado es la representación televisiva de un "drama" o historia de la vida real.

La sociología en este país, según lo muestra claramente una reciente investigación del CINEP (Centro de Investigación y Educación Popular),[123] ha tendido a considerar el fenómeno *jóvenes* sólo desde el punto de vista de los violentos, de los delincuentes, de los rebeldes, e incluso de los desviados sociales. Es decir, ha tendido a *criminalizar* a la figura social de la juventud. La antropología por su parte sigue detenida en una visión de la adolescencia como espacio de los ritos de paso entre la infancia y la adultez. Y en un país en el que no hay antropología urbana —aunque hay inicios de antropología *en la* ciudad, no hay antropología *de la* ciudad (Durham, A *aventura antropológica. Teoría e pesquisa)*— la tendencia dominante es la de una concepción monoteísta de la identidad, étnica, fuerte, nítida, concepción desde la que resulta imposible *identificar* lo juvenil hoy.

Lo que tenemos entonces, con alguna excepción, es un acercamiento al mundo de la juventud básicamente preocupado por la violencia juvenil, o por lo *joven-violento*: pandillas, bandas, parches, asociadas al lumpen, al sicariato, a la guerrilla, etc. Lo que nos devela que la preocupación de la sociedad no es tanto por las transformaciones y trastornos que la juventud está viviendo, sino más bien por su participación como agente de la inseguridad que vivimos, y por el cuestionamiento que explosivamente hace la juventud de las mentiras que esta sociedad se mete a sí misma para seguir creyendo en una normalidad social que el desconcierto político, la desmoralización y la agresividad expresiva de los jóvenes están desenmascarando. Y, en segundo lugar, otro aspecto que preocupa a la sociedad es el desajuste de los jóvenes con las instituciones escolar y familiar, compendiado en la obsesión de que en los jóvenes se están perdiendo los valores o, dicho de otro modo, que estaríamos ante una juventud "sin valores", preocupación de corte moralista, incapaz de comprender, de dar cuenta de la *transformación* que los valores están atravesando: del por qué hay valores que se pierden y de cuáles son los que se ganan, los que se han *gastado* y los que se recrean. En todo caso *donde se están acabando* los valores no

---

[123] Véase D. Pérez Guzmán, "Elementos para una comprensión socio-cultural y política de la violencia juvenil", *Nómadas* 4 (Bogotá, 1007). En ese mismo número se recogen algunas de las investigaciones que inician la ruptura con la criminalización de la juventud.

al sur de la modernidad

es entre los jóvenes ellos están haciendo visible lo que desde hace tiempo se ha venido pudriendo en la familia, en la escuela, en la política. De tal manera que identificar a la juventud con la ausencia de valores es un gesto más de hipocresía de esta sociedad incapaz de preguntarse: ¿con qué queremos que sueñe una juventud alimentada cotidianamente —no sólo y no tanto en la televisión sino en la casa, en la calle, en el trabajo— con el afán de lucro fácil, con el dinero y el confort como valores supremos, con la confusión del inteligente con el listo, es decir, con el que sabe engañar y trepar rápido, con la corrupción como estrategia de ascenso tanto en la clase política como empresarial? ¿Qué entusiamo por los proyectos colectivos le están transmitiendo las derechas y las izquierdas? ¿Qué imágenes de respeto a las normas le enseñan hoy unos ciudadanos mayoritariamente tramposos, ventajistas, aprovechados? ¿Qué experiencias de solidaridad o generosidad les ofrece hoy a los jóvenes una sociedad desconfiada, recelosa, profundamente injusta y, por añadidura, estancada y conformista?

En los últimos años, sin embargo, en las grietas del saber académico se ha ido abriendo camino otra mirada sobre la juventud. Una mirada que intenta romper con la de los violentólogos, puesto que a la vez que nos han ayudado a entender la multiplicidad de violencias que encadenan este país, no han hecho nada para comprender la envergadura antropológica, es decir, el espesor cultural de esas violencias, tanto de su origen como de su trama. Hay dos hitos en el proceso de gestación de esta mirada nueva que en Colombia se abre lentamente campo en las grietas del saber oficial de nuestras universidades o centros de investigación. El primer desplazamiento se produce en el trabajo de investigación-acción de un comunicador social en los barrios de las comunas nororientales de Medellín, y recogido en el libro *No nacimos pa' semilla*. Allí, Alonso Salazar es el primero que en este país se arriesga a *investigar el mundo de las pandillas juveniles urbanas desde la cultura*. Enfrentando la reducción de la violencia juvenil al efecto de la injusticia social, del desempleo, la violencia política y la facilidad de dinero que ofrecía el narcotráfico, la investigación de Salazar no ignora esas realidades, pero muestra que la violencia juvenil se inscribe en un contexto más ancho y de más larga duración: el del complejo y delicado tejido sociocultural en que se insertan las violencias que atraviesan entera la vida cotidiana de la gente en Colombia y de la sociedad antioqueña en particular. Se pone así al descubierto, la complejidad y el espesor cultural de los rituales de violencia y muerte de los jóvenes, en su articulación a rituales de solidaridad y de expresividad estética, reconstruyendo el tejido desde el que esos jóvenes viven y sueñan: el *metal* duro y sus peculiares modos de juntarse, las memorias del ancestro paisa (antioqueño) con su afán de lucro, su fuerte religiosidad y la retaliación familiar,[124] pero también los imaginarios de la ciudad moderna, con sus ruidos, sus sonidos, sus velocidades y su visualidad electrónica. Desde esa mirada, cambia el sentido en que los jóvenes sicarios constituyen *el desecho de la sociedad*, pues *desechable* significa tanto la proyección sobre las personas de la rápida obsolescencia de que están hechos hoy la mayoría de los objetos que produce el mercado; desechable tiene que ver también con *desecho*, esto es, con aquello que una sociedad desecha ... porque le incomoda, le estorba.[125] Salazar nos ha ayudado a comprender de qué dolorosas y a la vez gozosas experiencias, de qué sueños, frustraciones y rebeldías está hecho ese *desecho social* que conforman las bandas juveniles, esas que desde los barrios populares llevan la pesadilla hasta el *centro* de la ciudad y sus barrios bien habientes y bien pensantes.

Un segundo desplazamiento vino del libro que recoge el primer debate colombiano sobre la contradictoria modernidad de este país (véase Giraldo y Viviescas, *Colombia: el despertar de la modernidad*), y en el que dos economistas tuvieron la valentía de escribir: "El marginado que habita en los grandes centros urbanos, y que en algunas ciudades ha asumido la figura del sicario, no es sólo la expresión del atraso, la pobreza o el desempleo, la ausencia del Estado y una cultura que hunde sus raíces en la religión católica y en la violencia política. También es el reflejo, acaso de manera más protuberante, del hedonismo y del consumo, de la cultura de la imagen y la drogadicción, en una palabra de la colonización del mundo de la vida por la modernidad" (Giraldo, "La metamorfosis de la modernidad"

---

[124] La "cultura de la retaliación" es la de "la venganza familiar", emparentada históricamente con la cultura de la mafia y su puesta en el centro de la defensa a cualquier precio de los que pertenecen a "la familia".

[125] En Colombia, el término "desechable" se aplica a mendigos, prostitutas, niños de la calle y otros marginales a los que se denomina en forma genérica: "los desechables".

206). Pero donde esa perspectiva ha hallado mayor densidad es en la reflexión de intelectuales y escritores que, al no estar atrapados en las demarcaciones disciplinarias, perciben mejor la multiculturalidad y la hondura de los cambios que atraviesa la identidad de los jóvenes como actor social: "En nuestras barriadas populares urbanas tenemos camadas enteras de jóvenes cuyas cabezas dan cabida a la magia y a la hechicería, a las culpas cristianas y a su intolerancia piadosa, lo mismo que a utópicos sueños de igualdad y libertad, indiscutibles y legítimos, así como a sensaciones de vacío, ausencia de ideologías totalizadoras, fragmentación de la vida y tiranía de la imagen fugaz y el sonido musical como lenguaje único de fondo" (Cruz Cronfly, *La sombrilla planetaria* 60).

Visibilidad social y densidad cultural de lo joven

Los procesos y sensibilidades que articulan la ruptura generacional al cambio de época han comenzado a hacerse socialmente visibles. Y de un modo especial en la *inversión de sentido* que, catalizada por el mercado, le está permitiendo capitalizar en su provecho la *construcción social de lo joven*. Como dice Beatriz Sarlo "el mercado está en la curva en que se cruzan el peso descendente de la escuela y la hegemonía ascendente del consumo" (*Escenas de la vida posmoderna* 42). ¿Cuáles son los referentes de esa inversión de sentido?. Dos: el valor positivo que ha adquirido lo joven y la experiencia de identidad social que los propios jóvenes tienen. Durante siglos decir "adolescente", "joven", era igual a decir inmadurez, inestabilidad, irresponsabilidad, improductividad; todos estos prefijos señalan *una negación*, aquélla en que se constituía socialmente el ser joven. Como durante siglos *lo popular* se constituyó por la exclusión de la riqueza, la educación y la cultura —ser del pueblo y ser *inculto* eran sinónimos— así ser joven *se identificó* con la negación de la responsabilidad y la productividad. Hoy ser joven ha invertido su sentido, y está pasando a significar la matriz de un nuevo actor social, de un nuevo valor que se confronta con lo que representó ser viejo: experiencia y memoria. Pero no nos apresuremos a moralizar. Después de que se complete el circuito temporal del péndulo, el valor de ser joven no tiene por qué ser necesariamente antinómico con los haberes y saberes del ser viejo. Los pueblos no pueden construir el futuro sin memoria, pero en los momentos en que arrecian los cambios no es extraño que sean los jóvenes quienes más los *sientan* y los *expresen.* La prueba de que los cambios que experimenta lo joven no son una mera operación de mercado sino que éste está sabiendo fagocitar su secreta conexión con el cambio de época, se halla en el segundo referente de la inversión de sentido: el de la conversión de la juventud en elemento constitutivo de identidad. Pienso que el mejor *argumento* acerca de ese cambio no son las proclamas de los jóvenes —que tienen su incio en los *graffitis* del '68— sino los testimonios que nos proporcionan los adultos explicitando cómo la juventud no marcó identidad para ellos. En una entrevista reciente Carlos Monsiváis afirma "Yo no me consideraba joven con el énfasis de ahora. Tenía certidumbres sobre mi edad, pero me consideraba lector, estudiante, simpatizante de izquierda, incluso mexicano, pero no joven, categoría irrelevante culturalmente hablando antes del rock" (Monsiváis 9). Y poniendo en historia su experiencia Monsiváis analiza cómo ni siquiera durante la revolución soviética lo de jóvenes contó aunque la mayoría de sus líderes lo fueron, sólo a partir del '68 puede localizarse "una transformación definitiva" en la que la revolución de las costumbres es obra de los jóvenes como tales. Beatriz Sarlo ubica el cambio más notorio en los sectores populares: "Antes los pobres sólo excepcionalmente eran jóvenes, y en su mundo se pasaba sin transición de la infancia a la cultura del trabajo; quienes no seguían ese itinerario entraban en la calificación de excepcionalidad peligrosa: delincuentes juveniles cuyas fotos muestran *pequeños viejos,* como las fotos de niños raquíticos", pero enseguida plantea que "ni Brecht, Adorno o Benjamin fueron jóvenes, y las fotos de Sartre o R. Aron cuando apenas tenían veinte años, muestran una gravedad posada con la que sus modelos quieren disipar toda idea de inmadurez" (*Escenas de la vida posmoderna* 38). También Sarlo ubica alrededor de los sesenta y de la cultura del rock ese cambio que acorta la infancia y prolonga la juventud hasta más allá de los treinta, convirtiendo la juventud en un territorio de experimentación, movilización y resistencia: "La rebeldía del rock anuncia un espíritu de contestación que no puede ser escindido de la oleada juvenil que ingresa en la escena política a fines de los sesenta" (36).

al sur de la modernidad

La otra cara de ese movimiento en lo social y lo cultural, que el mercado cataliza y aprovecha, es la conversión de lo joven en paradigma de *lo moderno*. Ese movimiento viene de más lejos: los románticos fueron los primeros en hacer de la juventud un elemento clave de la modernidad estética, y los surrealistas construyeron un héroe cuya modernidad se identifica con transexualidad e inocencia perversa. Pero nunca como hoy la juventud ha sido identificada con la *permanente novedad* que caracteriza a lo moderno. Y es en esa identificación donde el mercado trabaja. Mediante una doble operación: de un lado, la juventud es convertida en sujeto de consumo, incorporándola como un actor clave del consumo de ropa, de música, de refrescos y de parafarernalia tecnológica. Y de otro, ello se produce mediante una gigantesca y sofisticada estrategia publicitaria que transforma las nuevas sensibilidades en materia prima de sus experimentaciones narrativas y audiovisuales. Frente a las reticencias del intelectual, y en buena medida de los artistas, a hacerse cargo de las sensibilidades y narrativas que emergen en el espesor cultural de la tecnicidad electrónica, la publicidad está fagocitando y explotando dimensiones y dispositivos claves de esa cultura como la fragmentación del discurso, la aceleración de las imágenes y el estallido del relato.

Pero lo joven es identificado con lo moderno no sólo en su sentido fuerte, el de la *innovación*, el de *lo nuevo*, sino también en su sentido débil, post o tardo-moderno, de la *actualidad* y *lo actual*, que es el que corresponde a la percepción de una *realidad aligerada* "por estar menos netamente dividida entre lo verdadero, la ficción, la información y la imagen" (Vattimo, *El fin de la modernidad* 158). Lo *joven-moderno* pasa a significar entonces lo fresco, lo espontáneo, lo informal, esto es lo que converge en los valores de la edad con la sobrevaloración actual del cuerpo. Lo joven es entonces el doble imaginario de un cuerpo sano y bello, es decir ágil y atractivo, y una moda espontánea e informal. Lo joven es ahora el cuerpo sin arrugas y la moda con ellas, el mundo de las dogras adelgazantes y los aeróbicos, de la comida vegetariana y los orientalismos de la *nueva era*. Lo joven "se libera" entonces de la edad y se convierte en el imaginario que obsesiona a los viejos haciéndoles soñar con la hormona milagrosa que renueva los tejidos, lubrica las arterias y potencia indefinidamente la atracción erótica.

La clave del *éxito* de la juventud en nuestros días la tienen a medias los publicistas y los diseñadores de moda, pues son ellos los que parecen haber captado mejor el *sentido de la inversión* que hace que hoy ya no sean los jóvenes los que imitan a los adultos, sino los adultos (y hasta los ancianos) los que imitan a, sueñan obsesivamente en ser como, parecerse a, los jóvenes. Pero de lo que ese éxito nos habla no es sólo del dinero que con ello ganan los comerciantes, nos habla también de la capacidad del mercado para *descifrar el sentido* de lo que en este "tiempo de cambio" carga de simbolización a la juventud, y construir con ello *imaginarios de felicidad y plenitud*. Y de esa forma, en una sociedad que padece el déficit simbólico quizá más grande de la historia, y que lo tapona saturándose de signos, lo joven atraviesa nuestros imaginarios y pesadillas cobrando *sentido de símbolo*. Y si la juventud *simboliza* no es por la tramposa operación del mercado, sino porque ella condensa, en sus desasosiegos y desdichas tanto como en sus sueños de libertad, o en sus complicidades cognitivas y expresivas con la lengua de las tecnologías, claves de la mutación cultural que atraviesa nuestro mundo.

Si la ruptura generacional a que nos enfrentan los jóvenes hoy está siendo impensada (y en alguna medida impensable) en el marco de los saberes académicos sobre lo social, no es porque los investigadores no perciban las conexiones que la ligan al desasogiego y la incertidumbre que acarrean los cambios que vivimos sino porque esa ruptura descoloca y desautoriza las jerarquías y segmentaciones en que se basan mucho de aquellos saberes, y eso parece darnos aun más miedo que los cambios mismos.

Palimpsestos de identidad:
entre la fragmentación y el vértigo

Utilizo la metáfora del palimpsesto para aproximarme a la comprensión de un tipo de identidad que desafia tanto nuestra percepción adulta como nuestros cuadros de racionalidad, y que se asemeja a ese texto en que un pasado borrado emerge, tenazmente aunque borroso, en las entrelíneas que escriben el presente. Es la identidad que se gesta en el doble movimiento des-historizador y des-territorializador que atraviesan las demarcaciones culturales. Y des-localizadas las culturas tienden a hibridarse como nunca antes.

al sur de la modernidad

Un mapa a mano alzada de esos trayectos resalta como elementos más notorios la devaluación de la memoria, la hegemonía del cuerpo, la empatía tecnológica y la contracultura política. La *devaluación de la memoria* la vivimos todos, pero mientras los adultos la sentimos como una mutilación, la gente joven la siente como la *forma misma de su tiempo.* Un tiempo que proyecta el mundo de la vida sobre el presente, un presente continuo cada vez más efímero (Lechner, "La democracia en el contexto de una cultura postmoderna" 260). La *identificación* de la juventud con el presente tiene a mi modo de ver dos escenarios claves: el de la destrucción de la memoria de nuestras ciudades, y el de la acelerada obsolescencia de los objetos cotidianos. Des-espacializado el cuerpo de la ciudad por exigencias del flujo/tráfico de vehículos e informaciones, su materialidad histórica se ve devaluada a favor del nuevo valor que adquiere *el régimen general de la velocidad* que pasa a legitimar el arrasamiento de la memoria urbana. Lo que hace que los jóvenes, aunque compartan la misma casa, no habiten la misma ciudad de los adultos, pues mientras éstos viven no sólo la ciudad que ven sino la que les falta y recuerdan, dando así cohesión a *su* ciudad, los jóvenes habitan otra ciudad, sin apenas raíces —las que conserva el barrio— y estallada, como la única *real.* Doblemente real, puesto que es la ciudad que ven y desde la que ven: una ciudad descentrada y caótica, hecha de restos, pedazos y desechos, de incoherencias y amalgamas que es la que *realmente* conforma su mirada, su modo de ver. El des-arraigo que padecen los adultos se ha transformado en un des-localizado modo de arraigo desde el que los jóvenes *habitan de manera nómada* la ciudad,[126] desplazando periódicamente sus lugares de encuentro, atravesándola en una exploración que tiene muchas relaciones con la travesía televisiva que permite el *zapping:* esa programación hecha en forma nómada de restos y fragmentos de novelas, informativos, deportes y conciertos. De otro lado, entre ese deslocalizado habitar de los jóvenes y la temporalidad productiva de una sociedad, que torna cada vez más aceleradamente obsoletos los objetos que pueblan la cotidianidad, hay una conexión que refuerza el desarraigo hasta hacerlo completamente indoloro. En nuestros países unos por ser

---

[126] Véase Michel Maffesoli, *El tiempo de las tribus.* Barcelona: Icaria, 1990; J. M. Pérez Tornero y otros, *Tribus urbanas.* Barcelona: Gedisa, 1996.

pobres, emigrados del campo y emigrantes ellos mismos (sus padres o sus abuelos) dentro de la ciudad a medida que se van valorizando las invasiones, y otros porque su capacidad económica y su estatus social les exigen estar al día, a la moda, la inmensa mayoría de los jóvenes habita casas sin apenas memoria arquitectónica y con pocos objetos que recuerden y exijan conversar con otras generaciones. De ahí la configuración de una identidad marcada menos por la continuidad que por una amalgama en la que aun la articulación de los tiempos largos la hacen los tiempos cortos, son ellos los que vertebran internamente el palimpsesto tanto de las sensibilidades como de los relatos en que se dice la identidad. Es de lo que habla esa *cultura de la fragmentación* (Sánchez-Biosca, *Una cultura de la fragmentación*) que se expresa en la cada día más intensa identificación de los adolescentes con los relatos fragmentados del video y del último cine. Frente a las culturas letradas, ligadas a la lengua y al territorio, las electrónicas audiovisuales, se basan en *comunidades hermenéuticas* que responden a identidades de temporalidades menos largas, más precarias, pero también más flexibles, dotadas de una elasticidad que les permite amalgamar ingredientes que provienen de mundos culturales muy diversos, y por lo tanto atravesadas por discontinuidades y contemporaneidades en las que conviven reflejos modernos con gestos atávicos.

La *hegemonía del cuerpo* habla de entrada de la *contradicción cultural* señalada pioneramente por Daniel Bell (*Las contradicciones culturales del capitalismo* 45 y ss.) entre una economía del cálculo, el ahorro y el rendimiento y una cultura del hedonismo, la experimentación y el derroche que desde los años sesenta trastorna, a la vez que moviliza, al capitalismo. La hegemonía del cuerpo se hace primeramente visible en el movimiento que todos los analistas señalan como decisivo para el surgimiento de una cultura de los jóvenes: el hippismo, y su hacer del cuerpo el territorio y símbolo de la liberación social y sexual mediante la experimentación de los sentidos, la búsqueda erótica y el tatuaje. Pero desde los años ochenta la hegemonía del cuerpo significa otra cosa: la cruzada obsesión por la salud y la belleza, movilizada desde el mercado del deporte, los aeróbicos y las dietas, y que la moda potencia al estilizar los cuerpos redoblando la mediación entre sujeto y cuerpo. Y convertido en centro del *cuidado* y de la *experimentación*, el cuerpo emerge como sustrato a la vez de una estetización y una erotización generalizadas que devalúan al mundo del trabajo como eje de la vida y fuente de riqueza; e inaugura el "crespúsculo del deber", *deber* que era la forma social de lo religioso, poniendo las bases al segundo ciclo de la secularización de las costumbres: *superado* el ideal de la abnegación pasan a sustituirlo "la estimulación sistemática de los deseos inmediatos, la pasión del ego, la felicidad intimista y materialista" (Lipovetsky, *Le crepuscule du devoir* 14).

Con *empatía tecnológica* apuntamos al surgimiento de una "generación cuyos sujetos culturales no se constituyen a partir de identificaciones con figuras, estilos y prácticas de añejas tradiciones que definen 'la cultura' sino a partir de la conexión/desconexión (juegos de interfaz) con los aparatos" (Ramírez y Muñoz, *Trayectos del consumo* 60), lo que se apoya en una *plasticidad neuronal* que dota a los jóvenes de una enorme facilidad para los idiomas de la tecnología. Empatía que va de la enorme capacidad de absorción de información vía televisión o videojuegos computarizados a la facilidad para entrar y manejarse en la complejidad de las redes informáticas. Frente a la distancia con que gran parte de los adultos resienten y resisten esa nueva cultura —que desvaloriza y vuelve obsoletos muchos de sus saberes y destrezas— los jóvenes responden con una cercanía hecha no sólo de facilidad para relacionarse con las tecnologías audiovisuales e informáticas sino de *complicidad expresiva*: es en sus relatos e imágenes, en sus sonoridades, fragmentaciones y velocidades que encuentran su ritmo y su idioma.[127] Idioma en el que la oralidad que perdura en estos países como experiencia cultural primaria de las mayorías entra en complicidad con la *oralidad secundaria* que tejen y organizan las gramáticas tecnoperceptivas de la visualidad electrónica: televisión, computador, video. Las nuevas generaciones saben leer pero su lectura se halla reconfigurada por la pluralidad de textos y escrituras que hoy circulan, de ahí que la complicidad entre oralidad y visualidad no remita al analfabetismo sino a la persistencia de estratos profundos de la memoria y la mentalidad colectiva "sacados a la superficie por las bruscas aletraciones del tejido tradicional que la propia aceleración

---

[127] Véase Enrique Gil Clavo, *Los depredadores audiovisuales. Juventud urbana y cultura de masas*. Madrid: Tecnos, 1988; R. Mier y Mabel Piccini, *El desierto de espejos. Juventud y TV en México*. México: Plaza y Valdés, 1987.

modernizadora comporta" (Marramao, "Metapolítica: más allá de los esquemas binarios" 60).

Finalmente la *contracultura política* apunta, de un lado, a la experiencia de desborde y des-ubicación que tanto el discurso como la acción política atraviesan entre los jóvenes. La política se sale de sus discursos y escenarios formales para reencontrarse en los de la cultura, desde el *graffiti* callejero a las estridencias del rock. Entre los jóvenes no hay territorios acotados para la lucha o el debate político, se hacen desde el cuerpo o la escuela: erosionando la hegemonía del discurso racionalistamente maniqueo que opone goce a trabajo, inteligencia a imaginación, oralidad a escritura, modernidad a tradición. Donde esa contracultura se está haciendo estos últimos años más expresiva es en el rock en español. Identificado hasta hace muy poco con el imperialismo cultural y los bastardos intereses de las trasnacionales, el rock adquiere en los años ochenta una sorprendente capacidad de decir, en nuestros países, algunas transformaciones claves de la cultura política. En Colombia, el rock en español nace ligado —primeros años ochenta— a un claro sentimiento pacifista con los grupos *Génesis* o *Banda nueva*, ha pasado en los últimos años a decir la cruda experiencia urbana de las pandillas juveniles en los barrios de clase media-baja en Medellín[128] y media-alta en Bogotá, convirtiéndose en vehículo de una conciencia dura de la descomposición del país, de la presencia cotidiana de la muerte en las calles, de la sinsalida laboral, de la exasperación y lo macabro. Desde la estridencia de la discoteca alucinante al concierto barrial, en el rock se hibridan hoy los sones y los ruidos de nuestras ciudades con las sonoridades y los ritmos de las músicas indígenas y negras, y las estéticas de lo desechable con las frágiles utopías que surgen de la desazón moral y el vértigo audiovisual.

---

[128] Véase Omar Uran (coord.), *Medellín en vivo. La historia del rock*. Medellín: Corpregión, 1996; Luis Britto García, *El imperio contracultural: del rock a la postmodernidad*. Caracas: Nueva Sociedad, 1991.

5. Colombia: un país-síntoma de los desajustes en la modernidad global

Lugar de hibridación de violencias arcaicas con procesos de aceleradísima modernización y de una peculiar globalización —la que implica su activa presencia en el narcotráfico— Colombia es sin duda un *país síntoma* de los desajustes que en América Latina produce, y desde los que es vivida, la modernidad. Pocos países en el mundo pueden mostrar una paradoja tan flagrante: junto al desarrollo pujante de los medios masivos, el quiebre más profundo en la comunicación entre las colectividades sociales, culturales y políticas que lo configuran como nación. Y es en ese país, necesitado quizá también, como pocos, de sentirse comunicado, donde la televisión se ha convertido en el lugar de los encuentros más perversos: mientras las mayorías ven allí condensadas sus frustraciones nacionales por el fracaso de su equipo en el mundial de fútbol de los Estados Unidos, o su orgulloso reconocimiento por las figuras que, de las gentes de la región y la industria cafetera, dramatizó la telenovela *Café*, la culta minoría vuelca en la televisión su impotencia y su necesidad de exorcizar la pesadilla cotidiana, convirtiéndola en chivo expiatorio al que cargarle las cuentas de la violencia, del vacío moral y de la degradación cultural.

García Márquez no se cansa de repetirlo: en el país del realismo mágico la realidad desborda a la ficción, y últimamente la desborda en tal grado que "en un país así a los novelistas no nos queda más remedio que cambiar de oficio" (Entrevista: "Gabo cambia de oficio"). Lo que nos abre una preciosa pista para comprender las contradicciones que atraviesa en Colombia la modernidad de la televisión: mientras los noticieros se llenan de fantasía tecnológica, y se espectacularizan a sí mismos, es en las telenovelas y dramatizados donde el país se relata y se deja ver. Mientras en los noticieros, el vedetismo político o farandulero se hace pasar por realidad, o peor aún, se transmuta en hiperrealidad —esa que nos escamotea la empobrecida y *dramática* realidad que vivimos— es en las telenovelas y los dramatizados[129] semanales donde se hace

---

[129] Véase nota 122 en la página 233.

posible *representar* la historia (con minúsculas) de lo que sucede, sus mezclas de pesadilla con milagros, las hibridaciones de su transformación y sus anacronías, las ortodoxias de su modernización y las desviaciones de su modernidad.

Miedos milenarios, violencias modernas

Quizá como en ningún otro país, en Colombia conviven los miedos de este fin de milenio con los del anterior, los del año 1000. A otear, desde esa encrucijada, las malhadadas violencias que lo aterrorizan, nos ayuda *La huella de nuestros miedos* de Georges Duby.[130] De una lectura cruzada de ese texto con la situación colombiana resulta un relato como el que sigue: Al finalizar el milenio *poco importaba la muerte* pues el salvajismo de los caballeros hacía que *todo estuviera permitido* y sólo la iglesia lograba imponer algunas reglas mínimas de convivencia. Entonces, hasta las *bandas que asolaban los caminos* no hacían la guerra los viernes ni los domingos, y respetaban a las mujeres y los monjes —¡ya quisiéramos gozar de esos mínimos de convivencia los colombianos hoy!— Había violencia *por todas partes* y cuando una fuerza militar *no estaba encuadrada por una fuerza política* se volvía devastadora. La propia caballería se había vuelto una *empresa de extorsión* a la que los campesinos resistían, pero todo se volvió más peligroso cuando una *revuelta de campesinos ricos exasperó la brutalidad de los guerreros* —en esos tres párrafos están nombrados todos los actores: la guerrilla, el ejército y los paramilitares. La guerra duraba ya *cincuenta años* en todo el país! Y por si fuera poco, Duby complementa el cuadro de las co-incidencias aseverando que, a pesar de todo, aquella sociedad del año 1000 era mucho menos convulsa que la nuestra, *menos trabajada por la perturbación interior*. Ahí está la pista sobre la densidad de las violencias en Colombia: a las del año 1000 se añaden las del 2000, esa perturbación interior que es el vacío de sentido producido por la desmitificación de la tradición y la alteración de los criterios de orientación axiológica, rompiendo la coherencia a los

---

[130] Véase Georges Duby, *Año 1000, año 2000. La huella de nuestros miedos.* Santiago de Chile: Editorial Andrés Bello, 1999. Escribí este entretejido de textos pare el editorial del N° 5 de la *Revista de Estudios Sociales*, dedicado al "Fin de siglo", Bogotá, 2000.

modelos culturales, de las coordenadas de la identidad social y psíquica de los individuos.

Un primer acercamiento analítico nos pone ante un país de *violencia generalizada*, en el que "ésta no se vive como catátrofe sino como un proceso banal, que ofrece oportunidades, produce acomodamientos y tiene normas y regulaciones" (Pecaut, "De la violencia banalizada al terror: el caso colombiano" 16). Ello se evidencia claramente en tres ámbitos: la profesionalización del violento como una forma más del amplio campo de *lo informal*, una *economía de la violencia* que tiene sus propios modos de inclusión y exclusión, y el *paso al terror* que se produce cuando la "ley del silencio" intensifica hasta la paranoia la desconfianza de todos hacia todos, lo que se realiza sin mayor ruptura pues no se puede inscribir en ninguna trama de memoria-relato.[131] El terror circula de punta a punta de la geografía por la puesta en escena que de él hacen unos *medios que viven de los miedos*, que los explotan morbosa, obscenamente, agravando la *desinstitucionalización de la violencia* y colaborando en la expansión del sentimiento de impotencia hacia la acción colectiva y el repliegue del individuo sobre el territorio doméstico y sobre sí mismo.

Una segunda mirada coloca su foco en el carácter *exhibicionista* y *la fascinación pública* que la violencia tiene entre los colombianos, y los efectos que ello produce sobre la trama de los discursos y las topografías sociales: estamos ante una violencia sin sujeto social y por lo tanto atribuida a la condición misma del ser colombiano: "los sujetos sociales y su actividades quedan enmascarados en la malignidad nacional".[132] Incluso los actores más violentos, como los narcotraficantes, sus sicarios y los secuestradores profesionales, son dis-culpados por ser productos de un "orden injusto" o de "compulsiones profundas" (¡la explicación no puede ser más moderna!, pero ¿quién iba a pensar hace unos años en la perversión

---

[131] Sobre esa ausencia de trama y sus consecuencias: C. M. Perea, *Cuando la sangre es espíritu. Imaginario y discurso político en las elites capitalinas*. Bogotá: Aguilar/IEPRI, 1996; para una puesta en contexto histórico: G. Sánchez/R. Peñaranda (Comp.), *Pasado y presente de la violencia en Colombia*. Bogotá: IEPRI/ Cerec, 1991.
[132] Recojo aquí los datos de una encuesta encargada y publicada por el diario *El Tiempo* en su edición del 12 de marzo del 2000.

que cobraría en la sociedad colombiana la revoltura de marxismo con psicoanálisis?). La presencia *reiterada* del acto violento en los discursos sociales remite, por un lado, a su banalización, y por otro a la necesidad psicológica de sobrepasar el trauma permitiendo su asimilación como experiencia —¡junto al 85 % que se declara desconfiado, el 90% se declara valiente!. Lo cual significa que en el acto mismo de *domesticación* de la violencia, esto es de su control psicológico y de su habituación, de su conversión en *habitus*, la sociedad colombiana vive un profundo deterioro de la calidad de la convivencia ciudadana pues legitima el *derecho al miedo* y su consecuencia estructural, la *desconfianza*. Claro que ese derecho y sus consecuencias no son vividas del mismo modo en los estratos sociales medios y altos que en los populares. Mientras en los primeros la violencia es mayoritariamente referida a su existencia/ presencia *impersonal* e *instrumental*, en los populares, la violencia tiene rostros y remite siempre a alguna *deuda* que se cobra, de ahí que los actos violentos que más les impresionan sean los que ven en la televisión.

En ese contexto se ubica Bogotá: una ciudad de seis millones de habitantes "mal contados", que en los últimos veinte años ha vivido un proceso galopante de disminución de sus habitantes raizales[133] y otro de acelerada *heterogenización* por su poblamiento con personas procedentes de todas las regiones del país, y últimamente con buena parte del millon y medio de desplazados por la guerra. A la *informalidad ambiente* de sus procesos de urbanización — permanente construcción y destrucción, precariedad de la malla vial, deficiencia y caos del trasporte público— se añade la *discriminación topográfica*: su división entre el norte "de" los ricos y el sur "para" los pobres, entre el territorio de los conjuntos residenciales cerrados y los barrrios de pobres a medio hacer, los de invasión y desplazados, la ausencia de espacios públicos disfrutables colectivamente y la presencia de enormes espacios "vacios" con un gran deterioro físico y social. La narrativa de sus miedos agrega al mapa antes trazado este otro: a) la mayor cantidad de lesiones violentas no ocurre —a pesar de sus altos índices de criminalidad e inseguridad— entre extraños sino en los ámbitos vecinales, privados e íntimos, que es

---

[133] Arcaísmo por "raigal", es decir natural de ese lugar, en este caso Bogotá.

al sur de la modernidad

donde operan las "deudas" y las venganzas, el maltrato entre familiares y los delitos sexuales; b) sus habitantes "transitan entre la casa y el lugar de trabajo como si lo hicieran por entre un túnel, sin percibir mayormente lo que los circunda",[134] atentos únicamente a cualquier indicio de peligro; y c) el habitante de Bogotá se halla permanentemente sometido a mensajes contradictorios sobre la violencia y a comportamientos imprevisibles y desconcertantes, en función de los cuales, él mismo "se encarga de recrear el clima de inseguridad haciendo circular rumores y relatos que describen en detalle los atracos, violaciones y demás hechos violentos, contribuyendo a mantener y acrecentar la percepción de la violencia como algo inevitable y consustancial a la vida de la ciudad".[135]

Entre las miradas que buscan desentrañar los miedos de Bogotá me parece particularmente penetrante la de una feminista y su contraposición entre lo que la modernización del país ha entrañado para las mujeres —una fuerte y ancha redefinición de los principales marcadores de su identidad, y una paulatina pero creciente apertura de todos los ámbitos de la sociedad no sólo a su presencia sino al desconcertante y des-ordenador reconocimiento de su diferencia— y la negación que la ciudad, en especial la ciudad capital, produce hacia el nuevo paradigma de la feminidad. "Las mujeres hemos perdido la ciudad, o más exactamente la ciudad, por haber olvidado que debe ser el lugar para la pluralidad y la diferencia sexual, nos excluye" (Thomas, "Pensar la ciudad" 413). Esa pérdida es rastreada en la específica dureza y agresividad patriarcal con que trata al cuerpo de la mujer, en su negarse al encuentro sensual: cuando las mujeres iban a poder recuperar la rumba, la salsa, el aguardiente, *Bogotá les prohíbe la noche*. Y les prohíbe muchas cosas más a las mujeres, entre otras la gestión urbana que, en manos de los hombres, deja por fuera algunas dimensiones y prácticas esenciales sin las cuales la vida se torna insoportable para todos. En el cuaderno de quejas

---

[134] Véase M. Jimeno, "Identidad y experiencias cotidianas de violencia". *Cultura, política y modernidad.* G. Restrepo y otros. Botogá: CES/Universidad Nacional, 1998 (246-75); de la misma autora, J. Arocha y F. Cubides, *Las violencias: inclusión creciente.* Bogotá: CES/Universidad Nacional, 1999.
[135] Véase Ma. T. Uribe, "Bogotá en los noventa, un escenario de intervención". *Pensar la ciudad.* F. Giraldo y F. Viviescas, comps. Bogotá, 1996 (391-408); ver también a ese propósito: S. Niño Murcia y otros, *Territorios del miedo en Santafé de Bogotá.* Bogotá: Tercer Mundo, 1998.

feminista se esboza uno de los cuadros más expresivos de la ciudad: "Bogotá, no seas tan macho, tan dura. Deja un poco el afán, el temor, la agresividad, el cemento, lo vertical, la racionalidad y recupera tus emociones, los lugares para la palabra, para la diferencia, en fin, feminízate" (414).

¿Modernidad esquizoide o miopía de las ciencias sociales?

La inmensa mayoría de los estudios sobre los avatares que ha atravesado la modernidad en Colombia niegan la existencia de un verdadero proceso de modernización que vaya más allá de su dimensión económica, y aun ésta en forma muy parcial. Colombia no habría tenido acceso, según dos de sus más prestigiosos estudiosos, sino a una "modernidad vía negativa" (Pecaut, "Modernidad, modernización y cultura") o una "modernización sin modernidad" (Corredor Martínez, *Economía y conflicto social en Colombia: los límites de la modernización económica*). La entrada a la modernidad *por vía negativa* significa para D. Pecaut que en Colombia la modernidad tendría una especie de tramposa consistencia. Así la secularización vivida por el país en los últimos veinte años no respondería a un verdadero proceso de autonomización respecto a la imposición de lo religioso, ni sería el resultado de nuevas modalidades de interacción de los grupos sociales sino "el resultado del colapso de las instituciones de control social, comenzando por la Iglesia (...) La secularización se efectúa en un horizonte de catástrofe más que de modernidad" (Pecaut, "Modernidad, modernización y cultura" 17). Y lo mismo sucede con otras aparentes manifestaciones de modernidad. El individualismo no contendría ningún elemento propio del proceso de conquista de autonomía de parte del sujeto, no sería sino un efecto de la desagregación del tejido social. La transacción o concertación tampoco respondería a un enfriamiento de los sectarismos políticos o a un cierto reconocimiento del otro como interlocutor sino sólo a una manera instrumental de saldar la descomposición de los modos habituales de regulación social.

Por su parte, Consuelo Corredor constata que lo que existe en Colombia es "modernización sin modernidad". Y las claves de ese dualismo serían tres. Primera "la subordinación del Estado, minimizando su función de interpretar, gestionar y regular los intereses colectivos, y obstaculizando la configuración de un espacio público en el que se puedan expresar, confrontar y resolver los conflictos sociales. El Estado colombiano es un Estado privatizado, atrapado entre el liberalismo económico y el conservadurismo político" (23). Segunda, que mientras la organización formal de la vida política es moderna lo que moviliza a la gente serían vínculos de tipo marcadamente tradicional. El propio sistema social y político se ha encargado de trabar los mecanismos de reconstitución de las solidaridades y los consensos que la modernización económica exigía en su despliegue y movilización de nuevos actores y fuerzas sociales. Tercera, el sentido de lo nacional sigue teniendo como referente una "vaga connotación territorial" sin que implique una verdadera integración cultural y ni siquiera una integración económica. El déficit de Estado es responsable de que las economías regionales se vinculen al mercado mundial sin la mediación de un poder central efectivo, haciendo visible la indiferenciación entre lo público y lo privado y el continuo proceso de privatización del Estado.

Sólo para Jorge O. Melo, la modernización de Colombia tiene una figura menos lineal y dicotómica puesto que no ha sido un proceso meramente económico que haya, por sí mismo, excluido la modernización del ámbito político y cultural. Hay modernización política, y ella es visible, en la capacidad del Estado para el manejo de las variables macroeconómicas, para el desarrollo básico de infraestructuras y de algunos servicios como la educación. Y si es cierta su incapacidad en el dominio del orden público y de la justicia, también es cierta la existencia del "espacio político nacional, o dicho de otra manera, la nación se constituye como el espacio político dominante para todos los sectores sociales, y no sólo para las elites políticas o económicas".[136] Reconociendo que la modernidad cultural es la menos atendida, Melo señala sin embargo cuatro espacios claves de su presencia en Colombia: a) un sistema escolar masivo que a partir de 1960 se convierte en el ámbito esencial de socialización y preparación al trabajo; b) un mercado cultural nacional

---

[136] Véase Jorge O. Melo, "Algunas consideraciones globales sobre modernidad y modernización". *Análisis político* 10 (Bogotá, 1990): 33; ver del mismo autor: "Proceso de modernización en Colombia 1850-1930". *Revista de la Universidad Nacional* 20 (Medellín, 1985).

dinamizado especialmente por la prensa y la radio desde los años cincuenta, por la televisión desde los setenta y también por la industria del libro en los ochenta; c) una práctica científica continua que ya no se restringe a las ciencias naturales sino que desde los sesenta permite que la sociología, la economía y la historia ejerzan un papel decisivo en la formación del discurso que configura la identidad nacional; d) una cultura laica que se hace explícita en la autonomía que cobra la ética individual respecto a las imposiciones religiosas en cuestiones como el control de natalidad y en general en las actitudes de moral sexual. Todo ello le permite a Melo concluir su balance afirmando: "Hoy, tras un proceso de una velocidad que no tuvo pares en los países clásicos, Colombia está claramente en el mundo moderno, así sus sectores modernos se apoyen en las instituciones tradicionales, convivan con ellas y las reconstruyan permanentemente (...) Sólo la continuidad de la violencia, con su porfiada existencia, ofrecería motivos serios de desesperanza, permitiría descalificar la función histórica de los grupos dirigentes e impediría la aparición de un nuevo consenso en Colombia, al revelar las limitaciones del proceso modernizador" (Melo, "Algunas consideraciones" 35).

En esa misma dirección van algunos, pocos, de los estudios más recientes. En los que la *violencia* misma deja de aparecer como una tara que lastraría cualquier proceso de modernización en Colombia y empieza a ser vista como *escenario* donde se reflejan las contradicciones y representan los conflictos que moviliza la modernidad. "La dialéctica entre tradición y modernidad tiene como terreno común el conflicto, los desgarramientos y la violencia (...) Todo lo cual se potencia por la desmitificación de la tradición y las alteraciones en las categorías de orientación axiológica. Los valores han perdido de esta forma su función social: dar coherencia a los modelos culturales, permitir la identidad social y psíquica de los individuos y facilitar la integración social" (Sarmiento Anzola, *Ciencia y tecnología para una sociedad abierta* 166). Lo que a su vez responde de manera explícita a la introducción en la sociedad de la racionalidad instrumental, que es la de la modernidad, desarrollando al mismo tiempo la acumulación capitalista y una cultura cuyo valor supremo es el dinero. Cultura en la que la emergencia del narcotráfico se inserta y se potencia en una generalización del enriquecimiento a cualquier precio.

al sur de la modernidad

Ante esa profunda disparidad de posiciones y lecturas surge una doble pregunta: ¿dónde se situan en verdad la dualidad y la esquizofrenia, en los procesos y las prácticas sociales o en la mirada del investigador que no percibe las relaciones e interacciones entre tradicionalismos y modernizaciones?. Pero es posible percibir esas interacciones desde disciplinas que funcionan como estratos separados, y en gran medida incomunicados, que han hecho de esa separación el *criterio de pertinencia* de los saberes? "Al llegar a los noventa los tabiques entre antropólogos y sociólogos no han caído. Lo que sí cambió fueron las condiciones políticas y académicas en que se produce el conocimiento. A veces pareciera que la mayor autonomía conquistada por el trabajo científico frente a poderes externos reforzara las distinciones históricas, las estrategias de crecimiento y prestigio de cada disciplina. Gran parte de la antropología latinoamericana sigue centrando su investigación y su enseñanza en la descripción etnográfica de pequeñas comunidades tradicionales (...). Los pocos textos que se ocupan de las transformaciones tecnológicas o económicas generadas por la urbanización y la industrialización suelen detenerse en las amenazas de esas fuerzas vistas como extrañas, más que en explicar los entrecruzamientos entre lo heredado y lo innovador" (García Canclini, "Los estudios culturales de los ochenta a los noventa" 114). El "objeto" modernidad exigiría entonces, y especialmente en los países periféricos, *pensar juntos* la continuidad y las rupturas, la innovación y las resistencias, el desfase en el ritmo de las diferentes dimensiones del cambio y la contradicción no sólo entre distintos ámbitos sino entre diversos planos de un mismo ámbito, contradicciones en la economía o la cultura. Hablar de *pseudo-modernidad* u oponer modernidad a modernización en estos países puede impedir comprender la especificidad de los procesos y la peculiaridad de los ritmos en que se produce la modernidad de estos pueblos, que acaban así vistos como meros reproductores y deformadores de la modernidad-modelo que otros, los países del centro, elaboraron. No será extraño entonces que ante las demarcaciones trazadas por las disciplinas o las posiciones académicas y políticas sean intelectuales, escritores no adscribibles a esas demarcaciones, los que mejor perciban las hibridaciones de que está hecha nuestra modernidad. Un ejemplo de esa nueva percepción se halla en la reflexión de Fernando Cruz Kronfly: "En nuestras barriadas populares urbanas

253

tenemos camadas enteras de jóvenes, incluso adultos cuyas cabezas dan cabida a la magia y a la hechicería, a las culpas cristianas y a su intolerancia piadosa, lo mismo que al mesianismo y el dogma estrecho e hirsuto, a utópicos sueños de igualdad y libertad, indiscutibles y legítimos, así como a sensaciones de vacío, ausencia de ideologías totalizadoras, fragmentación de la vida y tiranía de la imagen fugaz y el sonido musical como lenguaje único de fondo" ("El intelectual en la nueva Babel colombiana" 391).

Lo que saca a flote esta visión *híbrida* de la modernidad del país es un cambio profundo en la idea misma de *nacionalidad*, que es experimentado como "malestar en lo nacional" (Schwarz, "Nacional por substracción" 17). Un malestar que detecta y analiza Germán Colmenares al trasluz de lo que revela la historiografía latinoamericana del siglo XIX: "para intelectuales situados en una tradición revolucionaria no sólo el pasado colonial resultaba extraño sino también la generalidad de una población que se aferraba a *una síntesis cultural* que se había operado en él" (Colmenares, *Las convenciones contra la cultura* 72). Extrañamiento que condujo a muchos a una "resignación desencantada", que era ausencia de reconocimiento de la realidad, "ausencia de *vocabulario para nombrarla*" y sorda hostilidad hacia el espacio de las subculturas iletradas. El diagnóstico de Colmenares no puede ser más certero e iluminador de la experiencia actual. También ahora la generalidad de la población está experimentando mezclas y síntesis culturales que desafían tanto las categorías como los vocabularios que permitían pensar y nombrar lo nacional. "La escuela, la radio, luego la televisión, la prensa nacional, la migración acelerada, las empresas, los consumos y la publicidad, todo va creando por primera vez *una unidad vivida y simbólica colombiana* para toda la población, no sólo para sectores más o menos elitistas. Por supuesto la cultura 'colombiana' incluye ya de todo: hasta rancheras y tangos y *patos Donald* (...) Esta cultura de masas es problemática en la medida en que los mensajes que transmite alteran radicalmente las culturas populares y en la medida en que aparecen nuevos problemas para la definición de lo nacional" (Melo, "Etnia, región y nación" 42-43). Quien así habla no es ningún especialista de la comunicación, sino el historiador Jorge O. Melo, para quien desde esa cultura de masas es necesario pensar una identidad que quiera ser a la vez nacional y popular, ya que es en esa cultura en la que las distancias que separaban la cultura de elite europeizante y la cultura popular tradicional y folclórica han sido convertidas en los extremos de un *continuum* cultural. Debemos a Fabio Giraldo y H. F. López la única denuncia explícita de la "teoría del dualismo" que legitima seguir pensando separados la modernización que pasa por la industrialización, el desarrollo de las comunicaciones o la urbanización del país, mientras las relaciones sociales del conjunto de la población seguirían al margen de ella. Y para sintetizar su propuesta la refieren a una de las zonas más sensibles de la vida nacional: "El marginado que habita en los grandes centros urbanos de Colombia, y que en algunas ciudades ha asumido la figura del sicario, no sólo es la expresión del atraso, la pobreza, el desempleo, la ausencia de la acción del Estado en su lugar de residencia y de una cultura que hunde sus raíces en la religión católica y en la violencia política. También es el reflejo, acaso de manera más protuberante, del hedonismo, el consumo, la cultura de la imagen, la drogadicción, en una palabra de la colonización del mundo de la vida por la modernidad" (Giraldo, "La metamórfosis de la modernidad" 260).

Telenovela y vallenato:
memoria popular e imaginario de masa

Hasta hace unos pocos años un investigador social que se dedicara a estudiar el melodrama o la canción popular se estaba labrando casi un suicidio académico, pues esos "objetos" representaban todo lo contrario de un objeto noble, y su indignidad contagiaba al estudio mismo. Pero, en realidad, el desdén académico remitía al afuera de la universidad, a esa "ciudad letrada" que ha sido incapaz de entender todo lo que no ha podido fagocitar o someter a su *gramática de clase*. Despreciar la telenovela y la música popular ha sido uno de los modos como la elite se distingue/distancia de los *humores* del populacho (el "gusto" por el vallenato entre la aristocracia de la clase política bogotana hace parte del simulacro que ha caracterizado a la ciudad capital, autonominada hasta hace poco "la Atenas sudamericana"). Ahondando en esos interrogantes llevo años preguntándome por qué los intelectuales y las ciencias sociales en Colombia siguen padeciendo un pertinaz "mal de ojo" que les hace insensibles a los retos que plantean los medios, insensibilidad que se intensifica hacia la radio y la televisión. Ni aun en los diez volúmenes de la *Nueva Historia de Colombia* hubo un pequeño sitio para otros medios que no fueran la prensa y el cine. Lo que no deja de ser revelador: si la prensa es la que cuenta con más y mejor historia escrita no es sólo por ser el medio más antiguo, sino por ser aquél en que se reconocen culturalmente los que escriben historia. Me pregunto el por qué de la ausencia en Colombia de una corriente intelectual que, como en Brasil o Chile por ejemplo, mire la televisión desde un discurso menos maniqueo, y capaz de superar una *crítica intelectualmente rentable* ... justamente porque lo único que propone es apagar el televisor. ¡Hasta los maestros de escuela niegan que ven televisión, creyendo así defender ante los alumnos su hoy menguada autoridad intelectual!

Entre la larga duración de las historias y la fragmentación visual de los relatos

Lo que la crítica académica no parece capaz de captar es que lo que hace el éxito de la telenovela remite —por debajo y por encima de los esquematismos narrativos y las estratagemas del mercado— a las transformaciones tecnoperceptivas que posibilitan a los sectores populares urbanos apropiarse de la modernidad sin dejar su cultura oral. Pues la novela o el dramatizado[137] en televisión resultan expresión de una "oralidad secundaria" (Ong, *Oralidad y escritura* 130 y ss.) en la que se mestizan la *larga duración* del "relato primordial" (Frye, *La escritura profana* 71 y ss.) —caracterizado por la *ritualización de la acción* y la *topología de la experiencia* que imponen una fuerte codificación de las formas y una separación tajante entre héroes y villanos obligando al lector a tomar partido— con la *gramática de la fragmentación* (Sánchez-Biosca, *La cultura de la fragmentación*) del discurso audiovisual que articulan la publicidad o el videoclip. La ligazón de la telenovela con la cultura oral le permite *explotar* el universo de las leyendas de héroes, de los cuentos de miedo y de misterio que desde el campo se han desplazado a la ciudad —a unas ciudades ruralizadas al mismo tiempo que los países se urbanizan— en forma de "literatura de cordel" brasileña (hoy vertida al formato de *comic* o fotonovela), de corrido mexicano (que canta las aventuras de los capos del

---

[137] Véase nota 122 en página 233.

narcotráfico) o de vallenato colombiano (hoy mestizado con instrumentos del rock y ritmos del *reggae*). Lo que en la hibridación de viejas leyendas con lenguajes modernos mueve la trama —tanto o más que las peripecias del amor— es el *drama del reconocimiento* (Brooks, "Une esthétique de l'étonement: le melodrame" 343), esto es el movimiento que lleva del des-conocimiento —del hijo por la madre, de un hermano por otro, del padre por el hijo— al reconocimiento de la identidad, convirtiendo así al drama en una lucha contra las *apariencias*, contra todo lo que oculta y disfraza, una lucha por hacerse reconocer. De ahí que los enredos de parentesco, las peripecias y los golpes teatrales no sean exteriores a los golpes morales pues en el melodrama los efectos dramáticos son expresión de una exigencia moral, que des-cubre a su vez la continuidad que la estética mantiene con la ética en el universo de lo popular. ¿No estará en ese *drama del reconocimiento* la secreta conexión del melodrama con la historia cultural del "sub"-continente latinoamericano?. ¿Con su mezcla de razas que confunde y oscurece su identidad, y con la lucha, entonces, por hacerse reconocer? Pero también con su des-conocimiento del contrato social entre personas que se reconocen en una otra *socialidad primordial,* la del parentesco, las solidaridades vecinales o la amistad. A donde esa socialidad remite, según Zonabend, es al *tiempo familiar* que es "ese tiempo en que el hombre se piensa social, un hombre que es antes que todo un pariente. El parentesco funda una sociabilidad, una solidaridad. De ahí que el tiempo familar haga parte del tiempo de la colectividad" (*La mémoire longue: Temps et histoires au village* 308). Lo que reafirma Hoggart al sostener que en la cultura popular "los acontecimientos no son percibidos más que cuando afectan la vida del grupo familiar" (*The Uses of Literacy* 76), ya que la familia media la sociabilidad, esto es, la presencia ineludible y constante de la colectividad en la vida. Entre el tiempo de la *Historia* —que es el tiempo de la nación y del mundo, el de los grandes acontecimientos que vienen a irrumpir desde fuera en la comunidad— y el tiempo de la *vida* —que es el tiempo que va del nacimiento a la muerte de cada individuo, y que jalonan los ritos de iniciación a las diferentes edades— el tiempo *familiar* es el que media y hace posible su comunicación. *Socialidad* de los sectores populares que la mercantilización del tiempo de la memoria y del espacio colectivo han tornado *anacrónica*. Pero una anacronía que resulta preciosa, pues desde ella, melodramatizando todo, las gentes se vengan a su manera de la abstracción impuesta por la mercantilización a la vida, de la exclusión social y la desposesión cultural. Alejo Carpentier quizá no habla de otra cosa cuando escribe: "Viendo cómo vivimos en pleno melodrama —ya que el melodrama es nuestro alimento cotidiano— he llegado a preguntarme muchas veces si nuestro miedo al melodrama (como sinónimo de mal gusto) no se debía a una deformación causada por las muchas lecturas de novelas psicológicas francesas. Pero la realidad es que algunos de los escritores que más admiramos jamás tuvieron miedo al melodrama. Ni Sábato ni Onetti lo temieron. Y cuando el mismo Borges se acerca al mundo del gaucho o del compadrito, se acerca voluntariamente al ámbito de Juan Moreira y del tango arrabalero" (citado en García Riera, *El cine y su público* 16). En América Latina el melodrama resulta siendo entonces, como afirmé en otro lugar (Martín-Barbero, "Algunas señas de identidad reconocibles en el melodrama" 242-59), algo más que un género dramático: una matriz cultural que alimenta el reconocimiento popular en la cultura de masa, territorio clave para estudiar la no-contemporaneidad y los mestizajes de que estamos hechos. Porque, como en las plazas populares de mercado en el melodrama está todo revuelto, las estructuras sociales y las del sentimiento, mucho de lo que somos —machistas, fatalistas, supersticiosos— y de lo que soñamos ser, la nostalgia y la rabia. En forma de tango o de telenovela, de cine mexicano o de crónica roja, el melodrama trabaja en estas tierras una veta profunda del imaginario colectivo, y no hay acceso a la memoria ni proyección al futuro que no pasen por el imaginario.

A mediados del siglo xix en Inglaterra y Francia, el *folletín* trasladó el melodrama del teatro a la prensa ensanchando el público lector a la "masa del pueblo" e inaugurando una nueva relación con la escritura a medio camino entre la novela y el cuento: la del relato por episodios y series. En la Argentina de 1870 Eduardo Gutiérrez escribe por entregas en el periódico "La Patria Argentina" el primer gran folletín gauchesco, *Juan Moreira*, en el que se funden lo rural y lo urbano: los personajes y aventuras que vienen de las coplas de los payadores, que circulaban en cuadernillos y gacetas, con los sucesos sacados de los archivos policiales (Rivera, *El folletín: Eduardo Gutiérrez*). Pero más que en la prensa, el verdadero desarrollo del folletín latinoamericano se hará en la radio. Y sus mediadores serán el

al sur de la modernidad

circo en Argentina y la lectura colectiva de las fábricas de tabaco en Cuba. El "circo criollo" (Seibel, *El teatro "bárbaro" del interior*) —esa modalidad especial de circo que resulta de juntar bajo la misma carpa, pista y escenario, acrobacia y representación dramática— será el ámbito en que se funden la mitología gaucha de los folletines con la escena de los cómicos ambulantes en la que hallará su origen el radioteatro. Si en Argentina la radionovela se llamó *radioteatro* fue justamente porque las compañías de actores que hacían radio provenían del circo y recorrían las provincias presentando los dramas radiados *para que la gente viera lo que escuchaba*. En Cuba, desde finales del siglo XIX, los talleres de las tabaquerías eran escenario de la "lectura en voz alta" de libros de historia y relatos folletinescos que aportarían temas y formas a la *radionovela*. Esa práctica, oriunda de conventos y cárceles en Europa, es introducida en las galeras del Arsenal y de allí pasará a las tabaquerías de Azcárate y Partagás. A partir de 1936 convivirán en las tabaquerías el lector y la radio, en la que Cuba fue pionera, "hasta que la máquina venza al lector de tabaqueros por medio de la radiofonía que le comunicaba por los aires la lectura" (Ortiz, *Contrapunteo cubano del tabaco y el azúcar* 127). La radionovela (verdadera madre de la telenovela latinoamericana) nace así incorporando la escucha popular a la conformación de una expresividad sonora de la que hará parte *la dimensión corporal del arte de narrar*, esto es la exploración de los efectos —tonos y ritmos— sensoriales del relato. De la radionovela, la telenovela conservará la predominancia del *contar a*, con lo que ello implicará de redundancia estableciendo día tras día la continuidad dramática. Y conserva también la *apertura indefinida* del relato, su apertura en el tiempo —se sabe cuando empieza pero no cuando acabará— y su porosidad a la actualidad de lo que pasa mientras dura el relato. De *lo que hablan las telenovelas*, y lo que le dicen a la gente, no es algo que esté dicho de una vez en el texto de la telenovela ni en lo que revelan las respuestas a las encuestas. Es un decir fuertemente cargado de silencios: los que tejen la vida de la gente que "no sabe hablar" —y menos escribir— y aquellos otros desde los que se mira y se construye el diálogo de la gente con lo que pasa en la pantalla: definitivamente la telenovela habla menos desde su texto que desde el intertexto que forman sus lecturas (Medina, *Povo e personagem*).

259

De ahí que en los sectores populares la telenovela se disfrute mucho más contándola que viéndola, por que es en lo que se cuenta que se produce la con-fusión entre relato y vida. En esa confusión, que es quizás lo que más escandaliza a la mirada intelectual, se cruzan bien diversas lógicas: la mercantil del sistema productivo, esto es la de la estandarización, pero tambien la del cuento popular, del romance y la canción con estribillo, es decir "aquella serialidad propia de una estética donde el reconocimiento y la repetición fundan una parte importante del placer, y es en consecuencia norma de valor de los bienes simbólicos" (Sarlo, *El imperio de los sentimientos* 25).

La *con-fusión* de la telenovela con el país tuvo lugar a comienzos de los ochenta, en un nuevo modo de telenovelar (Martín-Barbero, "De la telenovela en Colombia a la telenovela colombiana" 61-107) cuyo punto de arranque se halla en la burla del género que inauguró *Pero sigo siendo el Rey*: una telenovela en la que los colombianos se encontraron riéndose a la vez de las reglas del género, y de la forma de verse a sí mismos en la caricatura sentimiental de la ranchera. La veta irónica, que recogía una vieja tradición satírico-costumbrista de estirpe neogranadina (Ramírez Lamus, *Culturas, profesiones y sensibilidades contemporáneas*), comenzó a horadar la grandilocuencia y las rigideces del melodrama, liberando la trama del peso del destino y permitiendo *respirar* al relato, esto es permitiendo que las acciones pudieran tener espesor espacio-temporal y los personajes cuerpo. Del mundo costeño de *Gallito Ramírez* al submundo urbano y bogotano de *Las muertes ajenas* se nos abre acceso al entramado de las humillaciones y las revanchas de que está hecha la vida de los que luchan no sólo por sobrevivir sino también por ser *alguien*. Y para ello se auscultará el opaco tejido en que *las clases se tocan*: las perversiones de los ricos conectándoles con los bajos fondos, y las tácticas de los pobres "explotando" los vicios de los ricos. Ampliando el horizonte de lo telenovelable hacen su aparición en el relato nuevas profesiones, o mejor nuevos *mundos de vida*. Artistas, boxeadores, gentes del rebusque develan nuevos modos de relación social, turbias relaciones de solidaridad y complicidad, brechas morales y culturales que agrietan la mentirosa normalidad de nuestra sociedad.

Abierta sobre el presente y porosa a los movimientos de la actualidad social la telenovela colombiana de los ochenta se aleja

al sur de la modernidad

de los grandes símbolos del bien y del mal para acercarse a las ambigüedades y rutinas de la vida cotidiana y a la *expresividad cultural de las regiones* que forman el país. Frente al engañoso mapa sociocultural de la dicotomía entre progreso y atraso, que nos trazó la modernización desarrollista, telenovelas como *San Tropel* o *El divino* nos mostraron un mapa expresivo tanto de las discontinuidades y destiempos como de las vecindades e intercambios entre modernidad y tradiciones, entre el país urbano y el país rural. Con *pueblos* donde las relaciones sociales ya no tienen la elementalidad —la estabilidad y transparencia— de lo rural, y con *barrios* de ciudad donde se sobrevive en base a solidaridades y saberes que vienen del campo. Un mapa en que se mezclan, tanto más que se oponen, verticales servidumbres de feudo con horizontalidades producidas por la homogenización moderna y las informalidades del rebusque urbano, en que conviven la hechicería con el biorritmo, y arraigadas moralidades religiosas con escandalosas liberaciones de la afectividad y la sensualidad. Ante los asombrados ojos de muchos colombianos se hizo por primer vez *visible* una trama de intercambios y rupturas que, aun con su esquematismo y sus inercias ideológicas, hablaba del modo como sobreviven o se pudren unas formas de sociabilidad, de las violencias que se sufren o con las que se resiste, de los usos "prácticos" de la religión y las transaciones morales sin las que es imposible sobrevivir en la ciudad.

Enredada a esa trama, las telenovelas hicieron también visible la otra contradicción que más profundamente desgarra y articula nuestra modernidad: el desencuentro nacional con lo regional, la centralización desintegradora de un país plural, y la lucha de las regiones por hacerse reconocer como constitutivas de lo nacional. De la Costa caribe al Valle del Cauca, pasando por Antioquía y las riberas del Sinú, la telenovela posibilitó un acercamiento a lo regional que, superando la caricatura y el resentimiento, lo configuró como diversidad de sentir, de cocinar, de cantar y de contar su vida y sus historias. Culturas de la Costa en las que la magia no es cosa de otro mundo sino dimensión de éste, en las que el boxeo puede llegar a ser una moral más que un oficio y el vallenato es aun romance que convierte en *historia* los milagrosos sucesos cotidianos. Culturas de Valle del Cauca que ponen en escena los *humores*, el espesor erótico y estético de las gentes *de pueblo*. Un pueblo donde el poder y los conflictos obedecen a saberes de mujeres (o del homosexual) que mezclan la atracción sexual con el dominio de las comunicaciones, sean el chisme o la central de teléfonos, donde la brujería burla a la religión instituida y una erótica cruda y elemental se combina con una refinada homosexualidad para burlar al machismo: saberes y poderes *femeninos* en conflicto no con la modernidad sino con las incoherencias de la economía y la *fealdad* de la política que hacen los hombres.

En un país fragmentado y excluyente tanto social como culturalmente, las telenovelas de los ochenta juntaron, revolvieron y mezclaron lo rural con lo urbano, el más viejo país con el más nuevo, y los diversos países que hacen este país. Y en la reconstrucción que esas telenovelas hicieron del imaginario nacional no podía faltar el encuentro, o mejor el *cruce,* del melodrama con la fantasía y la desmesura de Macondo, que es lo que hizo *Caballo Viejo.* En la vastedad del río Sinú, en la voluminosidad del cuerpo de la tía Cena, en la mezcolanza delirante de las vidas que encarna Reencarnación, y en la multiplicidad de saberes y sabores que mestiza Epifanio, se rasgaron las costuras del relato melodramático y por allí se colaron la magia de la palabra y una secreta fusión de lo local con lo universal. Frente al uso puramente funcional o redundante de la palabra con relación a la imagen en la telenovela mexicana o venezolana, en *Caballo viejo* la palabra se espesó hasta tornarse ella misma imagen *poética:* cargada de silencios y expresada en monólogos la palabra *encanta*, conecta el dicho popular con la metáfora, en un reencuentro de la telenovela con la oralidad cultural del país, y desde ella con la escritura que ha roto la gramática para liberar la magia secreta, las sensibilidades y ritmos de lo oral. Por la otra costura rota se cuela la experiencia de un hombre y un pueblo que, perdido en un recodo del río Sinú, "se siente universal": ósmosis cultural que fusiona saberes y sabores venidos de occidente y de oriente, de la filosofia y la sabiduría popular, hablas del interior y decires del Caribe. La burla al melodrama desde dentro va a introducir en el realismo de su irrealidad la apertura a lo maravilloso macondiano.

De la oralidad rural a la música popular urbana

"*Cien años de soledad* no es más que la tentativa de un vallenato de 450 páginas".   García Márquez

al sur de la modernidad

Así como el *melodrama*, que está en el inicio de la telenovela, es el drama cantado, también desde sus comienzos el *vallenato* es crónica cantada, que ha pasado en los últimos veinte años de ser la música rural en las aldeas de la Costa Caribe y la Guajira a convertirse en la música urbana con que Colombia busca llenar el vacío dejado por la desaparición de la *cumbia* como música nacional. En el origen, y según un cronista nativo de sus tierras, el vallenato fue la forma de comunicación más viva entre los pueblos del Valle de Upar, algo así como "recados cantados" que los juglares, que recorrían el valle y las serranías, llevaban de un rancho a otro y de cantina en cantina. Lo que distingue a esa música tanto o más que sus instrumentos —el acordeón europeo, la guacharaca indígena, la caja africana— es su género enunciativo: *la crónica*. A semejanza de los cantadores de *corridos* mexicanos (Héau, "El corrido y las luchas sociales en México" 67 y ss.) que hicieron la crónica y la leyenda de la revolución, y hoy la hacen de las aventuras de los capos-héroes del narcotráfico, o de los *payadores* argentinos (Rivera, *Las literaturas marginales*) que recorrían la pampa cantando historias de gauchos en las que recogen sus hazañas y memorias, los creadores y cantadores de vallenato "no cantan poemas sino que hacen crónica estupenda y fresca de la realidad, aportando su maestría para relatar el hecho, su sensiblidad para captarlo en medio de la modorra de la aldea que duerme en la nata espesa de ese caldo que es la rutina, y su gracia para lo cómico e insólito" (Gosain, "El vallenato ese pedazo de vida"). Hasta cuando el vallenato se pone lírico la mujer a la que canta no es una imaginaria e idealizada novia, sino una mujer que tiene nombre concreto y que habita en un pueblo conocido, ya sea la historia de la nieta "consentida y pechichona" que se la llevó el dueño de un carro o la "vieja amiga Sara", a la que perdió su amigo por meterse a contrabandista en la Guajira.

El otro aspecto formal que distingue al vallenato originario es su parentesco con los viejos romances castellanos y con su forma de versificación, la *décima*. Compuesto, como los romances, para ser oído y no para ser bailado —aunque sea propio de una región tan bailadora como la Costa Caribe— el vallenato hace su primer tránsito desde las "colitas" en las piquerías, e sea el final de una fiesta hecha con otras músicas casi siempre bailables, hasta la *parranda*: que es su propia modalidad festiva, en la que las gentes se reúnen para escuchar conjuntos vallenatos durante horas (Llerena Villalobos, *Memoria cultural en el vallenato: un modelo de textualidad en la canción folklórica colombiana*). Su segundo tránsito es el que, desde 1947 y de la mano del disco, inicia su *desterritorialización* tranformando el vallenato de música *local*, en su sentido más fuerte, a música *regional* llevándolo de los ranchos en que se organiza la parranda hasta los salones de la sociedad costeña. Aunque el disco y la radio lo saquen de su hábitat cultural, el disfrute mayoritario seguirá, durante años, siendo rural, pero al mismo tiempo el vallenato inicia desde los medios masivos su legitimación como la música costeña por excelencia primero, y como música nacional desde los años ochenta.

Sin querer comparar esos recorridos del vallenato colombiano con la complejidad de avatares y contradicciones que llevaron a la música negra brasileña desde la hacienda esclavista hasta las grandes urbes de Río y Sao Paulo, la experiencia brasileña ilumina sin duda la experiencia musical colombiana. Despreciado por las elites o reducido a *folclor* por los populistas, la música negra en Brasil se toma la ciudad de la mano del disco, de la radio y de la extranjerizante vanguardia del movimiento modernista. Y se incorpora así al hacer cultural del país, a una cultura urbana "que procede por apropiaciones polimorfas y el establecimiento de un mercado musical donde lo popular en transformación convive con elementos de la música internacional y de la cotidianidad ciudadana" (Squeff y Wisnik, *O nacional e o popular na cultura brasileira* 148). Deja entonces de servir únicamente para rellenar el vacío de raíces que padece el hombre de la ciudad, y arrancándose al mito de una pureza que lo mantenga atado a los orígenes, la música negra se hace contradictorio campo de reconfiguraciones de la identidad. Un circuito de idas y venidas, de entrelazamientos y superposiciones carga el pasaje que desde el candomblé y el corral de samba conduce hasta el disco y la radio. Pero es el circuito lleno de escaramuzas y estratagemas de las que ha estado siempre llena la lucha de los dominados para abrirse camino hacia su reconocimiento social. "Las contradicciones generadas en esa travesía no son pocas, pero ella sirvió para generalizar y consumar un hecho de la mayor importancia para el Brasil: la emergencia urbana y moderna de la música negra" (161).

También el vallenato en Colombia atraviesa entre los años setenta y los noventa un contradictorio recorrido que lo lleva a convertirse en música urbana y moderna. Para los puristas del folclor —a derecha e izquierda— lo que ahí tiene lugar es el paso lineal y sin avatares ni contradicciones que lleva de la autenticidad (en sí) de lo popular a la alienación de lo masivo. Una mirada menos purista deberá relacionar ese recorrido con dos procesos claves, que marcan de arriba a abajo la vida de Colombia: uno es el fin del *Frente Nacional*, esto es del pacto entre los partidos liberal y conservador, que excluyó de los cincuenta a los setenta cualquier otro tipo de formación o de expresión política; el otro es la emergencia de la Costa Caribe como espacio cultural que redefine lo nacional, y de lo cual serán claves la resonancia tanto culta como masiva de la publicación de *Cien años de soledad*, la bonanza exportadora de la marihuana de esa región —inicio de la industria de la droga en Colombia— y el sugimiento nacional del vallenato. La complejidad de lo que ahí está en juego no puede ser comprendido ni desde la mirada idealizante de los estudiosos del folclor ni desde la reducida visión que agota la cultura en ideología. Pues el proceso del que hace parte la *urbanización* del vallenato es "una compleja reconstitución polifónica en los modos de narrar la nación" (Ochoa, *El vallenato y sus formas de narrar la nación* 3). Por otro lado, la emergencia del vallenato se inserta en el movimiento de apropiación del rock desde los países latinoamericanos (y España) que da lugar al *rock en español*, convertido en el "idioma de los jóvenes" al traducir como ningún otro lenguaje la brecha generacional y los nuevos modos de reconocimiento de los jóvenes en la política, al mismo tiempo que el rock hará audibles las más osadas hibridaciones de los sones y ruidos de nuestras ciudades con las sonoridades y los ritmos de las músicas indígenas y negras.

Aunque en los ochenta el vallenato había desplazado a la cumbia como género y ritmo identificadores de lo costeño, y había conseguido introducirse en Bogotá, la capital, ello era atribuido por muchos al mero efecto de su comercialización, esto es a las concesiones hechas al consumo de moda, y por tanto a su degradación cultural. Pero la aparición, con su propio conjunto vallenato, del cantante Carlos Vives, venido de la actuación en las telenovelas más arraigadas en la cultura de la Costa Caribe, y actor-cantante en un seriado homenaje a Escalona —el más grande compositor vivo de vallenatos— dio lugar al definitivo encuentro del vallenato con el país nacional. En la música que hace y canta Carlos Vives se harán audibles las hibridaciones fecundas que hace posible la nueva sensibilidad urbana: al mezclar a un ritmo-signo de la cultura popular costeña instrumentos y sonoridades de la tradición indígena como la flauta, o el paso caribe del *reggae* jamaiquino, y otros de la modernidad musical como los teclados, el saxo y la batería, el "viejo folclor" no se traiciona ni deforma sino que se enriquece y transforma volviéndose más universalmente caribe y colombiano. En lugar de ser un cantante moderno de vallenatos, Carlos Vives se convierte en el primer músico colombiano que hace música moderna a partir de ritmos autóctonos. Aunque *producto* en buena medida de los medios masivos —se hizo personaje de éxito nacional en una telenovela y su versión de la "Gota fría" es aprovechada descaramente en la guerra publicitaria de las gaseosas— Carlos Vives vuelve definitivamente *urbana y nacional* una música cuyo ámbito seguía siendo la provincia, y la conecta con la escenografia del rock, con el espectáculo tecnológico y escenográfico de los conciertos. Y todo ello unido al surgimiento de un sentimiento de orgullo por su música que hace años el país no experimentaba. Desde que en los años setenta la cumbia había dejado de ser la música en que se reconocían los colombianos, el país había vivido la ausencia de una música que diera cuenta de las transformaciones sufridas, y esa ausencia se había convertido en síntoma y metáfora del vacío que culturalmente experimentamos, pues "las variedades de la música nacional se habían quedado cortas para expresarnos" (Pagano, "Bombardeo de sones"). Por eso ni la parafernalia tecnológica ni el descarado aprovechamiento comercial pueden sin embargo ocultarnos que el rock en español y el vallenato a lo Carlos Vives están representando un nuevo modo de sentir y decir lo nacional. Como en la *urbanización* del samba en Brasil, incorporar culturalmente lo popular a lo nacional es siempre peligroso, tanto para una elite ilustrada que ve en ello una amenaza de confusión, la borradura de las reglas que aseguran las distancias y las formas, como para un populismo para el que todo cambio es deformación de una autenticidad fijada en su pureza original.

El vallenato ha resultado siendo el lugar del encuentro de una memoria popular del narrar cantando con el imaginario musical en que emerge una nueva sensiblidad: la joven y urbana. Uno de los más exigentes —y menos puristas— estudiosos de las

al sur de la modernidad

transformaciones del vallenato analiza así ese encuentro: "En comparación con los músicos vallenatos, los del rock eran seres que cantaban su experiencia a través de la música. Al mirarse en los intérpretes del rock la tuerca daba la vuelta completa, pues los primeros cantores vallenatos eran hombres que cantaban con música su experiencia. La frontera entre farándula y vida era la que distanciaba a los jóvenes del vallenato. Carlos Vives borró la brecha: vestía como ellos y su grupo no parecía un grupo de artistas sino de amigos que saltaban al escenario a emparrandarse y divertirse" (Samper y Tafur, *100 años de Vallenato* 177). Paradoja: en lugar de pervertirlo, al hibridarlo con las sonoridades en que se reconocen y dicen los jóvenes y con las informalidades de la experiencia urbana, el vallenato se reencuentra con lo más vivo de sus matrices culturales: en el concierto urbano los jóvenes experimentan hoy el sentido festivo —contrario al farandulero— de la parranda vallenata, esto es de los amigos que cantan para narrar su experiencia. Este reencuentro con el relato y la experiencia en el concierto, o mejor con el *relato de experiencia*, nos avoca al encuentro con *El narrador* de Walter Benjamin, según el cual "A la novela la separa de la narración el hecho de estar esencialmente referida al libro. No venir de la tradición oral (ni ir a ella) es lo que aparta a la novela de todas las otras formas restantes de literatura en prosa —fábula, leyenda, incluso narraciones cortas— pero la aparta sobre todo de lo que es narrar. El narrador toma lo que narra de la experiencia, de la propia o de la que le han relatado. Y a su vez la convierte en experiencia de los que escuchan su historia" (Benjamin 206). El escenario tecnológico y mercantil del concierto atraviesa al vallenato, pero su vinculación a una fuerte y densa tradición oral le permiten seguir *narrando* los avatares de la experiencia colectiva que atraviesan la memoria y la identidad.

BIBLIOGRAFÍA

Introducción

Baudrillard, Jean. "El éxtasis de la comunicación". *La postmodernidad*. Barcelona: Kairos, 1985.

Breton, Philip. *L'utopie de la communication*. Paris: La Découverte, 1992.

Brunner, José Joaquín. "Cambio social y democracia". *Estudios Públicos* 39 (Santiago): 90.

Certeau, Michel de. *L'nvention du quotidien*. Paris: U.G.D., 1980. 19 y ss.

Habermas, Jürgen. *Teoría de la acción comunicativa*. Madrid: Taurus, 1986.

——— *El discurso filosófico de la modernidad*. Madrid: Taurus, 1989.

Huyssen, Andreas. "Guía del postmodernismo". *Punto de vista* 29 (Buenos Aires, 1987): 37.

——— "Guía del postmodernismo". *Punto de vista* 29 (Buenos Aires, 1987): X.

Jameson, Fredric. "Postmodernismo y sociedad de consumo". *La postmodernidad*. Barcelona: Península, 1990.

Laclau, Ernesto. *Emancipación y diferencia*. Buenos Aires: Ariel, 1996. 121 y ss.

Lechner, Norbert. *Nueva Sociedad* 139 (Caracas, 1995): 124.

Lyotard, Jean François. *Heidegger et les "juifs"*. Paris: Galilée, 1988.

——— *La diferencia*. Barcelona: Gedisa, 1988.

——— *La condición postmoderna. Informe sobre el saber*. Madrid: Cátedra, 1984.

Marramao, Giacomo. "Metapolítica: más allá de los esquemas binarios". *Razón, ética y política*. Barcelona: Anthropos, 1988. 60.

Quijano, Aníbal. *Modernidad, identidad y utopía en América Latina*. Lima: Ediciones Sociedad & Política, 1988.

Ricoeur, Paul. "Note sur l'histoire de la philosophie et la sociologie de la connaissance". *Histoire et verité*. Paris: Seuil, 1955. 66-81.

——— "L'eclipse de la compréhension". *Temps et récit*. Vol.1. Paris: Seuil, 1983. 173-200.

Serres, Michel. *Atlas.* Madrid: Cátedra, 1994. 30 y ss.
Thompson, E. P. *La formación Histórica de la clase obrera.* Barcelona: Laya, 1972.
Vattimo, Gianni. *El fin de la modernidad.* Barcelona: Gedisa, 1986.
_____ *La sociedad transparente.* Barcelona: Paidos, 1990.

I. DIASPORAS DEL SABER, MEDIACIONES DEL COMUNICAR

1. Objetos nómadas, fronteras borrosas del saber social

Anderson, Benedict. *Comunidades imaginadas.* México: Fondo de Cultura Económica, 1993.
Argullol, R. y otros. "Hacia un nuevo renacimiento". *TELOS* 24 (Madrid, 1991).
Barlozatti, G. *Il palinsesto: texto, aparati e géneri della televisione.* Milan: Franco Angelli, 1986.
Baudrillard, Jean. *La transparencia del mal.* Barcelona: Anagrama, 1991.
_____ *Las estrategias fatales.* Barcelona: Anagrama, 1984.
Bell, Daniel. *Las contradicciones culturales del capitalismo.* Madrid: Alianza, 1987.
_____ *Modernidad y sociedad de masas.* Caracas: Monte Ávila, 1969.
Bourdieu, Pierre. *Respuestas. Por una antropología reflexiva.* México: Grijalbo, 1995.
Brunner, José Joaquín. *Cartografías de la modernidad.* Santiago: Dolmen, 1994.
_____ *Conocimiento, sociedad y política.* Santiago: Flacso, 1993.
_____ "Medios, modernidad, cultura". *TELOS* 19 (Madrid, 1989).
Calabrese, Omar. *La era neobarroca.* Madrid: Cátedra, 1989.
Carrascosa, José Luis. *Quimeras del conocimiento. Mitos y realidades de la inteligencia artificial.* Madrid: Fundesco, 1992.
Castells, Manuel. *El desafío tecnológico: España y las nuevas tecnologías.* Madrid: Alianza, 1986.
Caviano, F. "Nuevas tecnologías, nuevas instituciones: la escuela en la encrucijada". *Nuevas tecnologías en la vida cultural española.* Madrid: Fundesco, 1985.

Certeau, Michel de. *L'invention du quoitidien.* Paris: Gallimard-Folio, 1990.
_____ *Histoire et pschanalyse.* Paris: Gallimard, 1987.
_____ *L'ecriture de l'histoire.* Paris: Gallimard, 1984.
_____ *La culture au pluriel.* Paris: Seuil, 1974.
Chartier, A. M. y J. Hébrard. *Discurcours sur la lecture.* Paris: BPI, 1992.
Chartron, G. (dir.). *Pour une nouvelle economie du savoir.* Paris: Presses Universitaires de Rennes, 1994.
Davenport, William Henry. *Una sola cultura: la formación de tecnólogos humanistas.* Barcelona: Gustavo Gili, 1979.
Eco, Umberto. "Apostilla al Nombre de la rosa". *Análisi* 9 (Barcelona, 1980).
_____ y otros. "La revanche des libres", dossier. *Le nouvel observater* 1406 (París, 1991).
Foucault, Michel. *El orden del discurso.* Barcelona: Tusquet, 1974.
_____ *La arqueología del saber.* México: Siglo XIX, 1970.
_____ *Les mots et les choses.* Paris: Gallimard, 1966.
Gargani, Aldo. "La fricción del pensamiento". *La secularización de la filosofía.* Barcelona: Gedisa, 1992.
Geertz, Clifford. "Géneros confusos. La reconfiguración del pensamiento social". *El surgimiento de la antropologia postmoderna.* C. Reynoso, comp. México: Gedisa, 1991.
_____ *La interpretación de las culturas.* México: Gedisa, 1987.
Giddens, Anthony. "La índole reflexiva de la modernidad". *Consecuencias de la modernidad.* Madrid: Alianza, 1993.
_____ U. Beck, S. Lash. *Modernização reflexiva.* São Paulo: UNESP, 1997.
Ginzburg, C. y otros. *Crisis de la razón: nuevos modelos en la relación entre saber y actividad humana.* México: Siglo XXI, 1983.
Gramsci, Antonio. "Los intelectuales y la organización de la cultura". *Cultura y literatura.* Barcelona: Península, 1977.
Heidegger, Martín. "La pregunta por la técnica" y "Ciencia y meditación". *Filosofía, ciencia y técnica.* Santiago de Chile: Editorial Universitaria, 1997.
Jameson, Fredric. *El postmodernismo o la lógica cultural del capitalismo avanzado.* Barcelona: Paidos, 1992.
Jauss, H. R. *A literatura e o leitor.* Rio e Janeiro: Paz e terra, 1979.

Kehl, Maria Rita. "Imaginar e pensar". *Rede imaginaria: televisão e democracia.* São Paulo: Companhia das Letras, 1991.
Kroling, M. M. (org.), *Comunicação e educação: caminhos cruzados.* São Paulo: Loyola, 1986.
Lascaut, y otros, *Voir,entendre,* U.G.E.-10/18 (París, 1976).
Lechner, Norbert. "La democracia en el contexto de una cultura postmoderna". *Cultura política y democratización.* Buenos Aires: Flacso, 1987.
Levy, Paul. *Les technologies de l'intelligence.* Paris: La Decouverte, 1990.
Livak, Lily. *Musa libertaria-Arte, literatura y vida cultural del anarquismo español (1880-1913).* Barcelona: Antoni Bosch, 1981.
Lyotard, Jean-François. *La condición postmoderna –Informe sobre el saber.* Madrid: Cátedra, 1984.
Maffesoli, M. *El tiempo de las tribus.* Barcelona: Icaria, 1990.
Mongin, O. "¿Una memoria sin historia?". *Punto de vista* 49 (Buenos Aires, 1994).
Nora, Pierre. *Les lieux de memoire.* Vol. III. Paris: Gallimard, 1992.
Ong, Walter. *Oralidad y escritura.* México: Fondo de Cultura Económica, 1987.
Ordoñez, Montserrat. *Carta a Cecilia Maria.* Mimeo, Bogotá,1995.
Ortiz, Fernando. *Contrapunteo cubano del tabaco y el azúcar.* Barcelona: Ariel, 1973.
Piscitelli, A. y otros. "Cambiar la mirada". *David y Goliath* 58 (Buenos Aires, 1991).
Renaud, A. "L'image: de l'économie informationelle à la pensée visuelle". *Reseaux* 74 (Paris, 1995).
Rorty, Richard. *Contingencia, ironía y solidaridad.* Barcelona: Paidos, 1991.
_____ *Contingencia, ironía y solidaridad.* Barcelona: Gedisa, 1991.
Santiago, Silviano. "Alfabetiço, leitura e sociedade de massa". *Rede imaginaria,* ya citado.
Sarlo, Beatriz. *Escenas de la vida postmoderna: intelectuales, arte y videocultura en Argentina.* Buenos Aires: Ariel, 1994.
Vattimo, Gianni. *La sociedad transparente.* Barcelona: Paidos, 1990.
Vilches, L. y otros. "Repetición y serialidad en cine y televisión". *Anàlisi* 9 (Barcelona, 1984).
Virilio, Paul. *La máquina de visión.* Madrid: Cátedra, 1989.

2. Deconstrucción de la crítica: algunos hitos

Adorno, Theodor. *Crítica cultural y sociedad*. Barcelona: Ariel, 1973.
_____ *Teoría estética*. Madrid: Taurus, 1980.
_____ y Max Horkheimer. *Dialektik der Aufklarung*. Ámsterdam: Verlag, 1947. Trad. *Dialéctica del iluminismo*. Buenos Aires: Editorial Sur, 1971.
Anderson, P. *Teoría, política e historia*. México, 1985.
Barthes, Roland. *Systeme de la mode*. París: Seuil, 1967.
Baudrillard, Jean. *El intercambio simbólico y la muerte*. Caracas: Monte Ávila, 1980.
_____ *Las estrategias fatales*. Barcelona: Anagrama, 1984.
_____ *Pour une critique de l'economie politique du signe*. París: Gallimard, 1972.
Benjamín, Walter. *Gesammelte Schriften*. Frankfurt: Surhkamp, 1972-1977. Trad. *Discursos interrumpidos*, I. Madrid: Taurus, 1973.
_____ *Iluminaciones I, Imaginación y sociedad*. Madrid: Taurus, 1980.
_____ *Iluminaciones II, Poesía y capitalismo*. Madrid: Taurus, 1980.
Caldeira, Teresa Pires do Rio. *A politica dos outros: o cotidiano dos moradores da periferia e o que pensam do poder e dos poderosos*. São Paulo, 1984.
Castells, Manuel. *La era de la información*. Madrid: Alianza, 1998.
Eco, Umberto. *La estructura ausente*. Barcelona: Lumen, 1972.
_____ *Lector in fabula*. Barcelona: Lumen, 1981.
_____ *Trattato di semiotica generale*. Milan: Studi Bompiani, 1975.
Evers, Tilman. "Identidad, la faz oculta de los movimientos sociales". *Punto de Vista* 25 (1985): 31-41.
Fabri, P. "Le comunicazioni di massa in Italia: sguardo semiotico e malochio de la sociologia". *Revista Versus* 5 (Milán, 1973).
Gubern, Román. *Del bisonte a la realidad virtual*. Barcelona: Anagrama, 1986.
_____ *El simio informatizado*. Madrid: Fundesco, 1985.
_____ *La mirada opulenta. Exploración de la iconosfera*. Barcelona: Gustavo Gili,
Hall, Stuart. "Cultural Studies and de Centre: Some Problematics and Problems", "Encoding/Decoding". *Culture, Media, Language*. Stuart Hall, D. Hobson, eds. Londres: Hutchinson, 1980.

_____ "La cultura, los medios de comunicación y el "efecto ideológico". *Sociedad y comunicación de masas*; "Estudios culturales: dos paradigmas". *Hueso húmero* 19 (Lima, 1984).

Hoggart, Richard. *The Uses of Literacy*. Londres: Penguin, 1972.

Leroi-Gourhan, André. *El gesto y la palabra*. Caracas: Universidad Central de Venezuela, 1971.

Martín-Barbero, Jesús. "La telenovela en Colombia: televisión, melodrama y vida cotidiana". *DIA-LOGOS* 1 (Lima, 1987): 44-60.

_____ *De los medios a las mediaciones*. Santafé de Bogotá: Convenio Andrés Bello, 1998.

Mattelart, Armand. *La communication-monde. Histoire des idées et des strategies*. París: La Decouverte, 1991.

_____ *Penser les media*. París: La Decouverte, 1986; trad. *Pensar sobre los medios*. Madrid: Fundesco, 1987.

_____ *Technologie, culture & communication*. París: La doc. francaise, 1982; trad. *Tecnología, cultura, comunicación*. Barcelona: Mitre, 198.

Mauss, Marcel. *Sociología y antropología*. Madrid: Tecnos, 1970.

McLuhan, Marshall. *The Gutemberg Galaxy*. Toronto: Toronto University Press, 1962. Trad. *La galaxia Gutemberg*. Barcelona: Planeta-Agostini, 1985.

_____ *Understanding Media: The Extensions of Man*. Nueva York: McGraw-Hill, 1964. Trad. *La comprensión de los medios como extensiones del hombre*. México: Diana, 1969.

Morin, Edgar. *L'Esprit du temps*. París: Grasset, 1962.

_____ *El cine o el hombre imaginario*. Barcelona: Seix Barral, 1961.

Murdock, Graham. "Las transmisiones y la diversidad cultural". *La Televisión entre servicio público y negocio*. Barcelona, 1983.

_____ y Peter Golding. "Capitalismo, comunicaciones y relaciones de clase". *Sociedad y comunicación de masas*. México: Fondo de Cultura Económico, 1981.

_____ y Peter Golding. "Ideología y medios masivos: la cuestión de la determinación". *Cuadernos del Ticom* 33 (1985).

_____ y P. Golding. "Teorías de comunicación y teorías de la sociedad". *Cuadernos del Ticom* 33 (México, 1985).

Rositi, Franco. *Historia y teoría de la cultura de masas*. Barcelona: Gustavo Gili, 1980.

Schlesinger, Philip. "On National Identity: Some Conceptions and Misconcetions Criticized". *Social Science Information*. 1987. 219-264.

___ *Media, State and Nation: Political Violence and Colective Identities*. Londres: Sage, 1991.

Shannon, Claude E. *The Mathematical Theory of Communication*. Urbana: University of Illinois Press, 1949. Trad. *Teoria matemática de la comunicción*. Madrid: Forja, 1981.

Tompson, E. P. *La formación histórica de la clase obrera*. Barcelona: Laya, 1972.

___ *Tradición, revuelta y conciencia de clase*. Barcelona: Crítica, 1979.

Vaneigem, R. *Tratado del saber vivir para uso de las jóvenes generaciones*. Barcelona: Anagrama, 1977.

Verón, Eliseo. "Semiosis de l'ideologie et du pouvoir". *Communications* 28 (París, 1978): 11.

Villafañe, J., E. Bustamante y E. Prado. *Fabricar noticias: las rutinas productivas en radio y televisión*. Barcelona: Mitre, 1987.

Wienner, Norbert. *Cibernetic and Society. The Human Use of Human Beings*. Boston: Houghton Mifflin; trad. *Cibernética y sociedad*. Buenos Aires: Sudamericana, 1969.

___ *Cibernetics. Theory of Control and Communication in the animal and the machine*. Cambridge: MIT Press, 1948.

Williams, Raymond. "Teoría cultural". *Marxismo y literatura*. Barcelona: Pennínsula, 1984.

___ *Culture and Society, 1950; The Long Revolution*. Middlesex: Pelican Books, 1961.

___ *Culture*. Glasgow: Fontana Paperbacks, trad. *Cultura. Sociología de la comunicación y del arte*. Barcelona: Paidós, 1982.

Wolf, M. *Teorie delle comunicazioni di massa*. Milan, 1985.

___ F. Casetti y L. Lumbelli. "Indagine su alcune regole di génere televisivo". *Ricerche sulla comunicazione* 2 y 3 (Milán, 1980 y 1983).

___ J. Prat, N. Rizza y P. Violi. *La ripresa directa*. Roma: Publicaciones de la RAI, 1983.

3. Pensar la comunicación desde la cultura: la formación latinoamericana del campo

Adorno, Theodor. *Teoría estética*. Madrid: Taurus, 1980.

Alfaro, R. M. y otros. *Los medios, nuevas plazas para la democracia*. Lima: Calandria, 1995.

Augé, Marc. *Hacia una antropología de los mundos contemporáneos*. Barcelona: Gedisa, 1995.

Bhabha, Homi (ed.). *Nation and Narration*. Londres: Routledge, 1990.

Brunner, José Joaquín. *Cartografías de la modernidad*. Santiago: Dolmen, 1994.

_____ y Carlos Catalán. *Televisión: libertad, mercado y moral*. Santiago: Los Andes, 1995.

_____ Carlos Catalán y Alicia Barrios. *Chile: transformaciones culturales y conflictos de la modernidad*. Santiago: Flacso, 1989.

_____ y Guillermo Sunkel. *Conocimiento, sociedad y política*. Santiago: Flacso, 1993.

Canevachi, Massimo. *La città polifónica: saggio sull'antropologia della comunicazione urvana*. Roma: SEAM, 1993.

Cervantes Barba, Cecilia y Enrique Sánchez Ruiz (coords.). *Investigar la comunicación. Propuestas latinoamericanas*. México: ALAIC/Universidad de Guadalajara, 1994.

Cruces, F. *Las transformaciones de lo público: Imágenes de protesta en la ciudad de México*. Iztapalapa: UAM, 1995.

Da Matta, Roberto. *Carnavais, malandros, herois*. Rio de Janeiro: Zahar, 1981.

Ford, Aníbal. *Navegaciones: comunicación, cultura y crisis*. Buenos Aires: Amorrortu, 1994.

Fuentes, R. "La investigación de la comunicación: hacia la post-displinariedad en las ciencias sociales". *Medios y mediaciones*. México: Iteso, 1994.

García Canclini, Néstor. *Consumidores y ciudadanos*. México: Grijalbo, 1995.

_____ *Culturas híbridas*. México: Grijalbo, 1989.

_____ *Las culturas populares en el capitalismo*. México: Nueva Imagen, 1982.

_____ (coord.). *El consumo cultural en México*. México: Conaculta, 1994.

_____ (ed.). *Políticas culturales en América Latina*. México: Grijalbo, 1987.

_____ y Mabel Piccini. "Culturas de la ciudad de México: símbolos colectivos y usos del espacio urbano". *El consumo cultural en México*. Conaculta, 1993.

Garreton Merino, Manuel A. *La faz sumergida del iceberg. Estudios sobre la transformación cultural*. Santiago de Chile: LOM/ CESOC, 1994.

Grossberg, L., C. Nelson, P. Treichler (eds.). *Cultural Studies*. Nueva York: Routledge, 1992.

Gruzinski, Serge. *La guerra de las imágenes*. México: F.C.E., 1994.

Gutiérrez, Leandro H. y Luis A. Romero. *Sectores populares y cultura política*. Buenos Aires: Sudamericana, 1985.

Habermas, Jürgen. *Teoría de la acción comunicativa. Complementos y estudios previos*. Madrid: Cátedra, 1989.

Hopenhayn, Martin. "Repensando los social en un mar de racionalidades". *Ni apocalípticos ni integrados*. Santiago: F.C.E., 1994.

Ianni, O. *Teorías de la globalización*. México: Siglo XXI, 1996.

Landi, Oscar. *Devórame otra vez. Qué hizo la televisión con la gente, qué hace la gente con la televisión*. Buenos Aires: Planeta, 1992.

_____ *Crisis y lenguajes políticos*. Buenos Aires: Cedes, 1984.

_____ "La política en las culturas de la imagen". *Devórame otra vez. Qué hizo la televisión con la gente, qué hace la gente con la televisión*. Buenos Aires: Planeta, 1992.

Lechner, Norbert. *Los patios interiores de la democracia*. Santiago: Flacso, 1988.

_____ "América Latina: la visión de los cientistas sociales". *Nueva Sociedad* 139 (Caracas, 1995): 124.

Marcus, G. y M. Fhischer. *Anthropology as Cultural Critique*. Chicago: The University of Chicago Press, 1986.

Margulis, Mario y otros. *La cultura de la noche: la vida noctura de los jóvenes de Buenos Aires*. Buenos Aires: Espasa, 1994.

Marques de Melo, José (coord.). *Comunicación latinoamericana: Desafios de la investigación para el siglo XXI*. São Paulo: ALAIC/ USP, 1992.

Martín-Barbero, Jesús. *De los medios a las mediaciones*. *Comunicación, cultura y hegemonía*. Barcelona: G.Gili; trad. *Comunication, Culture and Hegemony*. Londres: Sage, 1990.
_____ "Euforia tecnológica y malestar en la teoría". *DIA-LOGOS de la Comunicación* 20 (Lima, 1988).
_____ "Comunicacción: el descentramiento de la modernidad". *Analisi* 19 (Barcelona, 1996).
_____ "Panorama bibliográfico de la investigación latinoamericana en Comunicación". *Telos* 19 (Madrid, 1992).
_____ "Retos a la investigación de comunicación en América Latina". *Comunicación y cultura* 10 (México, 1980).
Monsiváis, Carlos. *Los rituales del caos*, México: Era, 1995.
_____ *Escenas de pudor y liviandad*. México: Era, 1989.
Morley, D. *Family Television Cultural Power and Domestic Leisure*. Londres: Comedia, 1986.
Nun, J. "El otro reduccionismo". *América Latina: ideología y cultura*. Costa Rica: Flacso, 1982.
Ortiz, Renato. *Mundialização e cultura*. São Paulo: Brasiliense, 1994.
Pagni, Andrea y Erna von der Walde. "Qué intelectuales en tiempos posmodernos". *Culturas del Rio de la Plata*. "Lateinamerika-Studien" 36 (Númberg, 1996).
Piccini, Mabel. *La imagen del tejedor: lenguajes y políticas de comunicación*. México: G.Gili, 1987.
_____ "Industrias culturales, transversalidades y regímenes discursivos". *Dia-logos de la Comunicación* 17 (Lima, 1987).
Piscitelli, Alejandro. "De las imágenes numéricas a las realidades virtuales: esfumando las fronteras entre arte y ciencia". *David y Goliath* 57 (Buenos Aires, 1990).
_____ "Tecnología, antagonismos sociales y subjetividad". *Dia-logos de la Comunicación* (Lima, 1992).
_____ *Ciberculturas. En la era de las máquinas inteligentes*. Buenos Aires: Paidós, 1995.
Portales, Diego y otros. *La política en pantalla*. Santiago: ILET/ CESOC, 1989.
Ramírez Lamus, Sergio. *Culturas, profesiones y sensibilidades contemporáneas en Colombia*. Cali: Univalle, 1987.
_____ y S. Muñoz. *Trayectos del consumo. Itinerarios biográficos, producción y consumo cultural,* Cali: Univalle, 1996.

Reguillo Cruz, Rossana. *La construcción simbólica de la ciudad: sociedad, desastre, comunicación*. Guadalajara: Iteso, 1996.
_____. *La construcción simbólica de la ciudad: sociedad, desastre y comunicación*. Guadalajara: Iteso, 1995.
Rey, Germán. *Visibilidad y corrupción: los medios en el proceso 8000*. Bogotá: Fundación Social, 1996.
_____ y otros. "Otras plazas para el encuentro". *Escenografías para el diálogo*. Lima: Ceaal, 1997.
Richard, Nelly. *Residuos y metáforas*. Santiago: Cuarto Propio, 1998.
_____ *La insubordinación de los signos*. Santiago: Cuarto Própio, 1994.
Salazar, Alonso. *No nacimos pa'semilla. La cultura de las bandas juveniles en Medellín*. Bogotá: Cinep, 1990.
Sánchez Ruiz, Enrique. "La crisis del modelo comunicativo de la modernización". *Réquiem por la modernización: perspectivas cambiantes en estudios de desarrollo*. Guadalajara: Universidad de Guadalajara, 1986.
Santos, Milton. *A natureza do espaço*. São Paulo: Hucitec, 1996.
Sarlo, Beatriz. *Escenas de la vida posmoderna. Intelectuales, arte y video-cultura en la Argentina*. Buenos Aires: Ariel, 1994.
Schlesinger, Philip. "Identidad europea y cambios en la comunicación: de la política a la cultura y los medios". *TELOS* 23 (Madrid, 1990).
Schlesinger, Philip y otros. "Los intelectuales en la sociedad de la información". *Anthropos*. (Barcelona, 1987).
Schmucler, Héctor y María C. Mata (coords.). *Política y comunicación: hay un lugar para la política en la cultura mediática?* Córdoba: Catálogos, 1992.
_____ y otros. *Pensamientos sobre la técnica*. ARTEFACTO 1996.
Sennet, Richard. *El declive del hombre público*. Barcelona: Península, 1978.
Silva, A. *Imaginarios urbanos*. Bogotá: Tercer Mundo, 1992.
Sodré, Muniz. *A verdade seduzida. Por um conceito de cultura no Brasil*. Rio de Janeiro: Codecrí, 1983.
Squeff, Enio y José Miguel Wisnik. *O nacional e o popular na cultura brasileira: música*. São Paulo: Brasiliense, 1983.
Sunkel, Osvaldo y Pedro Paz. *El subdesarrollo latinoamericano y la teoría del desarrollo*, Siglo XXI, México,1970

Varios Autores. "Comunicación, modernidad y democracia". *Diálogos de la Comunicación* 41 (Lima: FELAFACS, 1995).

Varios Autores. *Comunicación, identidad e integración latinoamericana.* 5 vol. México: FELAFACS/Opción/Universidad Iberoaméricana, 1992 y 1994.

Wolf, Mauro. "Tendencias actuales del estudio de medios". *Comunicación social 1990 Tendencias.* Madrid: Informe Fundesco, 1990.

4. Travesías: recepción, usos sociales y consumo cultural

Barthes, Roland. *Mythologies.* París: Seuil, 1957.

Calabrese, Omar. "Los replicantes". *Análisi* 9 (Barcelona, 1984): 70.

Certeau, Michel de. *L'invention du quotidien. Arts de faire.* París: UGE, 1980.

Deleuze, Giles y Félix Guattari. *Antiedipo: capitalismo y esquizofrenia* Barcelona: Seix Barral, 1974.

Durham, Eunice Ribeiro. "A familia operaria: consciencia e ideología". *Dados* 2 (Rio de Janeiro, 1980).

Fabri, P. "Le comunicazioni de massa in Italia: sguardo semiotico e malochio de la sociologia". *Versus* 5 (Milan, 1973): 77.

García Canclini, Néstor. "Gramsci con Bourdieu: hegemonía, consumo y nuevas formas de organización popular". *Nueva sociedad* 71 (Caracas, 1985): 74.

_____ "El consumo sirve para pensar". *Diálogos de la Comunicación* 30 (Lima, 1991).

_____ *Consumidores y ciudadanos.* México: Grijalbo, 1995.

_____ *El consumo cultural en México.* México: Conaculta, 1993.

Jacobson, Roman. *Essais de linguistique générale.* París: Seuil, 1971.

Lozano, Elizabeth. "Del sujeto cautivo a los consumidores nomádicos". *Diálogos de la comunicación* 30 (Lima ,1991).

_____ *Los efectos sociales de los media.* Barcelona: Paidós, 1992.

Martín-Barbero, Jesús. "América Latina e os anos recentes: o estudo da recepção em comunicação social". *Sujeito, o lado oscuro do receptor.* São Paulo: Brasiliense, 1995. 39-68.

_____ "La telenovela en Colombia: televisión, melodrama y vida cotidiana". *Diálogos de la comunicación* 17 (Lima, 1987).

Mata, María Cristina. "Radio: memorias de la recepción". *Diálogos de la comunicación* 30 (Lima, 1991).
_____ "Interrogaciones sobre el consumo mediático". *Nueva sociedad* 140 (Caracas, 1995).
Mattelart, Armand. *La communication-monde*. París: La Decouverte, 1991.
_____ y Michèle. *Pensar sobre los medios*. Madrid: Fundesco, 1987.
Monsiváis, Carlos. "Notas sobre el Estado, la cultura nacional y las culturas populares". *Cuadernos políticos* 30 (México, 1981): 42.
Moragas, Miquel de. "Transformación tecnológica y tipología de los medios". *Sociología de la comunicación de masas*. Vol. LV. Barcelona: G. Gili, 1985. 20.
Orozco, Guillermo. *Recepción televisiva. Tres aproximaciones para su estudio*. México: Universidad Iberoamericana, 1991.
_____ *Televidencia. Perspectivas para el análisis de la recepción televisiva*. México: Universidad Iberoamericana, 1994.
Ramírez Lamus, Sergio y S. Muñoz. *Trayectos del consumo. Itinerarios biográficos, producción y consumo cultural*. Cali: Univalle, 1996.
Sarlo, Beatriz. "Crítica de la lectura: un nuevo canon?" *Punto de vista* 24 (Buenos Aires, 1985).
_____ "Lo popular como dimensión: tópica, retórica y problemàtica de la recepción". *Comunicación y culturas populares en Latinoamérica*. Varios autores. México: G. Gili, 1987.
_____ *El imperio de los sentimientos*. Buenos Aires: Catálogos, 1984.
Sousa, M. W. de (org.). *Sujeito, o lado oscuro do receptor*. São Paulo: Brasiliense, 1995.
Squeff, Enio y José Miguel Wisnik. *O nacional e o popular nacultura brasileira-Música*. São Paulo: Brasiliense, 1983.
Wolf, Mauro. "Tendencias actuales del consumo de medios". *Diálogos de la comunicación* 30 (Lima ,1991).
_____ y otros. "Indagine su alcune regolo di genere televisivo". *Ricerche sulla Comunicazione* 2 (Milano, 1980).

II. DESCENTRAMIENTOS DE LA MODERNIDAD

1.Globalización comunicacional y desencanto cultural

Adorno, Theodor. *Teoría estética.* Madrid: Taurus, 1980.
Augé, Marc. *Hacia una antropología de los mundos contemporáneos.* Barcelona: Gedisa, 1995.
_____ *Los "no lugares". Espacios de anonimato.* Barcelona: Gedisa, 1993. 81-119.
Bassand, Michel y otros. *Culturas y regiones en Europa.* Barcelona: Ecos-Tau, 1990.
Bell, Daniel. *Las contradicciones culturales del capitalismo.* Madrid: Alianza, 1970.
Brunner, José Joaquín. "Investigación social y decisiones políticas". *Sociedad* 3 (Buenos Aires, 1993).
_____ *Conocimiento, sociedad y política.* Santiago: Flacso, 1993.
Castells, Manuel y Roberto Laserna. "La nueva dependencia: cambio tecnológico y reestructuración socioeconómica". *David y Goliath* 55 (Buenos Aires, 1989).
Castoriadis, Cornelius. *El mundo fragmentado.* Montevideo: Altamira, 1993.
Certeau, Michel de. *L'invention du quotidien.* París: U.G.E-10/18, 1980.
D'Alessio, L. "Do mundo como imagen à imagen do mundo". *Território: globalização e fragmentação.* Milton Santos y otros. São Paulo: Hucitec, 1996.
Derrida, Jacques, Hans G. Gadamer y otros. *La religión.* Madrid: PPC, 1996.
Eco, Umberto y C. M. Martini. *En qué creen los que no creen.* Madrid: Taurus, 1997.
Eliot, T. S. *Notas para la definición de la cultura.* Barcelona: Bruguera, 1984; primera edición en inglés 1948.
Ferri, Luc. *L'homme-Dieu ou le sens de la vie.* París: Grasset, 1996.
Habermas, Jürgen. *Ciencia y técnica como ideología.* Madrid: Tecnos, 1986.
Harvey, D. "The experience of space and time". *The condition of Postmodernity.* Cambridge: Basil Blackwell, 1989. 201-327.

Heidegger, Martin. "La pregunta por la técnica". *Revista Universidad de Antioquia* 205 (Medellín 1986): 48-67.
Ianni, Octavio. "Nação e globalização". *A era do globalismo*. Rio de Janeiro: Civilização Brasileira, 1996. 97-125.
_____ *Teorías de la globalización*. México: Siglo XXI, 1996.
Kundera, Milan. *Los testamentos traicionados*. Barcelona: Tusquets, 1994.
Lechner, Norbert. "América Latina: la visión de los cientistas sociales". *Nueva sociedad* 139 (Caracas, 1995): 124.
Lévy, P. *Les tecnologies de l'intelligence*. París: La Decouverte, 1990.
Lipovetsky, Gilles. *Le crépuscule du devoir*. París: Gallimard, 1992.
Maffesoli, Michel. "De la proxemia". *El tiempo de las tribus*. Barcelona: Icaria, 1990. 213-59.
Manzini, Ezio. *Artefacts. Vers une nouvelle écologie de l'environnement artificiel*. París: Centre Pompidou, 1991.
Marramao, Giacomo. *Cielo e Terra: genealogia della secolarizzazione*. Turin: Laterza, 1994.
_____ *Potere e secolarizzazione-Le categorie del tempo*. Milano: Editori Reuniti, 1983.
Moragas, Miquel de. "Identitat cultural, espais de comunicació y participació democrática. Una perspectiva des de Catalunya y Europa". *Comunicació social e Identitat cultural*. Barcelona: Universidad Autónoma de Barcelona, 1988. 59-82; Dossier "FR3 regions:du local o transfrontier". *Dossiers de l'audiovisuel* 33 (París, 1990).
Ortiz, Renato. *Mundialização e cultura*. São Paulo: Brasiliense, 1994.
Quéau, Philippe. "La potencia de lo virtual". *Lo virtual*. Barcelona: Paidós, 1995. 51 y ss.
Rubert de Ventós, Xavier. *De la modernidad*. Barcelona: Península, 1980.
_____ *Etica sin atributos*. Barcelona: Anagrama, 1996.
Santos, Milton. "A força do lugar". *A natureza do espaço*. São Paulo: Hucitec, 1996. 250-275.
_____ "Espaço, mundo globalizado, post-modernidade". *Margen* 1 (São Paulo, 1993): 11.

_____ "La aceleración cotemporánea: tiempo, mundo y espacio-mundo. Los espacios de la globalización". *Revista de la Universidad del Valle* 10 (Cali, 1995): 22-42.
_____ *A natureza do espaço.* São Paulo: Hucitec, 1996.
Santos, Th. dos. "A globalização reforça as particularidades". *Territorio: globalização e fragmentação.* Milton Santos y otros. São Paulo: Hucitec, 1996.
Saxe-Fernández, John. "Poder y desigualdad en la economía internacional". *Nueva Sociedad* (Caracas, 1996): 62 y ss.
Schlesinger, Philip. "La europeidad: un nuevo campo de batalla". *Estudios de culturas contemporáneas* 16/17 (México, 1994): 121-40.
Serres, Michel. *Atlas.* Madrid: Cátedra, 1995.
Steiner, George. *No castelo do Barba Azul. Algumas notas para a redefinição da cultura.* Lisboa: Antropos, 1992.
Tavares d'Amaral, Marcio. *Contemporaneidade e Novas Tecnologías.* Rio de Janeiro: UFRJ-Sette Letras, 1996.
Vattimo, Gianni (comp.). *La secularización de la filosofía.* Barcelona: Gedisa, 1992.
_____ *Creer que se cree.* Barcelona: Paidós, 1996.
Vázquez Montalbán, Manuel. *Panfleto desde el planeta de los simios.* Barcelona: Crítica-Grijalbo, 1995.
Virilio, Paul. *Estética de la desaparición.* Madrid: Anagrama, 1988.
_____ *La vitesse de liberation.* París: Galilée, 1995.

2. De la ciudad mediada a la ciudad virtual

Alfonzo, A. *Televisión de servicio público y televisión lucrativa en América Latina.* Caracas: Doc. Ministerio de la Cultura, 1990.
Armus, Diego (comp.). *Mundo urbano y cultura popular.* Buenos Aires: Sudamericana, 1990.
Augé, Marc. *Los "no lugares". Espacios del anonimato.* Barcelona: Gedisa, 1993.
Barlozzetti, G. (ed.). *Il Palinsesto: testo, apparati y géneri della televisione.* Milano: Franco Angeli, 1986.
Bejarano, J., Fals Borda y otros. *Once ensayos sobre la violencia.* Bogotá: Cerec, 1985.
Benjamin, Walter. *Discursos interrumpidos*, Vol. L. Madrid: Taurus, 1982.

Castells, Manuel. "El nuevo entorno tecnológico de la vida cotidiana". *El desafío tecnológico. España y las nuevas tecnologías*. Madrid: Alianza, 1986.
_____ *La ciudad y las masas. Sociología de los movimientos sociales urbanos*, Madrid: Alianza, 1983.
Colombo, Furio. *Rabia y televisión*. Barcelona: Gustavo Gili, 1983.
Echeverría, Javier. *Cosmopolitas domésticos*. Barcelona: Anagrama, 1995.
_____ *Telépolis*. Barcelona: Destino, 1994.
Ferrer, C. "Taenia saginata o el veneno en la red". *Nueva Sociedad* 140 (Caracas, 1995).
Foucalt, Michel. *Un diálogo sobre el poder*. Madrid: Alianza, 1981.
García Canclini, Néstor (coord). *El consumo cultural en México*. México: Conaculta, 1993.
_____ "Del espacio político a la teleparticipación". *Culturas híbridas*. México: Grijalbo, 1990.
_____ y Mabel Piccini. "Culturas de la ciudad de México: símbolos colectivos y usos del espacio urbano". *El consumo cultural en Mexico*. México: CONACULTA, 1993.
Gilard, Jacques. *Veinte y cuarenta años de algo peor que la soledad*. Bogotá: Nueva Época, 1988.
Gubern, Román. *El simio informatizado*. Madrid: Fundesco, 1987.
Joseph, Y. *El transeúnte y el espacio urbano*. Barcelona: Gedisa, 1988.
Maffesoli, Michel. "Identidad e identificación el las sociedades contemporáneas". *El sujeto europeo*. Madrid: Ed. Pablo Iglesias, 1990.
_____ "La hipótesis de la centralidad subterránea". *DIA-LOGOS de la Comunicación* 23 (Lima, 1989).
_____ *Du nomadisme: vagabondages iniciatiques*. París: L.G.F., 1997.
Martín-Barbero, Jesús. "La ciudad: entre medios y miedos". *Imágenes y reflexiones de la cultura en Colombia*. Bogotá: Colcultura, 1990.
_____ "La revoltura de pueblo y masa en lo urbano". *De los medios a las mediaciones*. Barcelona: G.Gili, 1985.
_____ "Prácticas de comunicación en la cultura popular". *Comunicación alternativa y cambio social en América Latina*. M. Simpson, coord. México: UNAM, 1981. 244.

Mier, R. y Mabel Piccini. *El desierto de los espejos: juventud y televisión en México.* México: Plaza y Valdés, 1987.
Monsiváis, Carlos. "La cultura popular en el ámbito urbano". *Comunicación y culturas populares en Latinoamérica.* México: Felafacs/G.Gili, 1987.
Muñoz, G. (coord.). *El rock en las culturas juveniles urbanas.* Bogotá: Universidad Central, 1994.
Novaes, A. (coord.). *Rede imaginaria: televisão e democracia.* São Paulo: Companhia das Letras, 1991.
Pecaut, D. *Orden y violencia. Colombia 1930-1953.* Bogotá: Siglo XXI, 1987.
Piscitelli, A. "De las imágenes númericas a las realidades virtuales". *David y Goliath* 57 (Buenos Aires, 1990).
_____ "Hay vida después de la televisión?". *Nueva Sociedad* 140 (Caracas, 1995).
Richeri, Giuseppe. "Crisis de la sociedad y crisis de la televisión". *Contratexto* 4 (Lima, 1989).
Romero, José Luis. *Las ideologías de la cultura nacional.* Buenos Aires: CEDAL, 1982.
_____ *Latinoamérica: las ciudades y las ideas,* México: Siglo XXI, 1976. 319.
Rubert de Ventos, Xavier. "El desorden espacial". *Ensayos sobre el desorden.* Barcelona: Kairos, 1976.
Saldarriaga Roa, Alberto. *Arquitectura y cultura en Colombia.* Bogotá: Universidad Nacional, 1986.
_____ "El extravío de la belleza". *Arquitectura fin de siglo.* Bogotá: EUN, 1994.
_____ *Arquitectura y cultura en Colombia.* Bogotá: Universidad Nacional, 1986.
Sarlo, Beatriz. "Zapping". *Escenas de la vida posmoderna.* Buenos Aires: Ariel, 1993. 57 y ss.
Shanon, C. E. y W. Weaver. *Teoría matemática de la comunicación.* Chicago: University of Illinois Press, 1949, trad. Madrid: Forja, 1981.
Silva Téllez, Armando. *Imaginarios urbanos.* Bogotá: Tercer Mundo, 1992.
Silverston, R. "De la sociología de la televisión a la sociología de la pantalla". *TELOS* 22 (Madrid, 1990).

Sunkel, Guillermo (coord.). *El consumo cultural en América Latina.* Bogotá: C.A.B, 1999.
Ulloa, A. *Culturas juveniles, consumo musical e identidades sociales en Cali.* Cali: Univalle, 1993. 16.
Vattimo, Gianni. *La sociedad transparente.* Barcelona: Paidós, 1990.
Vezzetti, Hugo. "El sujeto psicológico en el universo massmediático". *Punto de Vista* 47 (Buenos Aires, 1993).
Virilio, Paul. "El último vehículo". *Videoculturas fin de siglo.* Madrid: Cátedra, 1989.
_____ "Velocidad Lentitud". *Cuadernos del Norte* 57 (Oviedo, 1990).
_____ *Estética de la desaparición.* Barcelona: Anagrama, 1988.
_____ *La máquina de visión,* Madrid: Cátedra, 1989.
Viviescas, Fernando. "La arquitectura moderna: los esguinces a la historia". *Colombia: el despertar de la modernidad.* Bogotá: Foro, 1991.
_____ "La dimensión cultural y simbólica de la ciudad". *Desde la Región* 19 (Medellín, 1995): 11.
Wienner, Norbert. *Cibernética y sociedad.* Cambridge: MIT Press, 1948, trad. Buenos Aires: Sudamericana, 1969.

3. Readecuaciones de lo nacional a las transformaciones comunicativas de la modernidad

Alfonso, A. *Televisión de servicio público, televisión lucrativa en América Latina.* Caracas: Doc. Ministerio de Cultura, 1990.
Aricó, José. "La producción de un marxismo americano". *Punto de Vista* 25 (Buenos Aires, 1985): 9.
Baudrillard, Jean. *La transparencia del mal.* Barcelona: Anagrama, 1991.
Brunner, José Joaquín. *Los debates sobre la modernidad y el futuro de América Latina.* Santiago de Chile: Flacso, 1986. 38.
_____ *Notas sobre cultura popular, industria cultural y modernidad.* Santiago: Flacso, 1985.
_____ ¿Existe o no la modernidad en América Latina?. *Punto de Vista* 31 (Buenos Aires, 1987).
Calderón, F. "América Latina: identidad y tiempos mixtos". *David y Goliath* 52 (Buenos Aires, 1987): 6.
Carvalho, E. de Assis. *Identidade: teoria e pesquisa.* São Paulo, 1985.

Castells, Manuel. "El nuevo entorno tecnológico de la vida cotidiana". *El desafío tecnológico. España y las nuevas tecnologías.* Madrid: Alianza, 1986.
Castoriadis, Cornelius. *L'institution imaginaire de la société.* París, 1975.
Dragó, Tito (ed.). *Integración y comunicación.* Madrid: Turner, 1989.
García Canclini, Néstor. *Cultura transnacional y culturas populares.* Lima: IPAL, 1988.
_____ *Políticas culturales en América Latina.* México: Grijalbo, 1987.
_____ "Las políticas culturales en América Latina". *Chasqui* 7 (Quito, 1983): 24.
_____ "Un debate entre tradición y modernidad". *David y Goliath* 52 (Buenos Aires, 1987): 44.
Laclau, Ernesto. *Política e ideología en la teoría marxista.* Madrid: Siglo XXI, 1978.
Landi, Oscar. *Crisis y lenguajes políticos.* Buenos Aires: Cedes, 1981.
_____ *Cultura política en la transición democrática.* Buenos Aires: Cedes, 1984.
_____ *Reconstrucciones: las nuevas formas de la cultura política.* Buenos Aires: Puntosur, 1988.
Lechner, Norbert. *Los patios interiores de la democracia.* Santiago: FLACSO, 1988.
Levi-Strauss, Claude y otros. *La identidad.* Barcelona: Edicciones Petrel, 1981.
Martín-Barbero, Jesús. *De los medios a las mediaciones.* Barcelona: G. Gili, 1987.
Mattelart, Armand y M. *Penser les medias. IV parte:* "Le declin des macro-sujets?" París: La Decouverte, 1986.
Monsiváis, Carlos. "Entrevista". *Diálogos de la Comunicación* 19 (Lima, 1988): 76.
Ortiz, Renato. *Mundialização e cultura.* São Paulo: Brasiliense, 1994.
Portantiero, Juan Carlos. *Lo nacional-popular y la alternativa democrática en América Latina.* Lima, 1981.
Ricoeur, Paul. "Civilisation universelle et cultures nationales". *Histoire et vérité.* París: Seuil, 1964. 286-301.
Richeri, G. "Nuevas tecnologías e investigación sobre la comunicación de masas". *Sociología de la comunicación de*

masas. Vol. IV. M. de Moragas. Barcelona: G. Gili, 1985. 56-81.
Roncagliolo, R. *Comunicación transnacional: conflicto político y cultural*. Lima: IPAL, 1982.
Schwarz, Roberto. "Nacional por substracción". *Punto de vista* 28 (Buenos Aires, 1986): 15 y ss.
Sennet, Richard. *Narcisismo y cultura moderna*. Barcelona: Kairos, 1980.
Sodré, Muñiz. *A verdade seduzida*. Rio de Janeiro: Codecri, 1983.
Squeff, Enio y José Miguel Wisnik. *O nacional e o popular na cultura brasileira. Música*. São Paulo: Brasiliense, 1983.
Vattimo, Gianni. *La sociedad transparente*. Barcelona: Paidós, 1992.
Weffort, Francisco. *O populismo na política brasileira*. Rio de Janeiro: Brasiliense, 1978.

4. El tejido comunicativo de la democracia

Baudrillard, Jean. *A la sombra de las mayorías silenciosas*. Barcelona: Kairos, 1978.
Brunner, José Joaquín. "Notas sobre la modernidad y lo postmoderno en la cultura latinoamericana". *David y Goliath* 52 (Buenos Aires, 1987).
Castells, Manuel. *La ciudad y las masas*. Madrid: Alianza, 1985.
Casullo, Nicolás. "Cultura popular y política desde una reflexión sobre el intelectual". *Comunicación y culturas populares*. México: Gustavo Gili, 1987.
Fox, Elizabeth y Héctor Schmucler. *Comunicación y democracia en América Latina*. Lima: Desco/CLASCO, 1982.
Fuenzalida, Valerio y María Elena Hermosilla. *Visiones y ambiciones del televidente*. Santiago de Chile: Ceneca, 1989.
Gouldner, Alvin W. *El futuro de los intelectuales y el ascenso de la nueva clase*. Madrid: Alianza, 1980.
Habermas, Jürgen. "Dialéctica de la racionalización". *Ensayos políticos*. Barcelona: Península, 1988.
Landi, Oscar. "Cultura política: un concepto útilmente ambigüo". *Contratexto* 4 (Lima, 1989).
_____. *Crisis y lenguajes políticos*. Buenos Aires: Cedes, 1983.
Lechner, Norbert. "La democratización en el contexto de la cultura postmoderna". *Cultura política y democratización*. Santiago de Chile: Flacso/Ici, 1987.

Marramao, Giacomo. *Metapolítica: más allá de los esquemas binarios acción/sistema y comunicación/estrategia.* Bilbao: Ediciones del País Vasco, 1987.

Mouraro, H. "La comunicación masiva durante la dictadura militar y la transición a la democracia en la Argentina". *Medios, transformación y cultura política.* Buenos Aires: Legasa, 1987.

Richeri, Giuseppe. *La televisión: entre servicio público y negocio.* Barcelona: Gustavo Gili, 1983.

Sunkel, G. "Imágenes de la política en televisión". *La política en pantalla.* Santiago de Chile: Ilet, 1989.

Van Dijik, Teum A. *La ciencia del texto.* Barcelona: Paidós, 1983.

Verón, Eliseo. "La palabra adversativa. Observaciones sobre la enunciación política". *El discurso político.* Buenos Aires: Hachette, 1987.

5. Secularización, desencanto y reencantamiento massmediático

Assmann, Hugo. *La iglesia electrónica y su impacto en América Latina.* Costa Rica: D.E.I., 1988.

Augé, Marc. *Hacia una antropología de los mundos contemporáneos.* Barcelona: Gedisa, 1995.

Barthes, Roland. *Mitologías.* México: Siglo XXI, 1980.

Bell, Daniel. "La Europa del siglo XXI". *Claves de razón práctica* 41 (Madrid, 1994).

Bellah, Robert. *Hábitos del corazón.* Madrid: Alianza, 1987.

Díaz Álvarez, Manuel. *Pastoral y secularización en América Latina.* Bogotá: Ed. Paulinas, 1978.

Gellner, Ernest. "La jaula de goma: desencanto con el desencanto". *Cultura, identidad y política.* Barcelona: Gedisa, 1989.

Gil Calvo, Enrique. "El retorno del carisma". *El destino. Progreso, albur y albedrío.* Barcelona: Paidós, 1995.

_____ "Rituales modernos de salvación". *Claves de razón práctica* 38 (Madrid, 1992).

Jiménez, Gilberto. "Nuevas dimensiones de la cultura popular: las sectas religiosas en México". *Estudios de culturas contemporáneas* 7 (México, 1989).

Morande, Pedro. *Cultura y modernidad en América Latina.* Santiago: Universidad Católica de Chile, 1984.

Sarlo, Beatriz. *Escenas de la vida posmoderna.* Buenos Aires: Ariel, 1994.
Semán, Pablo. "Pentecostales: un cristianismo inesperado". *Punto de vista* 47 (Buenos Aires, 1993): 26-29.
Touraine, Alain. *Critique de la modernité.* París: Fayard, 1992.
Weber, Max. *Economía y sociedad.* México: F.C.E., 1983.
_____ *Ética protestante y espíritu del capitalismo.* México: Premiá, 1979.

III. DESTIEMPOS LATINOAMERICANOS

1. Multiculturalidad: la hibridez de lo contemporáneo

Achugar, Hugo. "Parnasos fundacionales, letra, nación y Estado en el siglo XIX". *Revista Iberoamericana* 178-179 (1997): 13-31.
Alfaro Moreno, Rosa María y otros. *Redes solidarias, culturas y multimedialidad*. Quito: Ocic-AL/Uclap, 1998.
Baudrillard, Jean. *Le crime parfait*. París: Galilée, 1994.
_____ *Les estrategies fatales*. París: Grasset, 1984.
_____ *Simulacres et simulation*. París: Galilée, 1981.
Bayardo, Rubens y Mónica Lacarrieu (comp.). *Globalización e identidad cultural*. Buenos Aires: Ciccus, 1997.
Beck, Ulrich. *La sociedad del riesgo: hacia una nueva modernidad*. Barcelona: Paidós, 1998.
Benjamin, Walter. "Tesis de filosofía de la historia". *Discursos interrumpidos I*. Madrid: Taurus, 177-194.
_____ *Paris, capitale du XIX siécle. Le livre des passages*. París: Du Cerf, 1989.
Bhabha, Homi (ed.). *Nation and Narration*. Londres: Routledge, 1990.
Brunner, José Joaquín. *América Latina: cultura y modernidad*. México: Grijalbo, 1992. 73 y ss.
Calderón, Fernando y otros. *Esa esquiva modernidad: desarrollo, ciudadanía y cultura en América Latina y el Caribe*. Caracas: Nueva Sociedad, 1996.
Campos, Yezid y Ismael Ortiz (comp.). *La ciudad observada: violencia, cultura y política*. Bogotá: Tercer Mundo, 1998.
Castells, Manuel. *La sociedad red*. Vol.1. *La era de la Información*. Madrid: Alianza, 1997.
Echevarría Carvajal, J. *Itinerarios y metáforas: agorazein*. Medellín: Tesis, Universidad Nacional, 1995.
Flifisch, A. y otros. *Problemas de la democracia y la política democrática en América Latina*. Santiago: Flacso, 1984.
García Canclini, Néstor. *Culturas híbridas*. México: Grijalbo, 1990.
_____ *Las culturas populares en el capitalismo*. México: Nueva Imagen, 1982.
_____ (coord.). *Cultura y comunicación en la ciudad de México*. México: Grijalbo, 1998.

_____ "Las identidades como espectáculo multimedia". *Consumidores y ciudadanos*. México: Grijalbo, 1995. 107 y ss.
_____ "Suburbios posnacionales". *Consumidores y ciudadanos*. México: Grijalbo, 1995. 107-67.
González Stephan, Beatriz; Javier Lasarte, Graciela Montaldo y María Julia Daroqui (comps.). *Esplendores y miserias del siglo XIX. Cultura y sociedad en América Latina*. Caracas: Monte Ávila, 1995.
Jameson, Fredric. *El postmodernismo o la lógica cultural del capitalismo avanzado*. Barcelona: Paidós, 1992.
Keane, "Structural Transformations of the Public Sphere". *The communication Rewiew* I/1 (University of California, 1995): 1-22.
Lauer, Mirko. *Crítica de la artesanía: plástica y sociedad en los andes peruanos*. Lima: DESCO, 1982.
Lechner, Norbert (ed.). *Estado y política en América Latina*. México: Siglo XXI, 1981.
Maffesoli, Michel. *El tiempo de las tribus. El declive del individualismo en la sociedad de masas*. Barcelona: Icaria, 1990.
Margulis, Mario y otros. *La cultura de la noche. Vida nocturna de los jóvenes en Buenos Aires*. Buenos Aires: Espasa Hoy, 1994.
Mato, D. y otros. *América Latina en tiempos de globalización: procesos culturales y transformaciones sociopolíticas*. Caracas: Unesco/U.C.V., 1996.
Mendes, Candido (coord.). *Cultural Pluralism, Identity, and Globalization*. Rio de Janeiro: UNESCO/ISSC/EDU, 1996.
Miceli, Sergio. *A noite da madrinha*. São Paulo: Perspectiva, 1972.
Monguin, O. *Vers la trisiéme ville?* Paris: Hachette, 1995.
Monsivais, Carlos. "De la cultura mexicana en en vísperas del tratado de libre comercio". *La educación y la cultura ante el tratado de libre comercio*. G. Guevara y otros. México: Nueva Imagen, 1992.
_____ "Notas sobre el Estado, la cultura nacional y las culturas populares". *Cuadernos políticos* 30 (México, 1981): 38.
Novaes, A. *A nacional e o popular na cultura brasileira*. São Paulo: Brasiliense, 1983.
Ong, Walter. *Oralidad y escritura*. México: F.C.E., 1987.
Pérez Tornero, J. M. y otros. *Tribus urbanas*. Barcelona: Gedisa, 1996.

Quintero Rivera, A. G. *Salsa, sabor y control*. México: Siglo XXI, 1998.
Reguillo, Roxana. *En la calle otra vez. Las bandas: identidad urbana y usos de la comunicación*. Guadalajara: Iteso, 1991.
Riaño, P. *Prácticas culturales y culturas populares*. Bogotá: Cinep, 1986.
Rojo Arias, S. "La historia, la memoria y la identidad en los comunicados del EZLN". *Identidades*. Número especial de *Debate feminista* (México, 1996).
Rotker, Susana (dir.). *Siglo XIX: Fundación y fronteras de la ciudadanía. Revista Iberoamericana* 178-179 (1997).
Sábato, Hilda. "Pluralismo y nación". *Punto de vista* 34 (Buenos Aires 1989): 2-5.
Salazar, A. *No nacimos pa'semilla. La cultura de las bandas juveniles en Medellín*. Bogotá: Cinep, 1990.
Sánchez Botero, Esther. *Justicia y pueblos indígenas de Colombia*. Bogotá: Universidad Nacional/Unijus, 1998.
Sansot, Pierre. *Les formes sensibles de la vie sociale*. París: P.U.F., 1986.
Schmucler, Héctor. "Los rostros familiares del totalitarismo: nación, nacionalismo y pluralidad". *Punto de vista* 33 (Buenos Aires, 1988): 32-39.
Schwarz, Roberto. "Nacional por sustracción". *Punto de vista* 28 (Buenos Aires, 1987).
Thompson, E. P. *Tradición, revuelta y conciencia de clase*. Barcelona: Crítica, 1979.
Valenzuela, J. M. (coord.). *Decadencia y auge de las identidades*. Tijuana: El colegio de la F.N., 1992.
Villa Mejía, V. *Polisinfonías*. Medellín: Caribe, 1993.

2. Señas narrativas de identidad: anacronías y modernidades

AA.VV. *Le roman feuilleton*. París: Europe, 1974.
Alfaro, Rosa María. "Modelos radiales y procesos de popularización de la radio". *Contratexto* 1 (Lima, 1985): 71.

Bajtin, Mijail. *La cultura popular en la Edad Media y en el Renacimiento.* Barcelona: Seix Barral, 1974.
Bory, Jean Louis. "Eugene Sue, dandy mais socialiste". *Le roman feuilleton.* París, 1974.
Bourdieu, Pierre. *La distinction-critique social du jugement.* París: Minuit, 1979.
Cantor Magnani, José G. *Festa no pedaço: cultura popular e lazer na cidade.* São Paulo, 1984.
Darmon, J. J. "Lecture rurale et lecture urbaine". *Le roman Feulleton.* París: Revue Europe, 1974.
De Certeau, Michel. "Un 'art' bresilien". *L'invention du quotidien.* 56-60.
_____ *L'invention du quotidien.* París: UGE, 1974.
De Ipola, Emilio. *Ideología y discurso populista.* Buenos Aires: Folio, 1982.
Dufrenne, M. "L'art de masse existe-t-il?". *L'art de masse n'existe pas.* París: UGE, 1974. 9-50.
Durham, Eunice. "A pesquisa antropológica con populações urbanas: problemas e perspectivas". *A aventura antropológica.* São Paulo: Paz e Terra, 1986.
Eco, Umberto. *Socialismo y consolación: reflexiones en torno a "Los misteriosos de París" de Eugène Sue.* Barcelona: Tusquets, 1974.
Escarpit, Robert y otros. *Hacia una sociología del hecho literario.* Madrid: Cuadernos para el diálogo, 1974.
Fabbri, P. "Le comunicazioni di massa in Italia; sguardo semiotico e melocchio della sociologia". *Versus* 5/2 (1973).
_____ *Poetique* 19 (1974), monográfico.
García Canclini, Néstor. "Cultura y poder: ¿dónde está la investigación?" *Cultura transnacional y culturas populares.* Lima: IPAL, 1987.
Hobsbawn, Eric J. *Rebeldes primitivos.* Barcelona: Ariel, 1974.
Hoggart, Richard. *The Uses of Literacy.* Londres: Penguin, 1958.
Jauss, H. R. "Pequeña apología de la experiencia estética". *ECO* 224 (Bogotá, junio, 1980): 217-56.
Martín-Barbero, Jesús. "Televisión, melodrama y vida cotidiana". *Diálogos de la comunicación* 17 (Lima, 1987).
Mata, María Cristina. "Radios y públicos populares". *Diálogos de la comunicación* 19 (Lima, 1988).

_____ Radios, públicos populares e identidades sociales, mimeo. Córdoba, 1987.
Matta, R. da. *A casa e a rua: espaço, cidadania, mulher e morte no Brasil.* São Paulo: Brasiliense, 1985.
Mattelart, Armand y M. *Le carnaval des images: la fiction brésilienne.* París: Institute National de la Communication Audiovisuelle, 1987.
Miceli, Sergio. *A noite da madrinha.* São Paulo: Perspectiva, 1972.
Moragas Spa, Miquel de. "Perspectiva semiótica de la comunicación radiofónica". *Semiótica y comunicación de masas.* Barcelona: Ediciones Península, 1976.
Munizaga, Giselle y Paulina Gutiérrez. *Radio y cultura popular de masas.* Santiago: Ceneca, 1983.
Ortiz, Renato y otros. *A telenovela brasileira: historia e produção.* São Paulo: Brasiliense, 1987.
Pires Ferreira, J. *Cavalaria em cordel: o passo das águas mortas.* São Paulo: Hucitec, 1979.
Rivera, Jorge B. *Medios de comunicación y cultura popular.* Buenos Aires: Legasa, 1985.
Rubin, N. "La lectura". *Hacia una sociología del hecho literario.* Madrid: Cuadernos para el diálogo, 1974. 221-42.
Salomón, N. "Algunos problemas de sociología de las literaturas de lengua española". *Creación y público en la literatura española.* 15-40.
Terrero, Patricia. *El radioteatro.* Buenos Aires: CEDAL, 1981.
Wolf, Mauro. *Teorie delle communicazioni di massa.* Milano: Fabbri, 1985.

3. Topografías de la memoria, trayectos del imaginario

Baudrillard, Jean. *Pour une critique de l'economie politique du signe.* París: Gallimard, 1972.
_____ *L'échange symbolique et la mort.* París: Gallimard, 1976.
Verón, Eliseo. "Comunicación de masas y producción de ideología: acerca de la constitución del discurso burgués en la prensa semanal". *Chasqui* 4 y 5 (1975).
Mauss, Marcel. *Sociología y antropología.* Madrid: Tecnos, 1973.
Lombardi Satriani, Luigi M. *Apropiación y destrucción de la cultura de las clases subalternas.* México: Nueva Imagen, 1978.
Vidal Beneyto, José (ed.). *Alternativas populares a las comunicaciones de masa.* Madrid: CIS, 1982.

4. Esa excéntrica y móvil identidad joven

Bell, Daniel. *Las contradicciones culturales del capitalismo*. Madrid: Alianza, 1977.

Britto García, Luis. *El imperio contracultural: del rock a la postmodernidad*. Caracas: Nueva Sociedad, 1991.

Cruz Cronfly, Fernando. *La sombrilla planetaria: ensayos sobre modernidad y posmodernidad en la cultura*. Bogotá: Planeta, 1994.

Durham, Eunice. *Aventura antropológica. Teoria e pesquisa*. Rio de Janeiro: Paz e Terra, 1986.

Gil Clavo, Enrique. *Los depredadores audiovisuales. Juventud urbana y cultura de masas*. Madrid: Tecnos, 1988.

Giraldo Isaza, Fabio. "La metamorfosis de la modernidad". *Colombia: el despertar de la modernidad*. Bogotá: Foro, 1991. 206.

_____ y Fernando Viviescas (comp.). *Colombia: el despertar de la modernidad*. Bogotá: Foro, 1991.

Lechner, Norbert. "La democracia en el contexto de una cultura postmoderna". *Cultura política y democratización*. Buenos Aires: Flacso, 1987. 260.

Lipovetsky, Gilles. *Le crepuscule du devoir*. París: Gallimard, 1992.

Maffesoli, Michel. *El tiempo de las tribus*. Barcelona: Icaria, 1990.

Marramao, "Metapolítica: más allá de los esuqemas binarios". *Razón, ética y política*. Barcelona: Anthropos, 1988. 60.

Mier, R. y Mabel Piccini. *El desierto de espejos. Juventud y TV en México*. México: Plaza y Valdes, 1987.

Monsiváis, Carlos. "Jóvenes". *Revista de estudios sobre juventud* 1 (México, 1996): 9.

Pérez Guzmán, D. "Elementos para una comprensión socio-cultural y política de la violencia juvenil". *Nómadas* 4 (Bogotá, 1996).

Pérez Tornero, J. M. y otros. *Tribus urbanas*. Barcelona: Gedisa, 1996.

RamírezLamus, Sergio y S. Muñoz. *Trayectos del consumo*. Cali: Univalle, 1996.

Salazar, Alonso. *No nacimos pa' semilla*. Bogotá: Cinep, 1990.

Sánchez-Biosca, Vicente. *Una cultura de la fragmentación*. Valencia: Filmoteca de la Generalitat, 1995.

Sarlo, Beatriz. *Escenas de la vida posmoderna*. Buenos Aires: Ariel, 1994.

Uran, Omar (coord.). *Medellín en vivo. La historia del rock*. Medellín: Corpregión, 1996.

Vattimo, Gianni. *El fin de la modernidad*. Barcelona: Gedisa, 1986.

5. Colombia: un país-síntoma de los desajustes en la modernidad global

Arocha, J. y F. Cubides, *Las violencias: inclusión creciente*. Bogotá: CES/Universidad Nacional, 1999.

Benjamin, Walter. "El narrador". *Revista de Occidente* 11/43 (1973): 301-33.

Brooks, Peter. "Une esthétique de l'étonement: le melodrame". *Poetique* 19 (París, 1974): 343.

Colmenares, Germán. *Las convenciones contra la cultura*. Bogotá: Tercer Mundo, 1987.

Corredor Martínez, Consuelo. *Economía y conflicto social en Colombia: los límites de la modernización económica*. Bogotá: CINEP, 1992.

Cruz Kronfly, Fernando. "El intelectual en la nueva Babel colombiana". *Colombia. El despertar de la modernidad*. Bogotá: Ariel, 1991. 391.

Duby, Georges. *Año 1000, año 2000. La huella de nuestros miedos*. Santiago de Chile: Editorial Andrés Bello, 1999.

Frye, Northrop. *La escritura profana. Un estudio sobre la estructura del romance*. Caracas: Monte Ávila, 1980. 71 y ss.

García Canclini, Néstor. "Los estudios culturales de de los ochenta a los noventa: perspectivas antropológicas y sociológicas en América Latina". *Postmodernidad en la periferia*. Berlín: Langer, 1994. 114.

García Márquez, Gabriel. Entrevista de S. Cato "Gabo cambia de oficio". *Cambio 16* 151 (Bogotá, 6 de mayo de 1996).

García Riera, E. *El cine y su público*. México: F.C.E., 1974. 16

Grialdo Isaza, Fabio y Fernando Viviescas (comps.) *Pensar la ciudad*. Bogotá, 1996.

_____ y otros. "La metamorfosis de la modernidad". *Colombia: El despertar de la modernidad*. Bogotá: Foro, 1991. 260.

Gosain, J. "El vallenato ese pedazo de vida". *Semana* (Bogotá, 10 de diciembre de 1988).

Héau, C. "El corrido y las luchas sociales en México". *Comunicación y Cultura* 12. Dedicado a *Nuevas fronteras de la música popular en América Latina* (México, 1984): 67 y ss.
Hoggart, Richard. *The Uses of Literacy*. Londres: Penguin, 1972. 76.
Jimeno, Miryam. "Identidad y experiencias cotidianas de violencia". *Cultura, política y modernidad*. G. Restrepo y otros. Bogotá: CES/Universidad Nacional, 1998. 246-75.
Llerena Villalobos, Rito. *Memoria cultural en el vallenato*. Medellín: Universidad de Antioquia, 1985.
Martín-Barbero, Jesús. "De la telenovela en Colombia a la telenovela colombiana". *Televisión y melodrama*. Bogotá: Tercer Mundo, 1992. 61-107.
_____ "Algunas señas de identidad reconocibles en el melodrama". *De los medios a las mediaciones*. Barcelona: G. Gili, 1987. 242-59.
Medina, Cremilda. *Povo e personagem*. São Paulo: Ulbra, 1996.
Melo, Jorge Orlando. "Algunas consideraciones globales sobre modernidad y modernización". *Análisis político* 10 (Bogotá, 1990): 33.
_____ "Etnia, región y nación: el fluctuante discurso de la modernidad". Memorias del V Congreso nacional de Antropología, Simposio sobre *Identidad* (Bogotá, 1989): 42-43.
_____ "Proceso de modernización en Colombia 1850-1930". *Revista de la Universidad Nacional* 20 (Medellín, 1985).
Niño Murcia, S. y otros. *Territorios del miedo en Santafé de Bogotá*. Bogotá: Tercer Mundo, 1998.
Ochoa, Ana María. *El vallenato y sus formas de narrar la nación*. Bogotá: Proyecto de investigación, mimeo, 1998. 3.
Ong, Walter. *Oralidad y escritura*. México: F.C.E., 1987. 130 y ss.
Ortiz, Fernando. *Contrapunteo cubano del tabaco y el azúcar*. Barcelona: Ariel, 1973. 127.
Pagano, C. "Bombardeo de sones". *El Tiempo* (Bogotá, 12 de mayo de 1994).
Pecaut, D. "De la violencia banalizada al terror: el caso colombiano". *Controversia* 171. Bogotá: Cinep, 1997. 16.
Pecaut, D. "Modernidad, modernización y cultura". *Gaceta* 8 (Bogotá, 1990).

Perea, C. M. *Cuando la sangre es espíritu. Imaginario y discurso político en las elites capitalinas*. Bogotá: Aguilar/IEPRI, 1996.

Ramírez Lamus, Sergio. *Culturas, profesiones y sensibilidades contemporáneas*. Cali: Editorial Univalle, 1993.

Rivera, Jorge B. *El folletín: Eduardo Gutiérrez*. Buenos Aires: CEAL, 1980.

Rivera, Jorge B. *Las literaturas marginales*. Buenos Aires: CEAL, 1980.

Samper, Daniel y Pilar Tafur. *100 años de Vallenato*. Bogotá: MTM, 1997. 177.

Sánchez, G. y R. Peñaranda (comps.). *Pasado y presente de la violencia en Colombia*. Bogotá: IEPRI/Cerec, 1991.

Sánchez-Biosca, Vicente. *La cultura de la fragmentación. Pastiche, relato y cuerpo en el cine y la televisión*. Valencia: Textos de la Filmoteca, 1995.

Sarlo, Beatriz. *El imperio de los sentimientos*. Buenos Aires: Catálogos, 1985. 25.

Sarmiento Anzola, Libardo. *Ciencia y tecnología para una sociedad abierta*. Bogotá: COLCIENCIAS, 1991. 166.

Schwarz, Roberto. "Nacional por substración". *Punto de vista* 28 (Buenos Aires, 1986): 17.

Seibel, Beatriz. *El teatro "bárbaro" del interior*. Buenos Aires: De la pluma, 1984.

Squeff, Enio y José Miguel Wisnik. *O nacional e o popular na cultura brasileira-MUSICA*. São Paulo: Brasiliense, 1983. 148.

Thomas, F. "Pensar la ciudad para que ella nos piense ... una mirada femenina sobre la ciudad". *Pensar la ciudad*. Fabio Giraldo y F. Viviescas, comps. Bogotá, 1996. 413.

Uribe, María Teresa. "Bogotá en los noventa, un escenario de intervención". *Pensar la ciudad*. Fabio Giraldo y Fernando Viviescas, comps. Bogotá, 1996. 391-408.

Zonabend, Françoise. *La mémoire longue. Temps et histoires au village*. París: P.U.F., 1980. 308.

Procedencia de los textos[1]

I. Diásporas del saber, mediaciones del comunicar
"Experiencia audiovisual y desorden cultural". *Cultura, medios y sociedad.* Jesús Martín-Barbero y F. López de la Roche, eds. Bogotá: CES/Universidad Nacional, 1998.
"Nuevos modos de leer". *Revista de Crítica cultural* 7 (Santiago de Chile, 1993).
"Communication: A strategic site for the debate on modernity". *Border/Lines* 27 (Toronto, 1993).
"La comunicación: centro de la modernidad". *Telos* 36 (Madrid, 1994).
"Penser la société á partir de la communication". *Théories sociales de la communication et théories communicationelles de la societé, Loisir & Societé* 21/1 (Presses de l'Université du Québec, 1999).
"Repossesing culture: the quest of popular movements in Latin America". *Media Development* 2 (Londres, 1989).
"De los medios a las culturas". *Proyectar la comunicación.* Jesús Martín-Barbero y Armando Silva. Bogotá: Tercer Mundo, 1997.
"Latin America: Cultures in the Communication Media". *Journal of Communication* 43/2 (Nueva York, 1993).
"Recepción de medios y consumo cultural: travesias". *El consumo cultural en América Latina.* G. Sunkel, coord. Bogotá: CAB, 1999.

II. Descentramientos de la modernidad
"Globalización comunicacional y descentramiento cultural". *Dia-logos de la Comunicación* 50 (Lima, 1997).
"Globalización y multiculturalidad: notas para una agenda de investigación". *Globalización, incertidumbre y posibilidades.* F. López de la Roche, ed. Bogotá: Tercer Mundo/Iepri, 1999.
"Identidad, comunicación y modernidad". *Memorias del V Congreso nacional de Antropología.* Bogotá: ICFES, 1989. 51-81. *Revista Contratexto* 4 (Lima). Hermann Herlinghaus y M. Walter (ed.)

---

[1] Varios de los textos aquí recogidos no fueron publicados originariamente como se presentan, son el resultado de fusiones y reescrituras a partir de otros textos, que son los que se citan en este apartado.

Posmodernidad en la periferia. Enfoques latinoamericanos de la nueva teoría cultural. Berlín: Langer Verlag, 1994.
"Comunicazione, nazionalismo e modernizzacione in América Latina". *L'America doppo il 1992* 28 de "La ricerca folklorica" (Milán, 1993).
"Investigación de la comunicación y análisis sociocultural". Rev. *C.IN.CO.* 3 (Madrid, 1989).
"Mediaciones urbanas y nuevos escenarios de comunicación". *Sociedad* 5 (Buenos Aires); *Cátedra de Imagines urbanas.* Caracas: Fundarte, 1994.
"De la ciudad mediada a la ciudad virtual". *TELOS* 44 (Madrid, 1996).
"La ciudad: entre medios y miedos". *Gaceta de COLCULTURA* 8 (Bogotá, 1990).
"Dinámicas urbanas de la cultura". *Gaceta de COLCULTURA* 12 (Bogotá, 1992).
"El tejido comunicativo de la democracia". *TELOS* 27 (Madrid, 1001); "Notes on the Communication Fabric of Democracy". *Travesia* 1 (Londres, 1992).

III. Destiempos latinoamericanos

"Identidad, comunicación y modernidad". *Contratexto* 4 (Lima); Hermann Herlinghaus y Mónica Walter (eds.) *Posmodernidad en la periferia. Enfoques latinoamericanos de la nueva teoría cultural.* Berlín: Langer Verlag, 1994.
"Modernidad, postmodernidad, modernidades". *Praxis Filosófica* 2 (Cali); "DISENSO" Rev. *Internacional de pensamiento latinoamericano* 1 (Tubingen, Alemania, 1995).
"Modernity, Nationalism and Communication in Latin America". *Beyond National Sovereignty: International Communication in the 1990s.* K. Nordestreng y H. I. Schiller, eds. Norwood, NJ: Ablex Publications, 1993.
"Industrias culturales: modernidad e identidad". *ANALISI* 15 (Barcelona, 1993).
"Modernidades y destiempos latinoamericanos". *Nómadas* 8 (Bogotá, 1998).
"Destiempos culturales, fragmentaciones latinoamericanas y residuos utópicos". *Revista de Crítica Cultural* 16 (Santiago).
"Prácticas de comunicación en la cultura popular". *Comunicación alternativa y cambio social.* en M. Simpson, comp. México: UNAM, 1981.

"Memoria narrativa e industria culturale". *La ricerca folklorica* 7 (Milán, 1984).
"Investigación de la comunicación y análisis sociocultural". *C.IN.CO.* 3 (Madrid, 1991).
"Las culturas en la comunicación de América Latina". *Comunicación y movimientos sociales.* C. Caffarel, ed. Madrid: Univ. Complutense, 1994.
"Memory and form in the Latin América soap opera". *To be continued: soap operas around the world.* R. C. Allen. Londres: Routledge, 1995.
"Telenovela: melodrama e identidad". *Cortocircuito* 5 (Lima, 1989).